磯崎新と藤森照信のモダニズム建築談義

戦後日本のモダニズムの核は、
戦前・戦中にあった。

六耀社

写真＝磯崎新（右）と藤森照信（左）　上は善照寺本堂入口付近にて。

目次

序

語られなかった、戦前・戦中を切り抜けてきた「モダニズム」

藤森照信（以下、藤森）　日本のモダニズムを語るとき、〝戦前から戦後への流れ〟という視点で語られることはあまりありません。この対談では、最初に登場するレーモンドをはじめ、前川國男、白井晟一、吉阪隆正など、磯崎さんは接点のあった人物ですから、そのあたりの話も聞かせていただけたらと思いました。

建築界は、日本の建築家が戦中、戦後をどう切り抜けてきたかについて触れません。文学とか演劇とか絵とかとはそこが違う。しかし、戦争は日本のモダニズムにとって最大の試練でした。

切り抜け方は単純じゃなくて、あの渦中で何かをあきらめた人もいるし、逆に大事なものを得た人もいるんですよね。得た人の代表は丹下健三[*1]だと思うんだけど、ちゃんと明らかにしておかないといけない。歴史家としていろいろと調べてきたけど、全員を

＊1 丹下健三　たんげ・けんぞう（一九一三〜二〇〇五）建築家。大阪府生まれ。一九三八年、東京帝国大学工学部建築学科卒業後、前川國男建築事務所に入所。四一年、東京帝国大学大学院入学、翌年、大東亜建設記念営造計画設計競技に一等入選。第二次世界大戦後から高度経済成長期にかけて、都市計画の研究・業務に携わり、多くの国家プロジェクトを手がける。丹下のもとからは、磯崎新、黒川紀章、谷口吉生などが輩出された。代表作に「広島平和記念資料館」「東京カテドラル聖マリア大聖堂」「国立屋内総合競技場」「東京都新都庁舎」等。

知っているわけじゃないし、当然、戦争中の記憶もない。磯崎さんはちゃんと経験しているので。

磯崎新（以下、磯崎）　終戦の年に僕は十四歳でした。三、四年くらい上になると堤清二[*2]みたいな人がいる。この人たちは戦前もある程度知っていて、むしろ戦後意識がはっきりしている。建築家でもそのジェネレーションは、戦後いきなり左翼になりますね。でも僕は、まだ下なんです。軍国少年教育を受けたことは確実です。とはいっても日本主義のイデオロギーなんてわからない。気が付いたら、まわりはみんな左翼になってる、そういう時代なわけですよ。

一九五〇年から五五年の間は学生だったわけだけれど、その頃、レーモンドは別格でしたが、吉村順三さんも、それから前川國男さん、坂倉準三さん、丹下さんも大江宏さん、白井晟一さん、全員四十代ですよ。いまの学生からすれば、七〇年代生まれの建築家の仕事を選り分けているようなものですね。

藤森　バリバリの時期ですよね。

磯崎　今の日本の四十代って言ったら何をやっているのかな。論壇や美術界の様子はある程度わかるんだけど、正直なところ、建築界では細かい区別がつかない。当時の若手の建築家達は、本当に新しいかたちのものをいろいろつくっていましたね。その先生達から僕は習ったわけだよね。でも、戦争前のことは誰もしゃべらないいんだよ。

藤森　それにびっくりした。

*2 堤清二　つつみ・せいじ（一九二七〜二〇一三）セゾングループ創業者、一九五一年東京大学経済学部卒業。当時衆議院議長だった父・康次郎の秘書を務めた後、西武百貨店入社。七〇年に西武流通グループ（セゾングループ）を立ち上げる。一方、辻井喬のペンネームで小説や詩を発表。主な著作に『群青、わが黙示』『虹の岬』『父の肖像』など。

磯崎　丹下さんは最後までしゃべらなかったね。坂倉さんだってしゃべらないしね。うんと晩年に、前川さんあたりが「あの頃の日本はね……」と言うのをちょろっと言われたくらい。他はもう誰も話さないし、聞いたことがないですね。

藤森　しゃべりたくないし、聞けば、何か過去の秘密をつつくような。

磯崎　そうですよ。僕の語れる資料は、それぞれの建築家に会ったときの表情を思い浮かべて、その語りを場の状況と一緒にうろ覚えの記憶をたどるのが精一杯。近頃は老化が進行中ですから、断片的なフラッシュバックはするけど脈絡はありません。その場にいた瞬間の身体的気分に思い当たると、どんどん細部が見えてくる。まあ昔から統合失調症的と自覚しているので、勘弁してください。ともあれ、藤森さんはその辺のことから知っているわけでしょ。

藤森　ただし歴史家として、知ってるだけです。

磯崎　そもそも物心ついたのは何年?

藤森　生まれは一九四六年で、物心は高度成長期の頃についてます。僕も躊躇があった。こんなことを聞いていいんだろうかって。でも、丹下さんなども年もとっていたから若い歴史家相手にポンポンしゃべってくれた。

磯崎　藤森さんが聞いたのはこの人達の六十歳以降、七十歳前後くらいの頃か。そうすれば昔話じゃないですか。僕のときは（彼らは）四十代でしょ。これからと頑張っている真最中でしたから。

藤森 今、磯崎さんの話で四十代って言われて思ったんだけど、日本の企業の歴史でよく言われるんだけど、三井や三菱をはじめとする大企業は経営者がパージ（戦後の追放）された。それでその下の若い連中が経営陣となり、企業の若返りが実現して、日本の大企業は急速に復興することができた。前川さんたちもその世代なんだ。上が退場して。

磯崎 上はもちろん生きていたんだけど。

藤森 実権はない。

磯崎 パージされて、ほとんど闇の社会のほうには付き合っていても表の社会には出てこられない。そうすると四十代はみんな上がいないわけですよ。僕から見ると、僕のちょっと上の世代はほとんどミッシング・ジェネレーションです。つまり戦争でみんな死んでいる。もちろん建築にいけるかどうかなんてわからなくて、目的不明みたいなかたちで挫折したりして、建築とは関係のない世界に行っちゃった人が多い。そうすると僕の前の十年がほとんどいないんですね。いないというか、いるんだけどちょっとタイプが違うんですね。その上が「例の会」に集まっていた丹下さんのジェネレーション。みんな助教授になったばかりの人達。もちろんこの間に大谷幸夫さんとか、もうちょっと上の浅田孝＊3さんあたり。みんな死んでいた可能性もあるでしょ。

藤森 浅田さんだって原爆で生き残ったわけですから。

磯崎 広島の原爆のあと三〇キロメートルのところにいたんだから。そういうことから

＊3 浅田孝 あさだ・たかし（一九二一〜九〇）都市計画家、建築家。一九四三年、東京帝国大学工学部建築学科卒業。四六年丹下健三と丹下研究室を創立。丹下研究室の主任研究員として、「広島平和記念公園施設」「香川県庁舎」等の設計監理を担当。南極昭和基地プレファブユニットの設計、横浜市の都市計画の骨格づくり、世界デザイン会議や大阪万博、沖縄海洋博のプロデュース、さらには本四連絡橋（瀬戸大橋）を架ける提案をした人物として知られる。

見たら当然死んでいていいような。周りはみんな死んでいると思いますから。

藤森　それともう一つは思想的な困難。あの激変をもろに受けると、以後、明るく積極的に生きていくのは難しい。

磯崎　そう思いますよ。

藤森　夢なんてもてるかみたいな。周りはみんな死んでいるんですから。浅田さんにはニヒリズムを感じました。静かで控えめだけど、コワい感じがあった。

磯崎　浅田さんがいちばん典型的かもしれないですね。丹下さん達のちょっと上のジェネレーションの建築家達は自立していたから、戦争中に何やっていたのか、民需はないから、軍需に関わっていたことはわかるわけ。下の連中は下の連中でいきなり左翼ですから、突き上げていました。浅田さんはその狭間にいた。あの人はだから面白いですね。超ねじれて向こうに突き抜けている。

藤森　そういう世代ですよね。浅田さんがちゃんとした回想録を書けばよかったんだけど、絶対にそういうことはしない。

磯崎　丹下さんの思い出話の本（『丹下健三を語る　初期から1970年代までの軌跡』鹿島出版会、二〇一三年）をつくることになったとき、オーラルヒストリー風の企画だったので、どうせ戦勝者側の話になるに違いあるまいと予測して、僕は浅田さんを通じての丹下論を書こうと考えました。神降ろしして生の語りの記録係になったことにして、岸田（日出刀）さんと浜口隆一さんと浅田さんが丹下さんをしゃべるというフィク

ションです。（架空座談会「ゲートルを巻いた丹下健三」司会進行役、磯崎新）

今回の対談では、岸田日出刀、丹下健三、浜口隆一、浅田孝は脇役です。派手に立ち回った大物がたくさん登場します。さまざまな話を通じて、十五年間の戦争中のそれぞれの人の動きが見えてくると面白いなと思っているんです。

第一章　アントニン・レーモンドと吉村順三

アメリカと深く関係した二人

アントニン・レーモンド　Antonin Raymond

（一八八八―一九七六）オーストリア領ボヘミア地方（現在のチェコ）に生まれる。チェコ工科大学卒業後、渡米し、フランク・ロイド・ライトのもとで働く。一九一九年「帝国ホテル」建設のためにライトとともに来日。二一年事務所を設立。三七年～第二次大戦中はアメリカに戻り、四八年に再来日。七三年に日本を離れ、アメリカペンシルベニア州のニューホープ農場に戻り、当地で没。主な作品に「霊南坂の自邸」（一九二六）、「夏の家」（一九三三）、「リーダーズダイジェスト東京支社」（一九五一）、「群馬音楽センター」（一九六一）等。

吉村順三　よしむら・じゅんぞう

（一九〇八―九七）東京の呉服商の家に生まれる。一九三一年、東京美術学校（現・東京藝術大学）卒業後、レーモンド建築設計事務所に正式入所。四一年に事務所開設。六二年、東京藝術大学建築科教授に就任。主な作品に「軽井沢の山荘」（一九六二）、皇居新宮殿の基本設計（一九六三）、愛知県立芸術大学キャンパス計画（一九六六―七四）、「奈良県国立博物館新館（現・西新館）」（一九七二）等。

建築界に少なかったレーモンド筋

藤森　戦前から戦後にかけての時期を走り抜けた建築家で、まず、アメリカと深く関係したアントニン・レーモンドと、吉村順三さんをとりあげたいと思います。

　僕はレーモンドに会っていないんです。磯崎さんは当然、お会いになっている……。

磯崎　はい。すでに引退されるくらいの頃に、まともに話をするような間柄ではなかったんですが、井上房一郎[*1]さんの関係でちょっとだけお目にかかったことがあります。もうそのときは半分事務所から離れていて、僕はアーティストになるよ、建築設計はお前達が自分達でやれよというような晩年の頃だったと思います。ひょうひょうとした老人というような感じで、それ以上のことは存じ上げません。

藤森　どこでお会いしたんですか。

磯崎　東京ですね。井上さんが僕をレーモンドに紹介しようというときに会ったかもしれない。僕は井上さんとはいろいろと縁があって井上さんが僕を推薦してくれたことで、群馬の美術館（群馬県立近代美術館[*2]）を設計することになった。そのとき初めて井上さんと付き合いが始まったんです。

　けれど、一介の建設業者ですから県立美術館の建設を即決で決めるわけにいかなくて、

＊1 井上房一郎
いのうえ・ふさいちろう（一八九八〜一九九三）企業経営者、文化支援者。一九二三〜三〇年、パリに留学。帰国後、工芸運動に加わり、来日したブルーノ・タウトを庇護。日本工作文化連盟の創設に関わる。父の興した建設会社の経営に携わる一方、文化支援を行い、群馬交響楽団、「群馬音楽センター」「群馬県立近代美術館」誕生に貢献。レーモンドと交友をもち、レーモンドの自邸（麻布）のレプリカを建て自邸とした（現・高崎哲学堂）。

＊2 群馬県立近代美術館
磯崎新設計、一九七四年開館。戦後美術館建設ブームの代表的な作品。ロビー、ホワイエ、玄関ホール等、共有空間のゆとりが特徴的。

＊3 高崎の音楽堂
「群馬音楽センター」（一九六一年）のこと。アントニン・レーモンドが設計を手がけた。折板構造（不整形折面架板構造）による独特な外観をもつ。内部は地下一階・地上二階で構成され、一九三二席あるホールを備える。

それまでの段取りがいろいろとあるわけです。井上さんは日本の地方都市に文化施設を三つつくるというのが念願だったわけですね。

　一つ目は高崎[3]の音楽堂の設計をまずレーモンドに頼んで、次に美術館、そしてその次に哲学堂をやる。哲学堂は既にレーモンドに頼んでありましたが、途中でいなくなってしまったものだからお前が次をやってみろと言われたんですね。ファンドレイジングから始めるわけですから、市民運動をやる以外しようがない。市民運動のための叩き台の案として、「水戸芸術館」（一九九〇年竣工）のタワーを横に寝かせたようなものをつくって持っていったんです。でも、どういうものになるかわからないと突き返されたりして……。いっぺんだけパブリックを集めてプレゼンテーションをしましたが、おおよそ、事が動かないというのを井上さんもわかって、しばらくそのままになっていた。井上さんが亡くなって、現在は自宅で使っておられた建物が「高崎哲学堂」になっている。

藤森　レーモンドは丹下研ではどう思われていたんですか。

磯崎　丹下さんからレーモンドについて聞いた記憶はない。丹下研としてはあんまりレーモンドの仕事を意識しているということはなかったですね。そういう意味で言うと、丹下研は丹下さんが最初からああいうフレーム構造でいくことを狙ったのかどうかはちょっとわかりませんが、コルビュジエ[4]や岸田[5]（日出刀）さん的な日本の解釈みたいなものが基本にあって、レーモンド系統のモダンなデザインというものはなかったですね。

藤森　そうですか。丹下研の周囲にレーモンド筋はなかった。確かに戦前のレーモンド

＊4 ル・コルビュジエ（一八八七〜一九六五）建築家。パリのオーギュスト・ペレ、ベルリンのペーター・ベーレンスの事務所で建築を学ぶ。『エスプリ・ヌーヴォー』の創刊に関わった後、一九二二年に事務所を設立。CIAM（近代建築国際会議）の中心的メンバーの一人として近代建築理論を展開。代表作に「サヴォワ邸」「ユニテ・ダビタシオン」「ロンシャンの礼拝堂」等。

＊5 岸田日出刀　きしだ・ひでと（一八九九〜一九六六）建築家、建築評論家。一九二二年、東京帝国大学工学部建築学科卒業。二九年、同大学教授に就任し、前川國男、吉武泰水、丹下健三、郭茂林等多くの後進を育てた。代表作に「東京帝国大学講堂（現・安田講堂）」「高知県庁舎」その他東京大学施設多数。著書に『オットー・ワグナー』『過去の構成』等。

＊6 フランク・ロイド・ライト（一八六七〜一九五九）建築家。一八八七年からシカゴのアドラー&サリヴァン建築事務所で住宅設計を担当。九三年に独立し、事務所開設。一九〇五年初来日。以後たびたび訪日し、浮世絵の収集と建築設計に携わる。代表作に「ロビー邸」に代表されるプレーリースタイルの作品を

事務所には前川さんはじめスタッフは大勢いるんですが、丹下さんにとってはレーモンドは先生の先生みたいな感じで、作家として意識したことはなかったんですね。確かにレーモンドの仕事は、世界的に見ると圧倒的に戦前のほうが優れていますから。レーモンドは「帝国ホテル」（一九二三年竣工）建設のために、ライト[*6]の弟子として初めて日本に来て……。

磯崎　来たんだけれど、レーモンドはコンクリートのモダンな住宅というのを、アルバイトなのか独立してからなのかはわからないけれど、ちょこちょこやったじゃないですか。

藤森　自邸（一九二六年）とか「赤星鉄馬[*7]邸」（一九三四年竣工）とか。

磯崎　赤星鉄馬は昭和の初め頃の遊び人の文化人で、しかも貴族系の人という感じでしょ。この辺の人脈にレーモンドが関わっていったがゆえに東京のハイカラモダン邸宅をレーモンドが突然手がけることになる。こんな邸宅をレーモンドがなぜつくり始めたのか。クライアントになる人脈づくりで若い建築家の出発が大きく変わります。

藤森　レーモンドのいちばん大きな人脈をあげると、後藤新平[*8]です。星薬科大を依頼した星家も後藤新平の一族ですから。星製薬は結局、麻薬の疑いをかけられて政府に潰されることになります。後藤新平は大政治家。星製薬も大製薬会社。そういった人脈はやっぱり大きかったと思います。

戦前、ライトのもとから独立した後、後藤新平邸を手がけた影響はその後の仕事をす

はじめ、「落水荘」「グッゲンハイム美術館」、日本での作品に「帝国ホテル本館」「山邑邸」がある。

*7 赤星鉄馬　あかほし・てつま（一八八三〜一九五一）実業家。大正銀行頭取。父は軍需品を扱う明治政府御用達貿易商として財を成した赤星弥之助。一九〇一年東京中学卒業後、渡米。ロレンスビル高等学校、ペンシルバニア大学を卒業し、一〇年に帰国。乱獲により困窮していた漁民救済のため、芦ノ湖にブラックバスの移植放流を行った人物としても知られる。

赤星鉄馬邸（アントニン・レーモンド設計、一九三四年竣工）

るうえで大きかったでしょう。後藤の人脈は内務省です。後藤家にとっても、レーモンドのことは大変印象深かったらしく、同居していた孫の鶴見俊輔[9]さんによると、姉達はレーモンドのことを話していたって。

磯崎　そういえば、たまたまポール・クローデル[10]というフランス大使が、日本にいたじゃないですか。大使だったときにフランス外務省に報告書を書いているわけですね。彼は作家として有名ですけれど、片方で実務的に日本の情勢分析を書いている。この中の極秘文書で、当時の日本の政治家の人物評をいろいろ扱っていますが、その中で後藤新平というのがいちばん信用できない人間だとフランス政府に報告しています。大使という立場は自由に立ち回りができるので、政友会や民政党の政治家の位置づけとか信用度とかで評価していた。だけど後藤新平だけはクエッション。わかんないわけね。さまざまな怪しげなことをするので。これは何かわかるような気もします。

藤森　今でも、あの大風呂敷は、普通の日本人の感覚からいったら捉えどころのないくらい広い。建築界でも震災復興のために、佐野利器[11]や内田祥三[12]はその下で走り回るわけです。

磯崎　いずれこの主流派になる人達が日本の近代を建築サイドでつくった人達じゃないですか。それに対して我々の関心のあるデザイナーというのはそこから嫌われた人脈ですからね。

藤森　でも、後藤のおかげで内務省と組んだ佐野、内田の流れはそのまま岸田さんに繋

＊8 後藤新平　ごとう・しんぺい（一八五七〜一九二九）政治家。第四代台湾総督を務めた児玉源太郎のもとで台湾経営にあたる。また、関東大震災の復興にも功績を残す。一九〇六年南満州鉄道初代総裁、〇八年逓信大臣兼鉄道院総裁、拓殖局副総裁、一八年外務大臣、二〇〜二三年東京市長等を歴任。

＊9 鶴見俊輔　つるみ・しゅんすけ（一九二二〜二〇一五）哲学者。ハーバード大学哲学科卒業。一九四六年、丸山眞男や都留重人等と雑誌『思想の科学』を創刊。五四年、東京工業大学助教授就任。日米安全保障条約調印に抗議し、六〇年、同大学を辞職。六一年、同志社大学教授就任。七〇年、大学紛争での警察機動隊導入に抗議し辞職。「転向」等の日本近現代思想問題、大衆芸能等幅広い分野を研究対象とした。

＊10 ポール・クローデル（一八六八〜一九五五）フランスの詩人、劇作家、外交官。カトリックの家庭に生まれ、一度は信仰を失うが、ランボーの詩から啓示を受け、回心。詩人マラルメの「火曜会」に出席し、象徴詩、純粋演劇の理念を学び、劇作を書く。一八九〇年外交官試験に首席で合格。一九二一年から二七年の東京在任中に書かれた『繻子の靴』

がるんです。

磯崎　そこが岸田さんの不思議なところで、僕は岸田さんの挫折じゃないかと思っているわけだ。岸田さんは東大のポジションに追いやられて、その後外国に行っているじゃない。外国に行ったら行ったで、これはちょっと違うと思って帰ってきたら、内務省の人脈にはめ込まれている。だからそのラインを守らなければいけないわけじゃないですか。だけど、そこの連中が嫌っているモダンデザインの連中のほうがいけるんじゃないかと岸田さんは思う。だから、岸田さんはねじれちゃったわけです。

藤森　確かにねじれちゃった。

磯崎　そう見ると、岸田さんの振る舞いが割と面白く見える。佐野利器、内田祥三、岸田日出刀っていうかたちで政府直属の流れになる。丸ごとそうなるのが嫌で、岸田さんは都市計画志望の高山さん（高山英華[*13]）に自分の公的な立場をふる。そして岸田さんの好きだったデザイン領域を丹下さんにやらせる。

藤森　面白い見方ですね。

打ち放しコンクリートの「霊南坂の自邸」

藤森　フランス大使クローデルの話を聞いて思い出しましたが、レーモンドがクローデルの一文を入れた『一建築士の住宅』って本を、一九三一年に洪洋社から出すんです。

は集大成的詩劇。

＊11 佐野利器　さの・としかた（一八八〇〜一九五六）建築家、構造学者。一九〇三年、東京帝国大学工科大学建築学科卒業後、大学院で鉄骨造・鉄筋コンクリート造の研究を続けた。一九一五年「家屋耐震構造論」を発表し、日本の耐震構造理論の基礎を築いた。二三年、関東大震災の復興計画に復興院建築局長として参画し、鉄筋コンクリート造建築の普及に貢献。日本最初の鉄骨構造建築「東京日本橋丸善書店」を設計した他、「東京駅」等多くの作品の構造計算を担当した。

＊12 内田祥三　うちだ・よしかず（一八八五〜一九七二）建築家、構造学者。一九〇七年東京帝国大学工科大学建築学科卒業。一時、三菱合資会社（現三菱地所）に勤めるが、大学に戻り、師・佐野利器の跡を継いで建築構造学の体系化に務める。研究分野は家屋防火、建築法規、都市計画等に及んだ。主な作品に「安田講堂」「所沢飛行船格納庫」等。

＊13 高山英華　たかやま・えいか（一九一〇〜九九）都市計画家、建築家。一九三四年、東京帝国大学工学部建築学科卒業後、同大学で教鞭を執る。六二年同大学に都市工学科を

一九二六年に完成した赤坂の霊南坂の自邸[*14]についての小さな本です。

磯崎　その自邸は、「夏の家」[*15]の原型ですか？　コルビュジエは、「夏の家」を自分の作品集に載せているわけじゃないですか。

藤森　それとはまるで違います。「夏の家」は一九三三年で、これはそれよりずっと前につくった霊南坂の自邸の話です。謎の本で、自邸ができて五年もしてから出した。

磯崎　変わった本ですね。

藤森　コルビュジエが初めて打ち放しを試みた「スイス学生会館」[*16]が一九三〇年に着工し、その翌年に、当時のフランスを代表する知識人の一文をもらい、日仏対訳で出したのはなぜか。自分が、ことコンクリート表現については、ペレ[*17]に次ぐ二番目で、コルビュジエより何年も早いってことを、コルビュジエとフランスの建築界に知らせるためじゃなかったか、と考えています。「スイス学生会館」は、コルビュジエの作風がバウハウス的な白い箱から脱する最初の記念碑的作品です。打ち放し、曲面、さらに大理石と自然石を使う。

　考えてみるとモダニズムが、大理石はともかく自然石を使うというのは原理的におかしい。だって住宅は住むための機械だって言っていたのに、車に石を張りつけるようなもんですからね。コルビュジエはあそこで初めて、全面ではないけれどピロティ部分を打ち放しにしている。上階は大理石を張っています。あれがコルビュジエの打ち放しコンクリートの第一号なんです。

設立。東京五輪、大阪万博、沖縄海洋博等の計画をまとめた。建築分野における都市計画学者の先駆者として、まちづくり事業に大きく貢献した。著書に『私の都市工学』等。

＊14 霊南坂の自邸（アントニン・レーモンド設計、一九二六年竣工）

＊15 夏の家
1933年に建設された。現在は、軽井沢タリアセンに移築され、ペイネ美術館となっている。

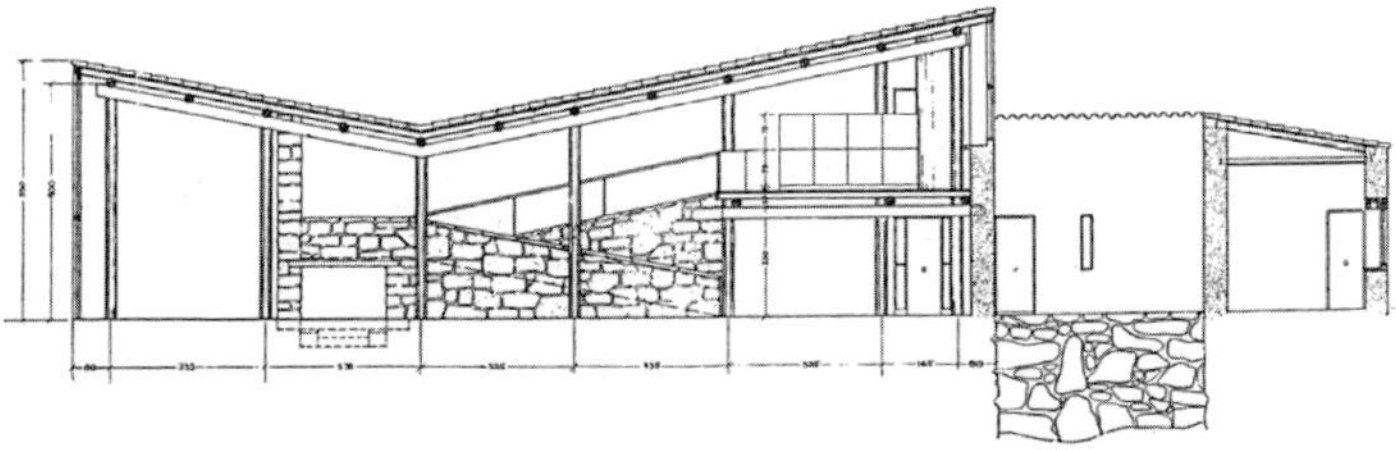

エラズリス邸案断面図（ル・コルビュジエ、1930年）

磯崎　エントランスのちょっと裏側のところが乱石積みじゃないですか。ちょっとカーブしていて。丹下さんの文章にもあるコルビュジエが変わったという手がかりというのは、その乱石積みのことだと僕は思う。

藤森　そうです。浜口[*18]（隆一）さんによると、卒業設計で丹下さんは乱石積みをやるんですが、そのもう一つ前の課題で初めてやり、みんなびっくりし、理解するのに、だいぶ時間がかかったって。丹下さんはそこでコルビュジエとバウハウスの違いを見抜くんです。そして自分は石派のほうだって。

磯崎　石の側だから、ある意味でコルビュジエの回心を見抜くわけなんだな。

藤森　それを、卒業後、理論化したのが『ミケランジェロ頌』[*19]。打ち放しのコンクリートは、よく知られているように、ペレが一九二三年に「ル・ランシーの教会」[*20]でやるんです。でもペレが打ち放しを表現として前面に出したのはあれくらいで、お金があると、石を張る。

磯崎　ランシーの丸写しが、東京女子大学のチャペル。

藤森　そうです。ここで日本のコンクリート表現の歩みをおさらいすると、ランシーの翌年の一九二四年に、本野精吾[*21]が京都にコンクリートを全面に使った自邸をつくるんです。ブロックとモルタル塗りでつくった。本野の元はコルビュジエじゃなくてベーレンス[*22]なんですよ。ドイツへ留学すると、ムテジウス[*23]が材料と表現を一致しろ、機能主義でいけってドイツ工作連盟[*24]のリーダーとして主張していた。ムテジウスではなく、本野は

＊16 スイス学生会館　ル・コルビュジエが設計。一九三二年竣工。パリの国際大学都市内に建てられた学生寮。ピロティは鉄筋コンクリートによる。上部の居室は軽量な鉄骨で組み立てられた。

＊17 オーギュスト・ペレ（一八七四〜一九五四）ベルギー出身の建築家。一八九一年エコール・デ・ボザール（フランス国立美術学校）に入学するが、一九〇一年に退学し弟とともに父の経営する建築請負会社に入社。鉄筋コンクリート構造による近代的な造形の実現に努力した。主な作品として、「パリ・フランクリン街のアパート」「ランシーのノートルダム教会」等。第二次世界大戦後はル・アーブルの再開発計画

ベーレンスにすごく惹かれた。だから、本野さんは、ペレとは関係なくブロックとコンクリートのラーメン[*25]構造で自邸をつくり、コンクリートの上にはモルタルを塗った。その翌々年に、レーモンドの自邸ができるわけです。そこで初めてレーモンドは建築のすべてをコンクリートでつくる。外側は打ち放しで。中は、小叩き、磨きもやった。

この頃の話を、戦前にレーモンド事務所の所員だった杉山雅則さんに聞いたら、レーモンドのデスクの上にはペレの資料が積まれ、それを参考にしながらコンクリート表現と取り組んだそうです。そして、レーモンドが自邸をつくった一年後の一九二七年に、カール・モーザーがバーゼルの教会（「ザンクト・アントニウス教会」）を全面打ち放しでつくる。これはランシーとよく似ていて今でも残っています。

その後一九二九年に「ライジングサン石油」をレーモンドがつくる。これはペレのランシーの丸柱の打ち放しそのままです。今は壊されましたけど、僕は見ています。その翌年に「スイス学生会館」の建設が始まるんです。その翌年の一九三一年、レーモンドは五年前の自邸をクローデルの文を付けてフランスに向けて発表する。

磯崎　なるほど。本場の流れと辺境の東京で仕事をしたレーモンドですが、情報交換のスピードがいま想像する以上に速かったんだ。

にも参加した。

＊18 浜口隆一
はまぐち・りゅういち
（一九一六〜九五）建築評論家、建築史家。一九三八年、東京帝国大学工学部建築学科卒業後、同大学院に進学し、近代建築史を中心に研究。東京大学で教鞭を執った後、建築評論家として活躍。著書に『ヒューマニズムの建築』『ヒューマニズムの建築・再論』等。

＊19 丹下健三『ミケランジェロ頌―ル・コルビュジエ論への序説として―』
一九三九年に雑誌『現代建築』に発表された。ルネサンス期のミケランジェロと二十世紀のル・コルビュジエを、歴史の滞りを打開して創造してきた天才という意味で、同一直線状に連続して結び付けている。

コンクリート建築の先駆を行ったレーモンド

藤森　つまりコンクリート表現についてはコルビュジエにレーモンドが先駆しているんです。それから自邸が、*L'architecture d'aujourd'hui*誌に載ったんですね。それを見て学生だった吉村（順三）さんは自邸が東京にあることを知って探しまわるんです。そしてついに行きあてて一九二八年にレーモンドの事務所に入るんです。

磯崎　レーモンドはそこで事務所をやっていたわけ。

藤森　いや、そこでは仕事をしていなかったと思います。住宅です。それを見て吉村さんは入所する……。

磯崎　レーモンドの木造じゃなくて、コンクリートで入った人なんだ。

藤森　レーモンドが日本でつくってフランスの雑誌に発表した建物を、芸大の学生が見て探して入るくらい、当時の建築学生達はヨーロッパの事情に敏感だった。コンクリートに関しては、レーモンドのほうがコルビュジエに先行していて、世界的に見ると、ペレ、レーモンドの順です。

磯崎　なるほど、二番目ね。ライトはコンクリートっぽいことはやっていても、打ち放しはやらないな。

藤森　やらないです。生涯やりませんからね。ところで、コルビュジエの「エラズリス

＊20ル・ランシーの教会　ノートルダム・デュ・ランシー教会のこと。オーギュスト・ペレ設計。パリ郊外、ル・ランシーの街に一九二三年竣工。コンクリート打ち放し建築としては世界最古とされる。薄いシェルコンクリートの天井とプレキャストコンクリートによる窓格子によって新しい表現に到達している例として有名。

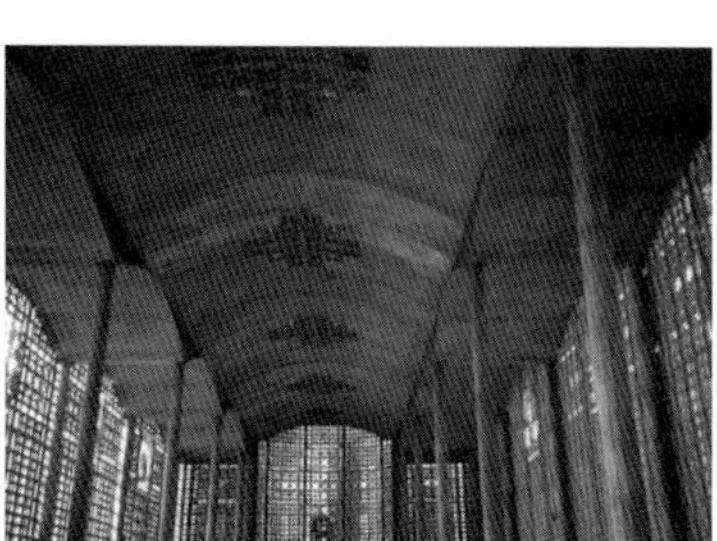

＊21本野精吾　もとの・せいご（一八八二〜一九四四）建築家。一九〇六年東京帝国大学工科大学建築学科卒業。〇八年、恩師武田五一に招かれ、京都高等工芸学校教授となる。〇九年から二年間ドイツに留学し、ペーター・ベーレンスの建築に感銘を受ける。二七年に京都で

邸案」を一九三三年にレーモンドがパクるわけです。コルビュジエに批判されて、レーモンドはおそらく、お前だって俺のコンクリートから影響を受けただろうと思ったんじゃないか。というのは、ペレが打ち放しをしているのに、コルビュジエはそれに興味をもたず、レーモンドの自邸の後に初めてやろうと思う。

磯崎　一方でコルビュジエは、ドミノ[*26]（・システム）というのをパテントで勝負しようと思って絵を描いているじゃないですか。

藤森　あれはモルタル塗りだと思いますよ。コンクリートで四角柱だった。

磯崎　壁がなくて、コンクリートスラブの柱だけですよね。

藤森　一方、ペレ自身はコンクリート打ち放しが大事なものだと思っていない。高い予算が付いて壁に石を張れるようになると張っちゃいますから。ランシーは貧乏な教会だったので、石を張らずに打ち放しのままだったって言われてます。コルビュジエもペレの弟子でありながら、打ち放しに興味がない。だってランシーが一九二三年にできて、一九三一年の「サヴォア邸[*27]」は八年後なのにまだ白く塗っている。その翌年に「スイス学生会館」で突然打ち放しに変わるわけです。

磯崎　僕は「サヴォア邸」の修復中に行ったことがあるけど、スロープはコンクリートですよ。打ち放しなんだけれど、実際はモルタル塗りにしているわけ。だけどいろいろはげていて、僕が見たときは一部コンクリートを使っているけれど、他のところは鉄骨ですよね。

「日本インターナショナル建築会」を設立し、その後ブルーノ・タウトの来日を実現させた。作品に「西陣織物館」「本野精吾自邸」等。

＊22 ペーター・ベーレンス（一八六八〜一九四〇）建築家、インダストリアルデザイナー。ダルムシュタットの芸術家村建設運動に参加し、そこで「自邸」を設計して以来、建築に開眼。一九〇七年以降ベルリンのAEG社の顧問デザイナーとなる。「AEGタービン工場」は、近代建築の出発点として高く評価される。ミース、コルビュジエが彼のもとで学んでいる。

＊23 ヘルマン・ムテジウス（一八六一〜一九二七）ドイツの建築家。ベルリン工科大学に学ぶ。一八九六年から一九〇三年までロンドン駐在のドイツ大使館員を務め、イギリスの住宅や生活文化を知る。帰国後はドイツの工業製品の品質向上を目指し、〇七年、ドイツ工作連盟の設立を促す。以後同連盟の中心的役割を果たす。

＊24 ドイツ工作連盟 一九〇七年、ミュンヘンに結成された建築、プロダクトデザインの団体。生産品の質の向上を図ることを目標とした。十九世紀の工芸運動をふま

藤森　壁はコンクリートだったと思った。

磯崎　コンクリートをある程度は打ってはある。だけどそれはレンガの代わりという感じです。

藤森　コンクリートを表現として使うかどうかは決断がいる。コンクリートは工場とか地下室とか倉庫のテクスチャで、ちゃんとした建物に使う習いはまだなかった。そのコンクリートで何とか表現しようと思想的に考えた最初は、ドイツの工作連盟の連中なんです。

磯崎　バウハウスではなくて工作連盟側の考え。建築の論理ではなく、生産の倫理ですね。[28]ブルーノ・タウトが「ほんもの」／「いかもの」に二項対立して説明したのもそれに似ている。

藤森　工作連盟にはムテジウスがいて、ゴリゴリの合理主義者ですから、とにかくコンクリートそのもの、鉄骨そのものの表現をしようとしきりに言う。工作連盟にはムテジウスの下に二人の重要な人物がいて、一人はベーレンスで、もう一人は[29]テオドール・フィッシャーです。フィッシャーのほうが、今ははるかに評価が低い。だけどフィッシャーの下から[30]グロピウス、[31]シャロウン、タウトが出ている。一方のベーレンスの下から[32]ミースとコルビュジエが出るわけです。ミースとコルビュジエのほうが圧倒的に強いもんだから、フィッシャー、グロピウス、シャロウン、タウトのラインじゃなくて、ベーレンス、ミース、コルビュジエが戦後の主流になっちゃう。

えつつ、積極的に工業生産を肯定する姿勢がみられる。二十世紀初頭のヨーロッパにおけるデザイン運動に、大きな影響を与えた。

＊25 ラーメン構造　水平方向、鉛直方向の線状部材が強固に接合される骨組み。鉄骨造、鉄筋コンクリート造、鉄骨鉄筋コンクリート造で一般的に用いられる。

＊26 ドミノ・システム　一九一四年にル・コルビュジエが考案した鉄筋コンクリートの構造システム。住宅は、床（水平スラブ）、それを支える柱、階段の三つからなるとした。

＊27 サヴォア邸　ル・コルビュジエ設計、一九三一年竣工。パリ北西郊外ポワッシーに建てられた。コルビュジエの提唱する近代建築の五原則（ピロティ、屋上庭園、自由な平面、連続窓、自由なファサード）を最も巧みに生かす作品。一階はピロティをめぐらし、車庫、玄関ホール、従業員諸室。二階に主室、三階に客室と屋上庭園がある。第二次大戦中の管理が悪く、一時取り壊しの危機にあうが、文化財に指定、補修された。

フィッシャーは、コンクリートを打った後、小叩きするんです。小叩きすると、コンクリート面は平滑化して連続面になりますが、あれをしきりとやるんです。それを全面的に外部に出すというのは躊躇があったみたいで、必ずラーメンで行い、間にレンガを使うんです。レンガと白いコンクリートの面が生まれる。一九一一年にウルムの「兵営[*33]附属教会」をつくっていて、内部は完全にコンクリートの小叩きです。フィッシャーは、打ち放しをするのはやっぱり怖かったみたい。打ち放しでつくるとどうしても型枠の跡が出て工事途中に見えますよね。で、本野精吾はフィッシャーのやり方をした。

磯崎　なるほど。そうすると僕はその辺の時間軸が混乱していますけど、スイスの[*34]「ゲーテアヌム」は二〇年代の半ばでしょうか。

藤森　最初の「ゲーテアヌム」は一九二〇年で、その焼失後に再建されたのは有名な打ち放しですけど、打ち放しとしては時期がとても早いので、僕は疑問に思ったんです。「ゲーテアヌム」をつくったシュタイナーは建築家じゃない。ミュンヘンが本拠地だったから、フィッシャーの仕事を山ほど見ている。フィッシャーも本拠はミュンヘンでしたから。それで、調べなくちゃと思って見に行った。そうしたら、今の打ち放しは、焼けた後の再建なんです。

磯崎　前は木造だったんだ。

藤森　そうです。二階部分のホールは木造だけど、下の一階部分が小叩きのコンクリート。なぜそれがわかるかというと、当時のコンクリートの階段の親柱[*35]はちゃんと保存し

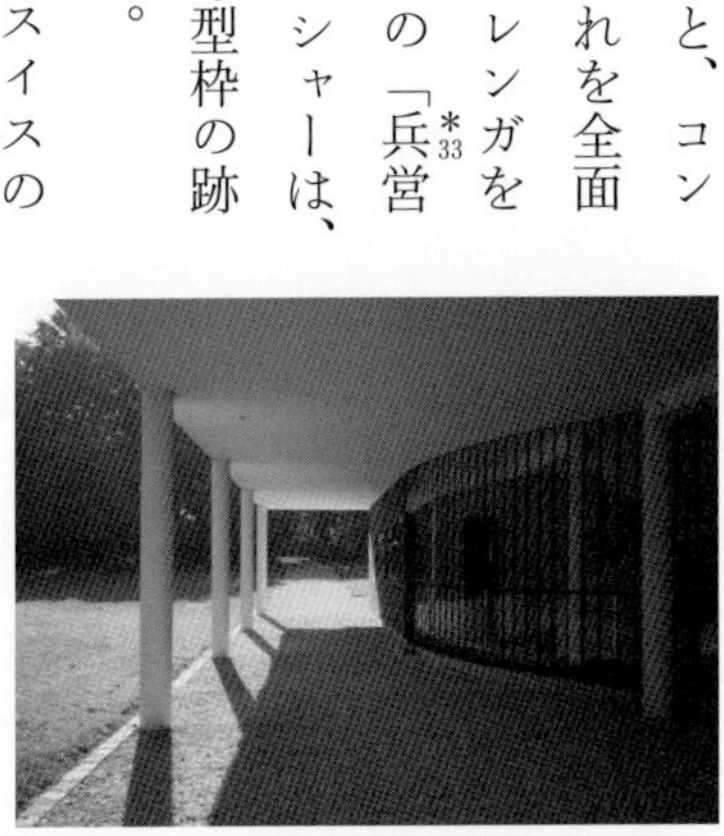

＊28 ブルーノ・タウト（一八八〇〜一九三八）ドイツの建築家。二四年ベルリン住宅供給公社（GEHAG）の建築家に起用される。ナチスの迫害から逃れ、三三年に来日。桂離宮、伊勢神宮をはじめ日本の美を世界に紹介する。三六年、トルコの国立美術アカデミーに招聘、その地で客死。「鉄の記念塔」「ガラスハウス」は表現主義の代表的な作品として知られる。

＊29 テオドール・フィッシャー（一八六二〜一九三八）ドイツの建築家。ミュンヘン工科大学で学び、P・ヴァロットに協力してベルリンの「国会議事堂」建設に参加。シュトゥットガルト、ミュンヘンの工科

である。

磯崎　そうすると、今あるコンクリートの建物はもっと後なんですね。

藤森　後です。とは言っても、一九二八年だから、コンクリートの打ち放しとしてはごく初期です。そういうふうに考えると、レーモンドが全面的コンクリート表現に関しては、建築家としては俺のほうが世界で二番目だぞという意識は強かったと思います。磯崎さんが学生の頃って打ち放しの全盛期ですよね。あのときに打ち放しとは何かっていう本質的議論はありましたか。

磯崎　そのときはすでに、建築は打ち放ししかないというくらいの感じですよ。戦争の準備が始まった頃、日本の建設産業の問題は鋼材の不足でした。すべて軍需優先になる。鉄筋コンクリートも民需としては使えない。代用としてもモルタル塗りが開発されました。左官仕事で鉄筋の代わりにメッシュを使う。木組みが構造。擬モダン・デザインです。戦後もかなり続きました。バラックがモルタル（準防火）に変わった。それが日本の都市の光景となる。五〇年代中期で建築らしいものをつくりたいと考えれば、打ち放ししか選択肢はなかったのです。

藤森　打ち放しとは何かについて、打ち放しの歴史を調べていると、ほとんど誰も語っていないんです。レーモンドだけが語っている。打ち放しについてはペレ以外では私が一番で、打ち放しとは二十世紀の科学技術がつくった岩だって述べてある。その岩っていう表現がとても面白い。科学技術でつくった岩ということは、大地に繋がるっていう

大学教授を歴任した。グロピウス、タウト、シャロウンらが彼のもとで学んでいる。代表作に「シュトゥットガルト美術館」「イエナ大学」等。

＊30 ヴァルター・グロピウス（一八八三〜一九六九）モダニズムを代表するドイツの建築家。総合芸術としての建築教育を目指して設立された「バウハウス」の創立者で、一九一九〜二八年に初代校長を務めた。三〇年頃にはベルリンの集合住宅建設にあたる。三四年にイギリスに亡命後、三七年にはアメリカに渡る。代表作に「デッサウの校舎」、著書に『国際建築』等。

＊31 ハンス・シャロウン（一八九三〜一九七二）ドイツの建築家。一九一五年、ベルリンの工科大学卒業。一九年、独立しベルリンを中心に活動。ブレスラウの芸術アカデミー、ベルリン工科大学等で教鞭を執る。五五〜六八年、ベルリンの芸術アカデミー会長。代表作に「ベルリン・フィルハーモニー　コンサートホール」、ベルリンの「国立図書館」等。

＊32 ミース・ファン・デル・ローエ（一八八六〜一九六九）モダニズムを代表する、ドイツ生まれのアメリカ建築家。「バウハウス」の三代目校長

ことです。だから鉄とガラスとは違う。鉄とガラスは大地と繋がりようがない。高崎の音楽堂の峨々たるあのスカイラインは岩山のイメージじゃないかな。

ロンシャンなんかを見ると、コルビュジエも明らかに打ち放しを大地と繋がるものとみなしているわけです。

磯崎　丘の頂部に根を張って立ちあがる。湾曲した船底形の大屋根の打ち放しに、もっとも気を使っているのじゃないですか。壁や塔の白スタッコ塗りと対比している。

藤森　打ち放しにしているけど、コルビュジエは大地との繋がりは理論化しないわけです。あれだけ理論的な人なのに、磯崎さんの世代と同じで、当たり前のものとして考えていた。

磯崎　コルビュジエは「スイス学生会館」の頃はおそるおそる乱石を使っていた。白の時代のピューリズムを超えようとしたんでしょうね。戦後になって、建築の論理を超えて、爆発的に自由になり、アーティストがむらむらっと頭を出してきた。前川さんは、わが師が狂ったのではないかと考えたと思います。それに対して丹下研は、打ち放しは当然あるものとして捉えていて、この型枠にしてどれだけ綺麗に仕上がるかとか、柱や構造体は目に見えるところは打ち放し、見えないところはコンパネでいい、見えるところは型枠を合決り*36でいくから。そうすると、綺麗な板目の型枠ができる、と考えていた。

藤森　合決りにしていたんですか。知らなかった……。丹下さんや前川さんや坂倉さんの打ち放しも合決りの型枠なんですね。

を務めた。一九三八年、ナチスから逃れ、アメリカに亡命。イリノイ工科大学教授に就任。鉄やガラスを使い、無駄な部分をなくした建築やインテリアを提唱。主な作品に「ファンズワース邸」「シーグラムビル」等。

＊33 兵営附属教会（テオドール・フィッシャー設計、一九一一年竣工）

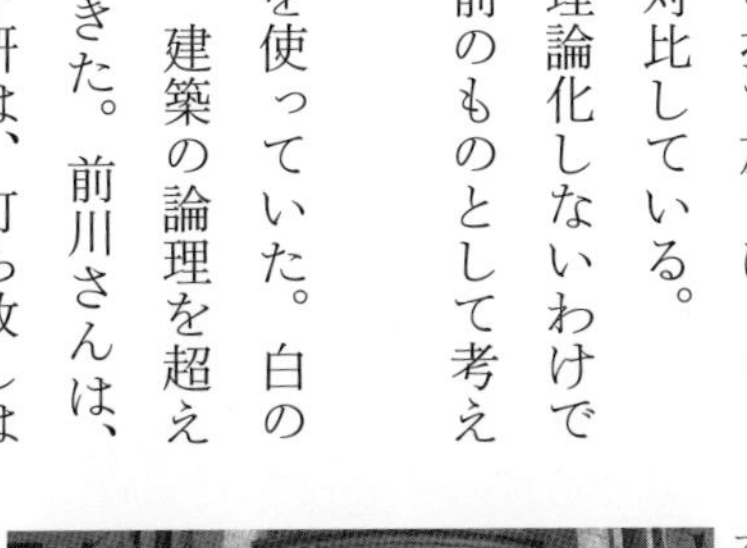

＊34 ゲーテアヌム　オーストリア出身の哲学博士、神秘思想家ルドルフ・シュタイナーが設計。スイスのバーゼル郊外に建つ。自らが創始した人智学の活動拠点である普遍アントロポゾフィー協会本部がある。一九二〇年に竣工するも、火災で焼失。現在建っているのは「第二ゲーテアヌム」（一九二八年竣

磯崎　五〇年代中頃までに打ち放し仕上げの通念が一般化したのだと思います。だから、丸面にするか角面にするか、そのときに型枠をどう組むかというのに一番神経を使う。打ち放しの柱梁、特にコーナーに関しては、細工物の指物師が組み立てるという感じ。型枠とはネガで組むわけだから、鋳型をつくるようなものですね。組むのは型枠だけど出来上がりは彫像のようにスムーズになってほしい。

藤森　ネガってつくるのはむずかしいですよね。はずしてみないとわからない。

磯崎　丹下さんの事務所ではどう施工するのかわからないわけですよ。経験者がいないですからね。それで前川さんのところから、道明栄次[*37]さんという、戦前おそらく上海などに行って現場をやった人に来てもらった。

藤森　道明さんはレーモンド事務所で前川さんと一緒だった。丹下さんが広島で打ち放しをする前、前川さんも実はコンクリートの打ち放しは一度もやっていない。戦前の段階で、とにかく日本で打ち放しをやったことのある人はレーモンドだけですし、世界でもおそらく三人くらいしかいません。昔は、型枠を合決りだったっていうのは初めて聞きました。そういう細かいことってみんな言わないんですよね。当たり前すぎて。

磯崎　普通はそれとコンパネと呼んでいた微妙なサイズの枠があって、すのこ板みたいな使いまわしのできるパネルの型枠なんですね。ただ、これは仕上げには使わない。

　それが大量に使用されていました。前川事務所で大高正人[*38]が福島の教育会館（一九五六年竣工）をつくるときにこのコンパネをそのまま外壁に使って、荒っぽい仕

工）。コンクリートを積極的に用い、彫刻的な形状を再現している。

＊35 親柱　おやばしら
階段や高欄などの手摺りの両端や曲がり角に立つ柱。

＊36 合決り　あいじゃくり
板を接（は）ぎあわせるとき、板の厚みを半分ずつ削り取り、かみ合わせて繋ぐ方法。

＊37 道明栄次　どうみょう・えいじ
戦前からの前川國男建築事務所の所員。丹下健三が同事務所に所属していた時の同僚であった。山口文象を中心とする創宇社建築会に参加し、日本歯科医専附属医院の建設に従事した。丹下が設計を行った「広島平

上げになったんです。コルビュジエのインドの打ち放し、それを日本的に解釈したのが「福島県教育会館」です。丹下さんはそれを普通の仕上げの壁に使っていました。

おそらく「縄文的なもの」のイメージと繋がっていました。コンパネ打ち放し、即縄文的という短絡を感知していたんじゃないですか。アンフォルメル[*39]、ニュー・ブルータリズム[*40]、こんな議論も同時期に重なっています。

打ち放し以外のコンクリート表現

藤森　打ち放し以外に、コンクリートの表現があるかどうかって、考えたことがありますか。

磯崎　これは、日本ではやったかどうか。イエールの学生会館を手掛けたポール・ルドルフ[*41]が、若い頃はモダニズムでケーススタディハウスみたいな感じだったのが、突然コンクリートに転換して、彼がやったのがリブの型枠なんですね。三角材みたいなものを貼り付けて、それを型枠にして表面をはつったわけです。妙にデコラティヴっていうか。

藤森　「香川県庁舎[*42]」の庭の池の向こう側に古い壁があって、そこがそのはつり方です。神谷宏治[*43]さんが、ルドルフに頼まれて案内し、道明さんが骨材をこうしろとか直接教えたそうです。

磯崎　僕は「香川県庁舎」の図面を全部ひいたんですけど、本体の中では使っていない。

和記念資料館」「香川県庁舎」の建築にあたり、現場施工の管理者として尽力した。

＊38 大高正人　おおたか・まさと（一九二三～二〇一〇）建築家。一九四七年、東京大学工学部建築学科卒業。四九年、同大学院修了、前川國男建築設計事務所入所。六二年大高建築設計事務所設立。八一～九一年計画連合代表取締役。メタボリズム・グループに参加。「坂出人工土地」「市営基町高層アパート」等。

＊39 アンフォルメル　一九五〇年代フランスを中心に興った抽象画運動。定形を否定し、物質感の強い絵肌（マチエール）を特徴とする。代表的作家に、J・フォートリエ、J・デュビュッフェ、G・マチュー等。

＊40 ブルータリズム（ニュー・ブルータリズム）　一九五〇年代から七〇年年代に隆盛した建築理念および様式。イギリスのアリソン&ピーター・スミッソンによって定義。コンクリート等による荒々しい仕上げを特徴とする。

＊41 ポール・ルドルフ（一九一八～九七）アメリカの建築家。一九四〇年、アラバマ工科大学建築

何しろ丹下モデュールで構造サイズもミリ単位ですから、標準型枠じゃ無理ですよ。外構工事であそこに壁が必要だというので現場でやったんです。現場には道明さんと神谷さんがいました。

藤森　道明さんは広島に定住していましたからね。打ち放しについて歴史を講演したとき、面白い経験をしました。本野精吾はコンクリート表現ではレーモンドよりも早く、ペレとは全然別系統で、ドイツでフィッシャー達に学んだ。それでコンクリートを表現するため、のろ[*44]の部分だけ、二ミリくらい、わずかに削った。型枠の凸凹を削る。やがてこういう変なことはやめて、打ち放しに収束したって話をしたら、たまたま会場に林[*45]昌二がいて「藤森さんはそう言うけど、打ち放しと小叩きの二つのうち、どうして打ち放しのほうがコンクリートそのものの表現って言えるのか」って質問されたんです。

答えに窮しました。何でそんなことを言うのか聞いたら、林さんは香川県庁舎案を手本にした旧掛川市庁舎で初めて打ち放しコンクリートに取り組んだ。でも、そのとき、躊躇があったって言うんですよ。打ち放しコンクリートは、コンクリートそのものの表現だってみんな言っているけど、あれは型枠の表現ではないかって疑っていたそうです。

磯崎　確かにね。木目が出ないといけない。木目仕上げといったほうがいいくらい。

藤森　木目が出て納まりがつく、要するに家具屋の技術ですよね。だから、打ち放しがコンクリートそのものとは言えないと思ったって。表面ののろを落とすほうがコンクリートそのものだって、林さんは言うんです。でも、掛川では打ち放しにした。

学科卒業。四七年、ハーバード大学デザイン学部修了。グロピウスのもとで学ぶ。四八年より自らの設計活動を開始。五八～六五年、イエール大学建築学部長を務める。「イエール大学芸術・建築学部棟」「ボストン行政サービスセンター」等。

＊42 香川県庁舎
丹下健三設計、一九五八年竣工。伝統的な木割りの美学に、鉄筋コンクリートの架構を適応させ、日本的な表現を行う。そのデザインと建築計画は、後の公共建築に大きな影響を与えた。向こう側にはつった壁が見える。

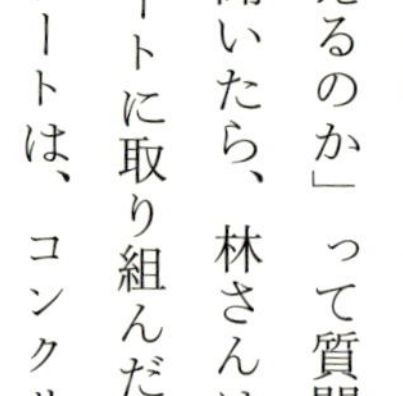
（多比良敏雄撮影）

＊43 神谷宏治　かみや・こうじ
（一九二八～二〇一四）建築家。一九五二年、東京大学工学部建築学科卒業。六一～七一年、丹下健三・都市・建築設計研究所の代表取締役。丹下が設計を手がけた「国立代々木競技場」では設計チーフをした他、

僕はそんなことを考えたこともなかったし、まだテオドール・フィッシャー達の仕事を知らなかったんです。それで真面目にヨーロッパのコンクリート表現の歴史を調べ始めたら、ドイツではのろを削る。次にペレが打ち放しをしていて、それが日本に入ってくる。

磯崎　たとえば、建築じゃなくて土木工事のダムとかは打ち放しじゃないですか。土木で使うから建築ではそれとは違うことをと、考えたんじゃないか。建築というか芸術側のものと、土木側のものとは違う。そうすると要するに芸術になるための建築をつくるための打ち放しと。こういうことですかね。

藤森　そうです。レーモンドは大きな誇りをもっていた。私が言うのも変ですけど、日本の建築史の人達はここら辺を調べていないんです。

磯崎　僕も思いますよ。現場のいろんな問題を考えないんだね。

藤森　そうそう。ヨーロッパの建築史って美術史の一部ですから、ますます考えない。それでいろいろと調べてわかってきた。ただし、レーモンドも打ち放しについては臆病だった。なぜかと言うと、自邸（霊南坂）だけで、コンクリートをどう表現するかの実験をやります。調べてみると、打ち放しを本当にやったかどうかは謎が残る。*46土浦亀城がモルタル塗りと書いている。でも図面には〝rough concrete〟とあるから、打ち放しでやろうとしていたのは確かです。これは写真でしか残ってない。僕は実物を見ていますけど、ボンタイルが吹き付けられていて……、杉山さんに聞いたら、打ち放しも磨き

丹下の代表作の設計に多数関わった。

*44 のろ　セメントまたは、石灰を水で溶いたもの。

*45 林昌二　はやし・しょうじ　（一九二八〜二〇一一）建築家。一九五三年、東京工業大学工学部建築学科卒業。大学では清家清に師事。同年、日建設計入社。同社副社長、副会長、都市建築研究所所長を歴任。多くのオフィスビルを設計し、七〇年代半ばの「巨大建築論争」では擁護の立場をとる。「パレスサイドビル」「ポーラ五反田ビル」「日本電気本社ビル」等。

*46 土浦亀城　つちうら・かめき　（一八九七〜一九九六）建築家。一九二二年、東京帝国大学工学部建築学科卒業後、渡米してF・L・ライトの事務所に勤務。帰国後、大倉土木（現・大成建設）を経て、三四年に土浦亀城建築事務所を設立。代表作に「土浦亀城邸」「野々宮アパート」等。

も小叩きも、とにかくいろんなことをやったって。写真を見る限りどこで打ち放しをやったのかはっきりしない。外観は打ち放しした後にごく薄くモルタルを塗ったようにも見える。自邸以後の建築[*47]では、白モルタルで白く仕上げちゃうんです。

磯崎　あの頃のレーモンドの仕事では「アメリカ大使館」（一九三一年竣工）もそうでしょ。

藤森　「東京ゴルフ倶楽部」（一九三二年竣工）も全面モルタルで白く塗っちゃう。やっぱり、コルビュジエに戻るんですよ。実物を見て、打ち放しと言えるのは一九二九年の「ライジングサン石油」です。

磯崎　僕の学生の頃、丹下さんのところで見聞きした経験からすると、クライアント筋にはあの当時打ち放し建築というのは、汚いと思われていたんですね。仕上がっていない。やりっぱなしじゃ格落ちだというわけです。あの当時は石の仕上げとかタイルとかあるじゃないですか。いかにもうちは粗末で貧乏と思われるので、困ると言っていたというのは聞きました。これがあの頃の社会の常識ですよ。

曲面や壁をコンクリートで打つ

藤森　確かに打ち放しはもともと下地用ですから。レーモンドは、曲面によるモダンをコルビュジエに学ぶわけですが、コルビュジエ自身は曲面を打ち放しでやるっていうこ

＊47　ソヴィエト大使館（アントニン・レーモンド設計、一九二九年竣工）

とはしない。ところが日本の大工は優秀だから、「川崎守之助邸」（一九三四年竣工）とか「赤星邸」の曲面の壁を打ち放しでします。

磯崎　日本の大工はやっぱり腕がいいんです。叩き大工じゃない。

藤森　「川崎邸」の外壁はコンクリートの型枠の跡がはっきり見えて、ちゃんとした打ち放しになっています。残念なことに、僕が見たときは、何か塗られていた。

当初、コルビュジエは壁としてのコンクリートを打たないんです。ペレも打たず、コンクリートは柱で使う。考えてみたら、曲面とか壁で使うってことは組積造[*48]です。彼らが否定したものなんです。わざわざ組積造の壁をコンクリートで使うってことはしない。コンクリートを使うときの基本がドミノ・システムです。コルビュジエを思い返しても、柱の太くなった壁みたいなもんです。平らな面で打つということをしない。面で打つということを平気でやったのはレーモンドです。それは、前川さん、丹下さんまでずっと引き継がれて、さらには安藤忠雄までくるわけですよね。コンクリートは近代の技術だから昔の組積造と同じ表現をしないという大原則があるんですけど、そういう考えが日本にはないから面にすれば綺麗だろう、コンクリートらしさは柱より面のほうがよりいいと考えて、日本でどんどん試みられた。だから面を平気で使えるということが、戦後の日本のモダニズムを世界の中で際立たせる力の一つになったんじゃないかって思う。

磯崎　僕の大分県立図書館[*49]（現・アートプラザ）が完成した年（一九六六年）にルイス・カーン[*50]の「ソーク・インスティチュート（ソーク研究所）」ができるじゃないです

＊48 組積造
石、レンガやコンクリートブロック等を積み上げてつくる構造。

＊49 大分県立図書館
（現・アートプラザ）
大分県にある芸術文化の複合施設。一九六六年に磯崎新によって設計され、日本建築学会賞を受賞した「大分県立大分図書館」を改装したもの。九八年、市民の文化情報交流の場として開館した。

＊50 ルイス・カーン
（一九〇一～七四）アメリカの建築家。エストニア出身。一九〇五年、一家でフィラデルフィアに移住。二四年、ペンシルヴァニア大学卒業。三五年、自身の事務所を設立。哲学的な建築論でも知られる。代表作に「ソーク・インスティチュート」「イエール大学アートギャラリー」等。

か。やっとその壁の一部分が建ち上がったときに現場を見に行ったんですが、コンクリートの型枠に日本のものと違うことを感じました。あのコンクリートの壁は日本では打てない。

「リチャード・メディカル・センター」（一九六一年竣工）は、周りはレンガでできているからというだけではなくて、あんまり感心しなかった。スケール感が乏しい。でも、この「ソーク・インスティチュート」はいろんな意味で感心しました。これは大型パネルベースなんです。おそらく鋼板の型枠だと思うんですけど、三階建てをコンクリート一発で打っている。日本では、これを受けてその後に大きいベニヤに塗装をしたりして、表面をつるつるにした鋼板を、鉄板の型枠と同じようなかたちで使うようになった。

僕の経験では大分の図書館のときに、一切合切をコンクリート打ち放しで、いろいろとやってみたわけですね。そして三階くらいの壁をコンクリートで全部やるということをやってはみたけれど、両側壁を打ち放しにするのは至難の業なんですね。片側なら何とかなるという……。

それをやったときに、型枠についても僕は随分考えたけれど、最後はやっぱりもともと叩き大工の仕事でしたから、これが指物大工のレベルで叩き大工仕事を持ち込まないとできないということがわかった。それで図書館の前に医師会館（「大分県医師会館」一九六〇年竣工）を手がけて施工の現場を知ったのですが、曲面と断面を使いたかった。初めての仕事でしたが、コンクリートは線材の構造ではない。要するに板だと考えました。曲げられる板であるということで徹底したい。プラスティシティ[*51]の可能性をとらえたいと考えたのです。

フレームに絞り込むということは丹下さんがすでにやり尽くしている。それを超えるためには板にする以外にないと考えたんです。もう一つの方向はスペースフレーム。材料を立体的に組むこと。

これは丁度ワックスマン[*52]が一九五五年にセミナーを開いたときに学びました。この頃、東大の数学教室に遊びに行っていて、ハイパボリックだとかコノイドだとか数学の立体模型を僕は見つけました。『建築文化』（一九六一年四月号）は建築構造特集号で、ワックスマンゼミで逢った若手構造家が編集にかかわっていたので、この数学の立体模型を写真に撮ってもらって、僕も参加したんですが、丁度「医師会館」ができたときだったので、本文ではなく、これを構造設計の事例として載せてもらいました。空中にコンクリート・チューブが浮いている。

僕は丹下さんからコンクリートを学んで、その後でルイス・カーンの実物を見たはず。ルイス・カーンの仕事、とくに工事中の「ソーク・インスティチュート」の壁からアメリカの力というか、工業力を感じました。それが丁度「大分県立図書館」の完成したときでした。三層の壁を一気に打設したいと考えたけど、数回に分けて重ねなければならなかった。細工は日本のほうがはるかにいい。だけど、一気に打ち込んだコンクリートの迫力が出てこない。日本の指物師の職人芸対アメリカの工業力の関係をどう見るかと

＊51 プラスティシティ　plasticity　可塑性。容易に型枠に詰めることができ、型枠をはずしても材料が分離したりしないフレッシュコンクリートの性質。

＊52 コンラッド・ワックスマン（一九〇一～八〇）建築家。ユダヤ系ドイツ人。大工修業の後、ベルリンの美術工芸学校等で学ぶ。一九四一年、渡米しグロピウスとともに事務所をもつ。五〇年、イリノイ工科大学教授。五一年、アメリカ住宅局のためにモデュール割りの分類方式を作成。彼が考案したスペース・フレーム（立体骨組構造）のジョイントシステムは、米空軍の飛行機格納庫の構造として採用された。

いうのが僕にとって、一九六〇年代初期の課題となりました。僕としては逆手を使って影のようにするか、存在感でなく不在感をこそ扱うか、だからマリリン・モンロー[*53]の影（輪郭）でいくかという感じの時代だったわけです。

カーンが知った日本のコンクリートの繊細さ

藤森　今の話に出てきたカーンはイエール大学で二つ美術館をつくっている。イエールの美術館（イエール大学アートギャラリー、一九五三年竣工）と、その横にイギリス美術館（イエール英国芸術センター、一九七七年竣工）が建てられた。最初のは、カーンの出世作と言ってもいいイエール大学の最初の美術館ですね。あの外壁を見ると打ち放しを全然使ってないんですよ。インテリアの柱には使っています。一方、後のイギリス美術館は柱、梁の打ち放しなんですよ。間にガラスをはめる。あれは丹下さんからの影響だと思っているんですよ。というのは、柱、梁を打ち放しでやるっていうのは丹下さんが世界で最初ですから。

磯崎　レーモンドは壁に打ち放しを使う。そこが丹下さん的な発想との違いです。

藤森　丹下さんは柱梁で、広島（平和記念資料館）（一九五五年竣工）と香川県庁舎（一九五八年竣工）で初めてシャープで繊細な、しかも強さをもった打ち放しを実現した。カーンは日本にきて、それを見ているわけです。

＊53 モンローカーブ
一九六五年、磯崎新は女優マリリン・モンローのプロポーションをもとに曲線定規を作成。建築、家具のデザインに取り入れた。

丹下さんのを見てコンクリートが知的で強靭《きょうじん》で美しいものをつくれると気づく。そのいちばん綺麗なのが広島の柱梁です。それを知ってカーンは、イギリス美術館で作風を変え、さらにコンクリートの可能性を知って、後のキンベル（美術館）とかソークとかダッカにいたる……。

磯崎　とはいえ、カーンの最初の美術館の天井は手の込んだ立体トラス、円筒形の階段などは打ち放しです。これは柱梁なんかの線材的な型枠とはまったく違う。コンクリートの表現はプラスティシティにあると考えていたのじゃないかな。造型性を重視していたわけです。

藤森　そう考えると、アメリカの構造って基本的に鉄ですからね。鉄のほうが打ち放しより安かったんですって。

磯崎　圧倒的に鉄が安いだけでなく使いやすかった。それに第二次大戦で開発された技術、鉄材などの民需転換がなされていました。工業化が基本です。勿論、スカイスクレーパー・ブームが二〇年代に次いで五〇年代に起こっている。

藤森　大工の手間を考えると、アメリカは鉄。日本は鉄筋コンクリート。

磯崎　ちょっと時代がズレますが、I・M・ペイ[*54]から話を聞いたことがあるんです。その話の中で、彼は俺は打ち放しが使えないんだよと。やっと使ったのがワシントン（ナショナルギャラリー）のときくらい。そしてルイス・カーンが使い始めた頃、アメリカじゃあコンクリートはマフィアが支配していたと彼は言います。日本みたいにコンク

＊54 I・M・ペイ（一九一七〜）建築家。中国・広東で銀行家一族の息子として生まれる。十七歳のときに渡米。四〇年マサチューセッツ工科大学卒業。四六年ハーバード大学デザイン学部大学院修了。四八〜五五年ウェッブ&ナップ社のディレクターを務める。六五年に自身の建築設計事務所を設立。代表作に「ナショナル・ギャラリー東館」「中国銀行香港支店」「ルーブル美術館改修計画」等。八三年にプリツカー賞を受賞。

リートの表現をやりたいけど簡単じゃないんだよと、におわせていましたね。

「ジョン・F・ケネディ図書館」（一九七九年竣工）の建築家選びのとき、故ケネディ夫人のジャクリーンが建築家の事務所を訪問するんですが、このコンペで、いちばん最後まで競ったのが、ルイス・カーンとI・M・ペイの二人なんです。カーンの事務所に行くと、そこはタウンハウスのロフトですよ。そして四階にいるわけです。ロフトの階段でちょこちょこ歩いて上がると、そのいちばん窓際がエントランスも応接もないルイス・カーンの大部屋の事務所です。十人位のスタッフで満杯になる狭さです。

その後、今度はI・M・ペイのところへ行く。I・M・ペイの事務所は、当時はマンハッタンの高級アパートにあるわけです。入口のホールウェイに赤絨毯を敷いて花を両側に置いて、つまり大統領が飛行機から降りるときのような感じで演出して、エレベーターで上階に上がっていく。一発でI・M・ペイに決まりなわけですよ。ペイはまだそんなに大きい仕事をしてないときだから国家的な仕事を取れるというのは大事件でした。

ルイス・カーンの事務所はアトリエ型です。大学が主で研究的にデザインしていたから、まったくプロフェッショナルには見えない。ルイス・カーンの息子が製作した映画『マイ・アーキテクト　ルイス・カーンを探して』（二〇〇三年）に何故ルイス・カーンが国家的仕事がとれなかったのかを語るシーンがあります。都市的、国家的な仕事についてはI丹下さんとI・M・ペイがもっとも張り合ったのではないですか。

木造モダニズムの始まり

磯崎　レーモンドの場合に戻すと、レーモンドのいちばん面白いところはコンクリートにプラスして、木造でしょ。「夏の家」でもクラブハウスにしても、木造でやっているわけじゃないですか。ただ、その木造のディテールが、日本的なディテールと違う。この違いとそれから日本風の木の問題で重ね合わせて考えると、そこに吉村さんがいたっていう理由が見つかるのではないですか。吉村さんのその後の仕事の問題も絡めて、レーモンドと吉村さんの関係が気になるところです。

藤森　レーモンドは、日本の木造の魅力を日本の現代建築家に教えたのは自分だって言う。モダンな木造のつくりかた、日本の伝統的な木造をどう使えばモダンになるかというのを教えたのは自分だって。吉村さんは無口な人なんだけど、「俺だってレーモンドにたくさん教えたよ」って、ぼそっと言ってました。そのことはとりあえず置きまして、ここ（「夏の家」（現ペイネ美術館）東南側の部屋）を見てわかりますけれども、四畳半です。明らかに柱もちらっと見えるけど全部が見えるわけではない。

この面取り柱を独創と言っていいのは、真壁《しんかべ》の壁って日本では土でやるもんなんですが、板でやるっていうのは日本人の誰も考えなかった。それはやっぱりレーモンドの中のアメリカの板壁のつくりからきている。

磯崎　天井板もだいたい板張りだけど、北山杉のような磨きの杉丸太でしょ。杉丸太は数寄屋の中でもいちばん崩した部分に対して使われますね。

正統的な桂離宮古書院ではこれだけの面皮つきのものはないですね。古色はつけているらしい。それが数寄屋の始まりとされているけど、いわゆる草庵風茶席がやはり始めると一気に過剰になる。数寄屋の黒木、赤木あたりを平気で使い始めている。これはお茶室にはあった。数寄屋では床柱ですよ。長押なんかにも使うけれど、そんなに多用しない。だけど、レーモンドがいちばん最初に手がけた「聖パウロ教会」[*55]にはこういう崩しがないじゃないですか。あのピロティの柱は木造の丸柱かな。

藤森　あれは丸柱です。「聖パウロ教会」には二つ特徴があって、ゴシック系の教会ではあるんですけど、まず丸太を積極的に使っているのと、もう一つはタワーが変な格好をしています。あのタワーの格好と全体の激しい斜面、あれはスロバキアの伝統的な教会にそっくりなんです。正面の妻壁のトップのちょっと出たところもスロバキア独特のつくりです。チェコとスロバキアは今では別の国ですけれど、レーモンドが育った頃は一緒の国で、チェコは組積造でスロバキアが木造でした。だからチェコ・スロバキア時代に見てきた木造と、アメリカのいわゆる開拓期の木造、ペンキを塗らない開拓期のバーン（小屋）のようなもの、それと日本の木造があった。この三つをもって彼はモダンな木造をつくろうとした。そのモダンというのもマッキントッシュ[*56]とかアール・ヌーボーではなくて、コルビュジエ流のモダンをつくろうということだったと思う。

*55 聖パウロ教会
現軽井沢聖パウロカトリック教会。アントニン・レーモンド設計。一九三五年竣工。

*56 チャールズ・レニー・マッキントッシュ
（一八六八～一九二八）イギリスの建築家、デザイナー、画家。グラスゴー美術学校で学ぶ。一九〇四年、ハネマン・アンド・ケッピー建築会社の共同経営者となる。夫人とH・マクネアー、F・マクドナルドとともにグラスゴー派「四人組」を結成。独自のアール・ヌーヴォー様式を確立し、ゼツェッションにも大きな影響を与える。主な作品に「グラスゴー美術学校校舎」「ヒルハウス」等。

僕がいちばん心配したのは、「夏の家」のパクリ問題です。「夏の家」は一九三三年にできるわけですが、その三年前にコルビュジエの「エラズリス邸案」がある。「夏の家」を設計するときに前川さんがちょうどコルビュジエのところから帰ってきていた。心配だったのは前川さんが図面を持ち帰って、それをレーモンドのところで実現したとしたらあんまりです。

磯崎　前川さんは図面を持ってきたかどうかは知らないけど、当時ル・コルビュジエのアトリエで描いていたのでしょうから、それは覚えているはずですよ。これは誰が担当だったのか。前川さん?

藤森　いや担当じゃない。杉山さんが担当しているんだけど、前川さんもちょうどそこにいますから。僕は杉山さんに聞いたんですよ。そうしたら、前川はちょうど帰って来たけど、向こうの雑誌で「エラズリス邸案」を見て、これでいこうってなったそうです。

磯崎　バタフライ（バタフライ屋根）っていうこと。

藤森　そうです。レーモンドとしては「エラズリス邸」は組積造だから、重苦しくてよくないと。でも基本的なプランのバタフライはすばらしい。自分だったらあれを木造におきかえて見事にやってみせるっていう気持ちでやっていた。すると、コルビュジエがレーモンドがパクったって発表する。レーモンドの自伝には、自分のほうがいかにコルビュジエのものよりすばらしいかを書き送ったって載っている。そうして、コルビュジエが、確かにお前のほうがうまいと言ってよこした長文の手紙の内容が載っています。

磯崎　この案は日本で実現したって書いてある。それで作者名を見たら、俺の名前じゃない、レーモンドっていう男の名前だって。コルビュジエは、まあかなり皮肉を入れて（自分の）作品集に載せている。

藤森　でも、レーモンドのほうがいいって間違いなく言えるのは、プランでいうと、連続横長窓の柱とガラス戸が完全にズレているわけです。ところがコルビュジエは組積造でやっていますから、窓が横長に開口できない。コルビュジエの主張した連続窓になっていないんですよ。木造でやれば雨戸と柱の関係でストンといく。日本の家はみんなこうなっている。

磯崎　僕は学生のときにコルビュジエの、木造を使っていない外側を見ていて、これがいいと理解をした。

藤森　むしろコルビュジエの原案のほうがいいと。

磯崎　全部乱石積の石壁であってしかも屋根だけは藁屋根じゃないですか。それでバタフライができているのって。いずれにせよバタフライは終戦直後、ブロイヤーとか池辺陽[*57]さんがやった。流行ったわけですよ。そのバタフライの変形の始まりは、前川さんのところにいた丹下さん担当の「岸記念体育会館」[*58]。ファサード側は全部四角で軒が見えない。あれは木造でありながら屋根を隠している。

藤森　そうです。コルビュジエ的造形なわけです。

磯崎　木は表に、列柱のように出すわけです。丸柱です。

＊57 池辺陽　いけべ・きよし（一九二〇～七九）建築家。一九四四年、東京帝国大学工学部建築学科卒業。坂倉建築研究所を経て、六五年東京大学教授。四七年、新日本建築家集団（NAU）の創立に参加。五〇年、立体最小限住宅を発表。五五年、モデュール研究会を設立し、空間の寸法体系について研究。著書に『すまい』『デザインの鍵―人間・建築・方法―』等がある。

＊58 岸記念体育会館　日本スポーツ界の功労者であった岸清一の遺産（寄付）により建設。一九四一年竣工。大日本体育協会と傘下各競技団体の総合事務所として東京・神田駿河台に建てられた。前川國男事務所に在籍していた丹下健三が設計を担当。

藤森　ピロティみたいです。

磯崎　あのときの丸柱は洒落た杉丸太ではなくて、皮をはいで削っただけの柱ですね。円柱は伝統的な寺院に使ってきたわけだから加工技術は勿論あったでしょう。宮大工の系統ですね。いっぽう面付きの杉丸太は数寄屋大工のものです。

藤森　クルミの丸太を藁で磨いたって言います。その元は「聖パウロ教会」と杉山さんは言っていました。「夏の家」の建物はモダニズムの歴史の中で決定的に大事で、コルビュジエ的造形を木造でできるっていうことを証明した。だから木造モダニズムはここから始まると思っているんです。木造モダニズムって世界で日本にしかありません。だってモダニズムって、鉄とコンクリートでつくるものですから。

木造モダニズムが、どれだけの豊かさを日本の建築界にもたらしたかをたどると、前川さんの流れでは丹下さんとの「岸記念体育会館」を生む。「夏の家」の右手の中二階の魅力は、建築家なら誰だってやってみたくなるでしょう。戦後は池辺陽の「立体最小限住宅」(一九五〇年竣工)に繋がり、さらに吉村順三の名作木造住宅群を生む。

磯崎　この中二階の扱いはいいですよ。

藤森　バイトで入った学生時代の吉村さんは、この中二階で図面を引いていた。「夏の家」が現在地に移築された後、吉村さんに「夏の家」が移築保存されてよかったですね、と言ったら、少し、困惑の表情をして、あの建物の魅力の半分は池に向かって立つ高いコンクリートの擁壁[*59]の上に載っていたことだから、自分としては残念だ、とのことだっ

*59 擁壁《ようへき》　切土や盛土等に対して、土の崩壊を防ぐ壁状構造物。「土留め」ともいう。

た。吉村さんがいちばん好きな場所は、右手の住居棟の池に向かって張り出した部屋の床下のピロティみたいな空間で、そこに座ってボーッと池や山々を眺めるのがいちばんよかったそうです。

磯崎　コルビュジエの影響は、バタフライ屋根のほうだけでしょ。

藤森　そうそう。その話を聞いてびっくりしたんです。住居棟のコンクリートの擁壁を背にした空間って、吉村さんの「軽井沢の山荘」[*60]の原型にちがいないからです。それを指摘したら、吉村さんは驚いて黙ってしまった。そしたら奥さんが「あなた正直におっしゃいよ、あそこで育ったようなもんでしょ」って。下のピロティと上の部屋を全体から切り取り、縦の動きを強調すれば「軽井沢の山荘」になります。

磯崎　軽井沢の吉村邸には梯子で昇る中三階に茶室風の部屋があります。茶席風の窓もあるけど、居間を見下ろす大きい開口があり、勿論閉めきることもできる。この屋上に続く空間は絶妙ですね。だからこれの繰り返しになる。

藤森　床下のピロティみたいなところを写した当時の写真でベンチに座っているのが自分だって。吉村さんは「夏の家」[*61]の路線をずっと続けるが、残念なことに前川さんも池辺さんも、コンクリートを使えるようになると木造をやめてしまう。木造でモダンな住宅をつくるという今にいたるまで続く日本の建築界の良き伝統は、レーモンドの「夏の家」が源となった。

磯崎　今の説明を復唱すれば、もともと石造とかコンクリート造であったコンセプトを、

＊61 夏の家（アントニン・レーモンド設計、一九三三年竣工）住宅棟の池に向かって張り出した部屋の床下にベンチが見える。

＊60 軽井沢の山荘
一九六二年竣工。（『新建築』一九七二年八月号）（新建築社提供）

レーモンドが日本で木造を使って自分流に組み立て直したということになります。それまで鉄とガラスとコンクリートさえあればモダンに見えるというのが普通のモダンの建築の原則じゃないですか。そこにもう一つ、木があって、実はノイエ・ザッハリヒカイト[*62]とも言えるザッハリヒな問題として木もある。木だけがアベイラブルな時代があったわけだけど、これを逆手にとってむしろ日本の特徴ではないかというように組み立てたのだと見れば、レーモンドのもっていたものがいかにその後に影響を与えたかということがわかりますね。

藤森 そんなふうに僕は上手に説明したことはないけど、その通りだと思います。鉄とガラスとコンクリートに、もう一つ木がある。この問題は、現代の自然の問題やエコロジーやサスティナブルの問題とかいろいろ考えるときに、重要な手がかりなんですね。鉄とガラスとコンクリート以外に、モダンなものとしての木がある。

磯崎 戦争中の『現代建築』[*63]の座談会で、もっとも新しい課題で語られていたのが「木」なんですね。あの頃は南方に進出していたじゃないですか。この地は木材の産地です。日本には南方も含めて木があるよと。コンクリートは軍需用で使えないわけだし、鉄は軍艦用。民需が主である建築物用には制限がかかり両方ともないわけじゃないですか。竹筋でコンクリートをつくっていた程だったのです。

藤森 竹筋コンクリートというものが戦時中はあった。使われなくなった地方の橋に、まだ残っています。

*62 ノイエ・ザッハリヒカイト
新即物主義。一九二〇〜三〇年代ドイツに興った芸術運動。表現主義への反動として、合理的、客観的、即物的な現実把握を目指す。画家グロッス、作家のケストナー、レマルク等が代表的。

*63『現代建築』
戦前日本の代表的前衛建築家を集めた「日本工作文化連盟」の刊行した雑誌。一九三九〜四〇年刊行。

レーモンドのディテール

磯崎　ところで、前川さんがレーモンドについて語っているのは、図面を引いた経験に基づく面白い見方です。コルビュジエの事務所にいた前川さんは日本に戻ってきて最初にレーモンド事務所に入ったわけですが、バラックのような小さい建物までこと細かくディテールを描くことに驚いた、と話しています。コルビュジエ自身がディテールに無関心だったから、窓なんてディテールなしで四角く描けばよかった。そのまま現場の段階で、誰かがサッシ全部のディテールを描いて納めていた。コルビュジエ自身は、現場には一週間に一度も行けばいいほうだったそうです。だから前川さんは、コルビュジエの事務所ではディテールの描き方をまったく学ばずに日本に帰ってきた。それで、レーモンド事務所との違いに驚いたわけですね。

前川さんの旧自邸を見ると、レーモンド事務所で習った木造のディテールが生きていることがわかります。これに関しては、コルビュジエは無関係と言っていい。

藤森　確かにコルビュジエの建物を実際に見ると、「スイス学生会館」などは窓回りに何か考えた跡はないですよね。

磯崎　真っ白い紙にコルビュジエが適当に描いた窓の線を、スタッフがきちんと定規で図面にしたという、ただそれだけですよ。だからサッシュの取り合い[*64]なんて何も考えて

＊64 取り合い
納まりともいう。二つか三つの素材が合わさるところを指す。

ない。

藤森　「スイス学生会館」の外壁が曲面になっている箇所があって、仕上げに平らな大理石を張っているが、上と下の石が目地のところで凸凹しているのが光の加減でわかるんです。もうちょっと何とかしたらって。

コルビュジエはそういう点には関心がない。「ラ・トゥーレットの修道院」は、細かいところまですべてをコンクリートでつくってある。そこから見てとるに、コルビュジエには適材適所という考えがないんですね。一つの材料だけを使って、昔の彫刻家のようだと思いました。

磯崎　おそらく、都市的な繋がりのある地上階のピロティは土木的に扱うので「スイス学生会館」のようにコンクリート打ち放しもありうる。白いプラスター（漆喰）で、表も内も全部同じ色を使っている。土木部分と建築部分も区分けすることを徹底していたと思われます。コンクリート打ち放しを伝統的な都市建築の地上階に使っていたルスティィカ（磨いていない石積み）と同一視していたんじゃないかな。戦後のロンシャン、チャンティガール以降はニュー・ブルータリズムになる。だけどテクノロジーの表現は配慮することなく、アーティストの発想に絞られていく。

藤森　彼は絵描き志願であったわけだけれど、彫刻も結構つくっている。建築家というよりは、むしろ彫刻家に近くて、身の丈を越える造形物を刻んでいくようなアプローチですね。適材適所で違う材料を使うということは、少なくともこのコンクリートの建築では考えなかったと思いますね。

磯崎　前川さんが話されたことの続きですが、コルビュジエとレーモンドのディテールの違いは構造軸とサッシュの納まりの線をズラしていることです。たとえば、レーモンドの建築には丸柱がある。これは坂倉さんもやっていたけれど、その外に柱からはずして枠をつくっていて、その枠の外にガラス、雨戸、網戸を順々に入れている。柱をずらして枠をつくるというディテールはコルビュジエではありえないものだということでした。

藤森　確かに、レーモンドの大きな業績の一つは、コンクリート建築にも固有のディテールがあるべきだと考えたことです。コルビュジエと違って全部をコンクリートでつくろうとしない。たとえば、人の触るところは木のほうがいいと考え、手摺りは大きな断面の木でつくっています。ただし、美学的にはコルビュジエっぽい。アルプ[*65]の彫刻みたいな形。具体的に言うと、日本の伝統木造建築にはない大きさの手摺りを大胆につくるんですね。

磯崎　丹下さんの事務所では、コンクリート部分のディテールを読み取って自分達の設計に応用するか四苦八苦しましたね。丹下さんもあんまりディテールに関心がない。スタッフが描くわけです。こういうディテール集（『アントニン・レーモンド建築詳細図譜』）を秘かに見ながら、これはコンクリートで直に仕上げているなとか、間に空洞を入れてあるのではないかとか図面から読み取って勉強しないといけなかった。それには、

＊65 ジャン・アルプ（一八八七〜一九六六）フランスの芸術家。ダダイズムの創始者の一人。一九二〇年代半ばにはシュルレアリスム運動に加わる。抽象美術の先駆者の一人で、コラージュ、切紙、パピエ・デシレ（引き裂かれた紙）といった技法の創案者でもある。第二次世界大戦後、ハーバード大学大学院の壁面浮彫やユネスコ本部の浮彫といった大作を制作した。

レーモンドのディテールがいちばん参考になりました。

藤森　このディテール集はもともと英語で出版された。すごく人気で、日本とアメリカで計五版が出ている。この本でもう一つ重要なことは、建築家で作品集を出す人はいても、自分のディテールの本を出した人はいないですよ。

磯崎　僕もそう思います。このようなディテールは、普通は大工任せですよね。それがすごい。このディテールがすべて吉村さんの作品に受け継がれていくわけです。

藤森　吉村さんが言っている、俺もレーモンドに結構教えたというのはこういう細部も含めてだと思います。というのは、吉村さんの実家は深川の呉服屋で家作《かさく》（借家）をたくさんもっていたので、子どもの頃から大工が家をつくるところをよく見ていたそうです。町家を見てきた。農村でも数寄屋でもなく、町家は高さのあるプロポーションで、水平感は少ない。外壁は押縁下見板張《おしぶちしたみいたば》りで。そういう幼少時代の経験から、吉村さんは町家の造りを理解していて、それをレーモンドに教えたんだと思う。日本の木と日本の大工技術のセンスがないとできないディテールですよ。

磯崎　コンクリートと木の取り合いのディテールをずらして、細部表現の基本にしていますね。コンクリート施工と木の施工とは職種が違う。この取り合わせの納まりは、建築家が指示しなければならない。構造体をつくる大工がつくった後に建具屋が寸法を測って挿入する。こんな伝統はあったけど両方が特種解のデザインをやり始めたわけだから、その取り合いの具合こそ見せ場になる。

藤森　日本には、建築と家具の中間の建具の技術と美学がある。日本以外の国の人が見たら、何でこんなに面倒なことやるんだって思いますよね。こういう納まりにしないと、木はやがて狂ってくるんですよね。

磯崎　たとえば、「赤星鉄馬邸」の開口部なんかは三枚引きのスチールサッシをコンクリートの躯体に納めていますが、レール部分は部材が複雑に曲がった機構になっている。こういう部材は、今だったら押し出し成形で比較的簡単につくれるけれど、この時代は一つ一つ型をつくってプレスでつくっていたわけだから大変ですよ。この建具は吊り戸になっていて、足元は宙に浮いている。レーモンド事務所の連中はそのディテールを描いていたわけです。

藤森　まだアルミニウムの建材がない頃に。

磯崎　鉄板をプレスで曲げてつくっていた。取り合いなんかを見ても、他にはないくらいのことをやっていますよね。それで、レーモンドは自ら開発したことの自信があって、ディテール集を出したと思われます。ディテール、それも木製が中心の図集を残すということは、西欧ではドラフトマンの役ですから、コルビュジエなんかの建築家はやっていない。もちろん、日本の大工もやっていない。

実際の部材のプレス加工は、おそらく鉄鋼の製作所で行われたんでしょうね。部材のスケールを推定すると、木造でごつくなるのが、米国のバーンのつくり方です。軽くすべるように工夫してありますね。

藤森　そういえば、「旧前川邸」を江戸東京たてもの園に移築してオープンしたときに、大高正人と大谷幸夫[*66]さんをお呼びしたんです。大高さんは室内を見て、若い頃にこの家の手摺りなんかのディテールを見てすごいと思っていたけれど、こうやって今あらためて見ると、前川先生は全部レーモンドのディテールを参考にやっていたんだなと、笑いながらおっしゃっていました。大高さんご自身はレーモンドと付き合いがなかったから、ずっと前川さんがつくったディテールだと思っていたんですね。

仮設建築の柱と梁の工法を取り込む

藤森　レーモンド作品のつくり方でわからなかったことがあるんです。彼は、丸太を半割りにして、柱に抱かせて梁にしているんですよね。「夏の家」もそうだし、オフィスもそうでした。今見てもすばらしいと思います。まず、とても安い材を使用し、合理的な構造で、見た目もなかなかいい。あのつくりは誰が考えたのだろうと、ずっと疑問だった。日本の民家はこういうつくり方はしていないし、ヨーロッパでも見たことがない。

それが、やっと最近わかったんです。東洋大の内田祥士がそれを調べて、論文を書いた。結論は、日本の昔の小屋からきているということ。レーモンド自身もそう説明しているらしい。

＊66 大谷幸夫　おおたに・さちお（一九二四〜二〇一三）建築家、都市計画家。東京大学工学部建築学科卒業。丹下健三の片腕として、広島平和記念公園および記念館等の設計を手伝う。東京大学、東北大学、神戸大学、千葉大学で教鞭を執る。代表作に「国立京都国際会館」等。

＊67 武田五一　たけだ・ごいち（一八七二〜一九三八）建築家、建築研究者。一八九七年、東京帝国大学工科大学造家学科卒業。二年間欧州

レーモンド以前の建築で、そういうつくり方の建物は見たことがないんだけど、意外にも武田五一[*67]さんが報告している。あまり知られていないけれど武田さんは現場が好きな人で、彼が亡くなったのは法隆寺の修復工事の現場監督の最中で、棟の瓦をもうちょっと上げろとか言っているときに倒れたんです。彼は仮設の技術をよく知っていて、それにそっくりだそうです。丸太を半割りにして柱を挟んで、昔はボルト締めじゃないから縄で締める。それをレーモンドが見たんですね。ただレーモンドが偉いのは、その仮設建築で使われていた方法を本建築までもってきたところです。

磯崎　今はそのディテールが本格的な数寄屋で、長押に使われていますね。鴨居があって長押がないのが数寄屋の特徴ですが、数寄屋の中でもちょっと格を上げて書院風に納めるときに、半割の面付き杉丸太を長押に張ります。書院風数寄屋造りというわけですか。形式は崩して格式はそのまま。妙な趣味ですね。

堀口捨己[*68]さんはこういうのは邪道だと思っているからやっていないけれど、おそらく村野藤吾[*69]さんは平気で使っているんじゃないかな。一般的に数寄屋大工は今もわりと使いますよね。

藤森　江戸時代の頃は、こういった半割り丸太の梁を、手挟《たばさ》みと呼んでいた。レーモンドはこの方法で、合理的で軽くて、すばらしい表現をやってみせるんだけど、さらに言うと、数寄屋や書院、社寺建築のようにならないかたちで、木造建築をちゃんとつくってみせるということを、「夏の家」でやった。さらにびっくりしたのは、丹下さんの自

に留学。帰国後、京都高等工芸学校、名古屋高等工業学校等を歴任。一九二〇年、京都帝国大学建築学科教授。建築家として初めて茶室を研究する。アール・ヌーヴォー、ウィーンゼツェッションを日本に紹介し、F・L・ライトと親交をもつ。大正期にスパニッシュを、昭和初期にモダニズムを推奨。特に関西の建築界に多大な影響力をもった。代表作に「京都府立図書館」「旧東方文化研究所」等。

*68 堀口捨己　ほりぐち・すてみ（一八九五〜一九八四）建築家、建築史家。一九二〇年、東京帝国大学工学部建築学科卒業。従来の建築様式から分離した新しい建築をアピールする分離派建築会を結成。伝統文化とモダニズム建築の調和を図った。日本庭園や茶の湯、茶室の研究家、歌人としても知られる。代表作に「紫烟荘」「八勝館・御幸の間」「明治大学和泉第二校舎」等。

*69 村野藤吾　むらの・とうご（一八九一〜一九八四）建築家。一九一八年、早稲田大学建築学科卒業後、渡辺節建築事務所に入所。二九年に村野建築事務所開設。主な作品に「大阪十合百貨店」「渡辺翁記念会館」「迎賓館本館」の改修、「世界平和記念聖堂」等。

邸が、柱を二本の材を束ねて使っているんですよね。

磯崎 丸太ではなく角柱で、二階床は梁を二つに割って柱を挟んでいるんですよ。僕はあれは六寸角の柱だと思っていました。束ねた柱は、一本ものを割ったんですか、それとも二本を合わせたんですか。

藤森 残念ながら、それは聞いていないです。それともう一つ、「岸記念体育会館」の正面の梁も柱を手鋏みしている。あれは、長楕円形の柱を二枚の厚板で手鋏ね、ボルトで繋いでいる。

磯崎 このディテールが、丹下邸に反映されたんですね。

藤森 そうです。日本の木造モダニズムの中に、レーモンドが日本の仮設小屋から学んだ手挟むという工法を取り込み、それが前川さんへ、そして丹下邸までずっと伝わるんです。優れた工夫は、ずっと受け継がれる。

磯崎 レーモンドが何をしていたのかを、前川さんや丹下さんはそれぞれよく見ていて、自分の作品を設計する際、スタッフにディテールを描かせるときに、こういう感じで行けというようなことをおそらく言ったと思います。設計事務所でディテールを描かなければ、大工は現場で適当に解釈してここは太い一本ものの柱や梁でいきましたなんてことになっちゃいます。

それから、面皮付きにするかどうかという問題もあります。レーモンドは、基本的に磨き丸太です。皮付き丸太つまり黒木をお茶室なんかに使ってきたけど、床柱に使っていた材を床の間のない洋風に大規模に使い始めた。数寄屋がつくりだしていた、白木、赤木、黒木の区別による格式のイメージを崩してしまった。木造のディテールを全部図面に表示しないと、通念しかない大工には伝わらなかったのでしょうね。

リーダーズダイジェスト東京支社と広島平和記念資料館

藤森　戦後すぐに建てられた、レーモンドの名作「リーダーズダイジェスト東京支社」[*70]の話に移りましょう。この建物は見ていないんですが、どんなだったんですか。

磯崎　あの建物は、裏側にイサム[*71]（・ノグチ）さんが庭園をつくっていて、庭師イサムの始まりの作品でもあります。その後に、谷口吉郎さんと慶應義塾大学の「萬來舎《ばんらいしゃ》」（一九五一年竣工）を共同設計したときにも、庭園をデザインしています。「リーダーズダイジェスト東京支社」の断面図を見ると、ちょっと丹下さんの「広島平和記念資料館本館」を思わせるでしょ。

藤森　コンクリート打ち放しもね。

磯崎　丹下さんは、「リーダーズダイジェスト東京支社」を見て当然ながら研究していたと思う。中央に楕円形の柱があり、両方にキャンティレバー[*72]が出ていてヤジロベーになってバランスをとっている。そして、軒先の押さえは鉄パイプです。この構造はものすごくアクロバティックですよ。

＊70 リーダーズダイジェスト東京支社（アントニン・レーモンド設計、一九五一年竣工）

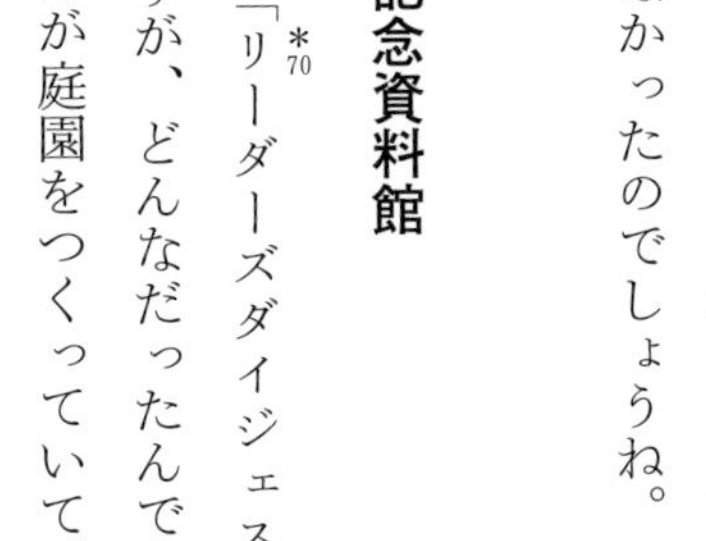

＊71 イサム・ノグチ（一九〇四〜八八）彫刻家、インテリアデザイナー。ロサンゼルス生まれ。詩人・英文学者の野口米次郎と、アメリカの作家レオニー・ギルモアの間に生まれる。少年期を日本で過ごした後、渡米。彫刻作品の他、モニュメント、庭や公園等の環境設計、「AKARI」シリーズ等の照明インテリア、舞台美術等、幅広く活動した。

＊72 キャンティレバー　片持ち梁のこと。一端が固定支持され、他の端が自由な梁のこと。

藤森　床の先の揺れは、この鉄パイプで支えているわけですね。

磯崎　今で言う混構造ですね。コンクリートのこういう柱、裸にすればおそらくピロティみたいな構造になる。それが上に突き抜けている。床はジョイストスラブです。

藤森　振れ止めのようにしているのかな。

磯崎　外部にやや傾いて並んでいる列柱は、木造のサイズですね。コンクリートの骨組みもいずれも露出しています。奥に水平のダクトを通して、開口部側を広くあけている。水平に広がる開放型事務空間のモデル解です。丹下さんは「マルセーユ型」[*73]のピロティを台にして、上に「リーダイ」（「リーダーズダイジェスト」）を載せたんでしょうね。アクロバットを重ねています。

　僕は東京大学に入ったときに、最初に課題でこの建物の図面をトレースさせられたんです。大学に入ったばかりの学生には、どれが柱で、どれが梁かなんてわからない。軸組がないから図面が読めなかったのです。

　ここの地下には、図面にはものすごく大きいクロールスペースと書き込まれていたボックス状の共同溝のようなものが地下に埋まっています。そしてその上に、軽いボリュームの本体が飛び出ている構成です。全体がふわーっと浮いている感じの印象でした。その頃は、日本はどっしりして安定した印象の建物が一般的に安心感をもって受け取られていたのだから、こういう建物は当時としては本当に珍しかったですね。レーモンドが不在だった一九四〇年代の十年間の日米の技術的な差が感じられる建物です。

＊73 マルセーユ型
マルセイユのユニテ・ダビタシオン。ユニテ・ダビタシオンについては、第四章二七五頁を参照。

五〇年代になって初めて建築を学び始めた学生にとっては、神戸のアメリカ総領事館（ミノル・ヤマサキ設計、一九五六年竣工）とともにモダニズムのモデルが舞い降りたとさえ感じましたね。

藤森 当時のことをレーモンドの事務所にいた杉山雅則さんに聞いたら、「リーダーズダイジェスト東京支社」を見たときのイメージは、レーモンドが占領軍として帰ってきた感じだったって。リーダーズダイジェスト社は、米国の文化戦略で日本に来たわけですし。

磯崎 建物に透明感があるだけでなく、内部に入ると身体が浮き上がるような感覚にとらわれます。この浮遊感は本人が感じていても説明する手がかりがない。後にモダニズムの空間的特性なのだと気づいても、まあ、これを実感として説明できるようになるのは、グランド・ツアーのように世界の建築を実体験して後のことです。

藤森 僕が聞いたことがあるのは、丹下さんが設計した「旧東京都庁舎」（一九五七年竣工）は、最初の案では真ん中にコアをつくって立木の幹として考え、床の先に床の上下動を止めるためだけのごく細い柱を立てるという構造だった。構造設計を担当した武藤清[*74]さんが「丹下くん、これは計算できないよ」って言ったそうです。というのは、床先で上下に動く柱を引っ張ったり圧縮したりする構造は、当時なかった。

磯崎 今はコンクリートでさえ、ポストテンションで引っ張りを掛けられますけれど、

＊74 武藤清 むとう・きよし（一九〇三～八九）耐震構造学者。一九二五年、東京帝国大学工学部建築学科卒業。三五年同大学教授。東京大学退官後、鹿島建設副社長、武藤構造力学研究所所長に就任。建築における耐震工学を実用化した先駆者。「世界貿易センタービル」「新宿京王プラザホテル」等、超高層ビルの構造設計を担当。

当時は建築物に使っていない。レンガ積みと一緒で、圧縮力にしか耐えられない前提の計算法です。

藤森　武藤さんができないと言ったから案を変えてラーメン構造にしたんだそうです。最初は木から枝が出ているようなイメージだった。

磯崎　丹下さんが日本の土着の条件の中で構造問題をデザインの表現として解決したのが、「広島平和記念資料館本館」です。これは均等スパンではなく、リズミカルな柱間のラーメン構造でしょ。比例の異なるグリッドになっている。立面としてあらわれる格子間の柱が細くてひょろひょろしていて、普通に計算すると横力[*75]の地震波には耐えられない。そこで、内部に数ヵ所耐震壁を入れています。これがミソです。この耐震壁によって、やっとこの細さが実現できたのだと言えます。

　これまでは、横力を耐震壁が受けているから問題ないという保証は誰もしてくれなかった。藤森さんが言うように、武藤さんはこの地震波の横力構造をいちばんよくわかっていた人でした。ラーメン構造をずっとやってきた人だから。武藤さん以前は、連続格子の解法だけで、壁は余力として計算にはのせない。最初のラーメン構造の計算式は一つの立体格子だけだったのだけど、武藤さんが卒業論文として、連続したラーメン構造の計算法を開発した。これが評価されて、内田祥三さんにスカウトされて佐野利器さんの後釜として見込まれたと言われています。だから二十代で教授になっている。この水平連続ラーメン構造を縦に起こしたのが超高層です。これまでは耐震構造の建築は

＊75 横力（地震力）　よこりょく
非対称面内の運動（横すべり）、偏ゆれ、横ゆれ等に伴って発生する力。

平屋しかなかった。丹下さんの判断であろうと思いますが、武藤さんが横力は壁で保てると武藤研究室が考えているようだと聞いてきて、この案になったという説明を聞きましたね。

耐震壁なんて今となってはものすごいプリミティブなレベルなんだけど、あのときは最新の理論だったのです。このおかげで丹下さんは構造体を細くする表現ができたんですね。

藤森　今のピースセンター（広島平和記念資料館）の本館は柱に石を張ってしまって……。

磯崎　でも最初のプロポーションは変えない。おそらく中に構造補強のための鉄骨を入れたんだな。とりわけ「新耐震」になってから震度の基準が上がったため、補強しない限り、存在さえ許されない。鉄骨を入れて、それを石で隠している。

藤森　つくったときの図面では石を張って仕上げる予定だった。石が高いのでコンクリートのままにして、丹下さんはそれを見て、石を張らないほうがいいと思った、と言ってました。ところが、修理するにあたって昔の図面に忠実に直そうという話になって、丹下さんはこんな名作でも自分の昔の作品に興味がないものだから、平気で現場の判断にまかしてしまう。なぜなら、今の自分がいちばんいいと思っているからです。純粋なモダニズムはそういうものですよね。

自然科学者にとっては、最新の理論のみが正しいんです。モダニズムは精神的には科学技術と一緒に歩んできた。そこに文化的、芸術的な関心が入るからいい建築が生まれるが、入らないと最新だけがいいとなってしまう。ずっと丹下さんはそう考えていた。

磯崎 自分の作品を平気で壊しちゃう。いや平気じゃないでしょう。社会情況の変化で、構造的に許されなくなった。「安全」性が保たれないと言われたとき、しかも込み入った補強も不可能なとき、どうするか。日本モダニズム建築の保存ができない大きい矛盾です。

レーモンドに対する批判

藤森 レーモンドは大変な功績を残した人です。日本のコルビュジエ派は、レーモンド、前川、丹下、磯崎とずっと受け継がれてくる。ただ戦後になると、レーモンドへの批判がいっぱいある。その一つは、〝お前が東京を空襲で焼いただろ〟という批判です。東京空襲はレーモンドなしにはあり得なかったことを、相当早いうちから日本の建築家は知っていた。たとえば、高山英華さんのように都市防空を担当した人は、レーモンドに対して怒りがあったわけです。

磯崎 そう言われてみると、確かにそういう話はありましたね。

藤森 レーモンドは自伝に事情を書いています。日本の軍国主義を終わらせたいと思ったから自分は米軍に協力したということなんです。具体的には、一九四三年、ユタ州の砂漠のダグウェイ試爆場に実験のため、レーモンドの技術指導で日本の木造の広大な下町を再現した。米国は木造家屋に対する空襲の経験がないから、焼夷弾《しょういだん》というものはなかったんです。

それまでドイツに対しては、組積造の建物を破壊するための爆撃弾しか使用していない。ところが、日本の建物は火をつければいいと気づいて、焼夷弾の実験をやった。レーモンドしか詳しく日本建築を知らなかったからです。

磯崎　そういうことでしたか。第二次世界大戦で原子力爆弾以外の空爆で、住宅爆撃で壊された都市が二つある。その一つがドレスデンで、オール煉瓦造の都市でした。このゴットフリート・ゼンパー[*76]、リヒャルト・ワーグナー、フリードリヒ・ニーチェなんかがいた都市を、爆弾で街ごと完全に破壊したわけです。米軍は、それと同じことを東京の下町でやったわけだけど、日本の場合は焼夷弾を使ったんですね。

藤森　日本の家屋を再現するときに、レーモンドがいちばん困ったのは、雨戸の厚さがわからなかったことなんだそうです。雨戸のような板でつくった薄い戸なんて欧米にはない。向こうの大工にしてみたら、厚さ三ミリくらいの板を使って、こんな戸ができるか、ということだったらしいです。

でも爆撃については、アメリカは原爆の開発をしているんですから、その研究なんかはたやすい。

磯崎　その通りです。耐爆実験なんかは、日本でずっと行われてきましたから。それは

＊76 ゴットフリート・ゼンパー（一八〇三〜七九）ドイツの建築家。ミュンヘンで建築を学び、一八三四年、ドレスデン・アカデミー教授。ルネサンス様式を基底とした作風で、「ドレスデン歌劇場」等を設計。古建築の研究やその他進歩的な評論を発表した。著書に『様式論』等。

武藤さん達が受注していた東京帝国大学への委託研究です。

藤森　爆撃の研究をするために、武藤さんは教授と兼任で陸軍少将になっています。なぜレーモンドが東京を焼こうと思ったかっていうと、自伝には書いていない理由があって、ユダヤ人だったからです。彼がユダヤ人か否かはなかなか確かめることはできなかった。

レーモンドの自伝を翻訳した三沢浩さんに聞いたら、自分も気になってレーモンドの奥さんのノエミさんに聞いたそうです。そうしたら、ユダヤ人かどうかはわからないけど、宗教的にもよくわからない人だったとの答えでした。彼の自伝を読むと、何人もの兄弟はアウシュビッツ収容所で死んでいる。プラハの大学時代に家から学校へ行くときの描写を読むと、ゲットーからと思われる道筋を書いている。

以前、僕がレーモンドはユダヤ人だと書いたら、秘書から、とてもユダヤ人だったとは思えないと抗議されたことがありました。だから、言わないようにしていたんです。レーモンドの調査のためにチェコに四回行ったんだけれど、四回目に行ったときに聞いたら、向こうの人が嬉しそうにパンフレットを見せてくれた。レーモンド展が初めてチェコで行われたときの小さなパンフレットだったのだけれど、展覧会のタイトルが「あるユダヤ人一家の生涯」というんですよ。レーモンド家はユダヤ教改革派の代表的な家で、昔ながらの純粋なユダヤ教ではなくて、もっと普通に市民社会の中に溶け込むことを実践していた家だった。

磯崎　キリスト教化したユダヤ人もいたことは一般的に言われています。

藤森　レーモンドは無宗教化していたんだと思います。レーモンドが一九三七年に日本を去る、その前年に日独防共協定が結ばれています。日独防共協定が結ばれているのを見て、日本にもナチス・ドイツの影響が及ぶことを恐れて、インドを経由して米国に渡ったのではないかと思います。

磯崎　米国に渡った後の事務所は、インドのほうから手配をしてあったんでしょうか。それとも、米国に渡ってからペンシルベニア州ニューホープの土地を探したんだろうか。

藤森　インドに行った翌年（一九三九年）、ニューホープに家をつくっていますから、アメリカに帰ってから探したんでしょう。ジョージ・ナカシマ[*77]も一緒のニューホープの牧場ですね。

もう一つ、レーモンドのことでわかったことがあって、米国で名前を変えているんです。英語のまま読むと、ライマンというのが、チェコ時代の姓なんです。

数年前、プラハのテレビ局が取材で来たんですが、彼らが、なぜレーモンドがプラハを去ったのか、その事情を教えてくれた。チェコには、チェコきっての有名なチェコ工科大学があり、建築学科がある。そこの建築学生クラブが貧しい学生のために、毎年奨学金を集めるためのパーティーをやるんだそうです。そのパーティーの経理をレーモンドが担当して、翌日金庫と共に消えた。そのお金でレーモンドは米国に行ったわけです。

磯崎　面白い話ですね。フランスやドイツは素通りして米国に飛んだわけだ。フラン

＊77 ジョージ・ナカシマ（一九〇五〜九〇）日系二世の家具デザイナー。ワシントン生まれ。一九二九年ワシントン大学卒業。戦前は、東京のレーモンド建築事務所に入所。四〇年、ワシントンに戻り家具の制作会社を設立するも、四一年の日米開戦により、アイダホの日系人強制収容所に抑留。そこで大工と知り合い、木工技術や木についての知識を深める。代表作に「コノイドチェア」シリーズ等。

ク・ロイド・ライトが駆け落ちしたのと同じようなものですね。

藤森　もちろん国際手配がかかったけれど、アメリカでは捕まらなかった。それが、レーモンドが名前を変えた理由じゃないかと僕は思うんですよ。とばっちりを受けて、奨学金をもらうはずだった貧しい学生は大学を辞めざるを得なくなって、その人達が生きている間は、チェコの建築界はレーモンドを許さないということになったわけです。

磯崎　それじゃあ、もうチェコには帰れない。

藤森　日本に来たのは、国際手配を逃れるためだった可能性がある。で、どうやってケリをつけたかというと、日本で捕まり、自分が盗んだお金を倍にして日本から返して許されたそうです。近年、レーモンドの出身地であるクラドノのレーモンド家の建物に碑が建ったそうで、そのときに息子さんをゲストとして招き、奨学金の一件を知っているかと訊ねたら、お父さんから話を聞いていて、泥棒をしてはならないと言われたそうです。

磯崎　これは、ある意味、レーモンドという人の思考のトラウマを読み解く秘話ですね。

藤森　レーモンドの一筋縄では行かない人間性のせいなのかはわかりませんが、日本人といいコミュニケーションが取れなかったみたいですね。ジョサイア・コンドル*78のような感じではなかったみたいです。コンドルの場合、没後、彼を慕った建築家は、寂しくなるとコンドルの作品を見に行ったと言います。ライトも独特だったけど、レーモンドも相当独特だった。

*78 ジョサイア・コンドル（一八五二〜一九二〇）イギリスの建築家。一八七七年お雇い外国人として来日。工部大学校造家学科（現東京大学工学部建築学科）の教授として、辰野金吾や片山東熊ら創生期の日本人建築家を育成し、日本の建築界の基礎を築いた。代表作に「鹿鳴館」「ニコライ堂」「三菱一号館」等。河鍋暁斎に師事し日本画も学ぶ。

磯崎　そういう部分は似てるわけだ。もう故郷に戻れない人達、二十世紀的流民になる宿命であったということですね。

藤森　世界的に見てもレーモンドの功績は、さまざまなかたちで残っています。コンクリート表現に取り組んだり、ディテール集を出版したり。

磯崎　レーモンドが一八八八年生まれで、コルビュジエが一八八七年生まれ、その二十年前の一八六七年にライトが生まれている。ライトは二人にとって二十年先輩なんだけど、我々の感覚だと十年なんて近いから、そう考えると不思議な感じがしますね。

藤森　確かに、三人は同世代とも言えますが、今とは時代が違って、モダニズムの成立は急速だったから、十年経ったらもう過去の人という時代でした。

吉村順三とレーモンドの関わり

磯崎　僕がレーモンドについて考えてきたことの一つに、吉村順三さんが戦争中にレーモンドと、どのように関わっていたかということがあります。それが詳しくわからなかった。

少し前に、京都の俵屋旅館に行ったときに、俵屋の女将さんに、ここは吉村さんの設計でしたよねって聞いたんです。そうしたら、彼女はまだ若い頃に俵屋を継いだのですが、戦争前のことはよく知らなかった。

一九五三年に、MoMAのキュレーターであるアーサー・ドレクスラーが来日しています。京都などをかなり廻っている。おそらく俵屋に泊まったと思います。俵屋の女将さんはカメラマンで『ライフ』誌の特派員をしていたアーネスト・サトウと知り合い結婚されます。そして屋敷の一部のリノベーションを始める。ここで吉村さんの名前が登場するのです。ドレクスラーあたりに相談をかけたんじゃないかと思われるけど、吉村順三さんに俵屋の改築を頼むことにした。女将は吉村さんのことは知らなかったと言われていました。すると戦前からいた俵屋旅館の女中頭が、「吉村さんといったらレーモンドさんがうちに泊まるときにお供でやってきて、本人は京都のどこか小さい宿か下宿屋みたいなところに泊まって、毎朝レーモンドさんを迎えに来ていた学生さんだった」と話していたそうです。

戦前の話なので、吉村さんは学生か、レーモンド事務所に入りたての頃かわかりません。少なくとも京都建築巡りの案内役をやっていたことは確実でしょう。

それから、吉村さんが戦前にどういう経緯で米国に行ったのかということを、この間、丹下さんの長女内田道子さんと一緒に、音楽家である吉村さんの長女の隆子さんを訪ねたときに聞きました。彼女が言うには、レーモンドは日本から引き上げ、ペンシルバニア州ニューホープの農家を改造した仕事場に住みついた。レーモンドは母屋に住んで、吉村さんや他のスタッフ六人ほどがバーンと呼ばれる大きい作業倉庫に寝泊りしながら、そこを事務所にして作業をしていたんだそうです。ジョージ・ナカシマも一緒にいたところです。

隆子さんは、その当時吉村さんが撮った写真を何枚か見せてくれました。そのうちの一枚は、農場で吉村さんが作業服みたいな服を着ている。なかなか格好のいいアルチザン風のポートレートです。クエーカー教徒のコミュニティの集落なんかに見られるような単純で大型農場建築のある大草原を背景にしている。若き吉村順三のこの一枚のスナップを京都案内人と組み合わせると、彼の仕事の特性が読み解けるような気がしますね。

吉村さんは、交換船の前の、米国と日本間の太平洋航路の最後の船便に乗って日本に帰国します。レーモンドに宛てて、彼が日本に残していたもろもろの物を米国に戻る船に荷物として載せる、という手紙を書いた。この手紙の写しは、なぜか前川國男さんが持っていたため残っていたと聞いています。レーモンドが当時、畳などの日本家屋の部材の資料を送ったという話は、この手紙と絡んでいるかもしれない。

そして、帰りの船で後に夫人になる大村多喜子さんと出会ったそうです。次の便からは交換船に変わったようですから、本当にぎりぎりの時期の実務留学だったのです。

藤森　これで謎が解けました。吉村さんがレーモンドに空襲実験のために畳なんかを送ったという話は、このことが誤って伝えられてきたんでしょうね。レーモンドが軍に頼まれて砂漠に日本家屋を建てたのは吉村さんが帰国して一年以上してからです。

上に抜ける空間

磯崎　吉村さんがアメリカに行った一九四〇年前後は、レーモンドが日本で仕事ができなくなってアメリカに移った頃です。でもその前にレーモンドはアメリカにバーン（農作業倉庫）を買っていたわけでしょう。

僕は、吉村さんの木造が、いわゆる普通の数寄屋をやってきた人と違う原因は、そのバーン体験にあるんじゃないかと感じるんです。この辺の関係を事例で説明することはできませんけど、よりアメリカ的土着であって、日本の木造の技術とは違う、シンプルなんだけれど空間を感じさせる。バーンはスケールが大きく三階から四階建てくらいの空間がある。それを区切って住んでいる。こういう上に抜けていくスケールは天井のない寺院や寝殿造りにあるけど住居建築では日本にはなかったことですよ。

藤森　僕もそう思います。吉村さんの木造が日本の伝統といちばん違うのは、上方への意識です。吉村さんの「園田邸」（一九五五年竣工）も水平に延びるだけじゃなくて、ぐっと上に抜けるんですね。あの感覚って日本の木造にはなかった。

磯崎　だから吉村邸（軽井沢の山荘）は意外に忍者屋敷的なんですよね。階段も隠し階段になっているし、空間的にメザニン（中二）階を介して繋がっていく、しかもそれが二階からメザニン扱いの三階に上がって、さらにそこからまた屋上まで出て行く。上のほうに順々に抜けて行くんですね。もちろん水平にも透ける。主室がコンクリートの地上階の上に木造で持ち上げられている。それは一部屋の居間で、ガラス張りと大きい外開口がとられている。梯子で昇るようになっているメザニンの屋根裏階は、茶室風にあしらわれているけど、畳室は畳がすべて変形です。今は二畳が敷いてあって、二畳台目みたいになっているけど、発表されている図面では違うんですよ、もっと妙な変形寸法のものですね。茶室の中柱風の細い磨き丸太が立っている。掃出し風のガラス窓で枠が切り取られた外庭の光景が見下ろせる。コーナーのあらゆる箇所に細かい工夫の跡が見える。囲いで茶の作法に基づいてつくり出された細部が消去されて、ごく普通の軽井沢的日常の動作に適合させられているんです。これは誰も真似できない生活行動にあわせた究極の特殊解です。

藤森 レーモンドは住居の下の南面の壁をコンクリートでやっているが、住居の床をキャンティで出していないんですよ。吉村邸はコンクリートの壁を建てコンクリートのキャンティを出して、その上に軽快な木造を載せている。このほうが見事なデザインです。軽井沢の森の環境とコンクリートと木造がちゃんと仲良くできる。合理的ですよね。レーモンドが「夏の家」で萌芽的に見せたものを吉村さんが結晶化させたのが「軽井沢の山荘」だと思います。

磯崎 ここまでやっちゃうと、コルビュジエ的モダニズムの面影など完全に消えています。吉村さんの「軽井沢の山荘」がレーモンドの「夏の家」に始まるという順序は理解できるけど、スケールがぎゅうっと圧縮されていても決して狭く感じない。細部が細かく扱われているので、視覚的にバランスされているのでしょうね。

天井の低い日本には茶室空間の伝統があるし、この納まりを理解した上で、徹底してモダニズムをつくり出している。大型パブリックな建物も後に数多く設計されているけど、外部として他人に合わせているようで、私はほとんど成功していると思いませんが、「軽井沢の山荘」だけはたった一つの自らの身体に合わせて仕立てた着物のようにも考えられる。新宮殿や大型都市ホテルの設計が吉村さんのパブリックな仕事でしょうが、都市社会全般と付き合うことから軽井沢のような森の中に逃れようとされたのではないでしょうか。

藤森 そうかもしれない。

磯崎 だから、「夏の家」を軽井沢に移築したときに、かなりかさ上げされた土台部分のコンクリートを地面スレスレまで下げたことは問題なんだ。

藤森 移築した軽井沢タリアセンの藤巻進さん（現町長）によると、レーモンドがこんなに日本全体で活躍した人って知らなかったって。レーモンドっていう、軽井沢で一生懸命やった人がいるので、保存しなくちゃと思って移築したらみんなが来るようになって、レーモンドの偉大さを知ったそうです。

磯崎 もとに戻してもらわないといけないな。

藤森 将来国の重要文化財にするとき、床を持ち上げてちゃんとやってほしい。「夏の家」は名作ですからね。

（軽井沢タリアセン　ペイネ美術館／磯崎邸にて）

第二章　前川國男と坂倉準三

戦中のフランス派

前川國男　まえかわ・くにお

（一九〇五―八六）新潟県生まれ。一九二八年、東京帝国大学工学部建築学科卒業後、渡仏してル・コルビュジエ事務所で修業。一九三〇年に帰国し、レーモンド建築設計事務所勤務。三五年に前川國男建築設計事務所設立。主な作品に「木村産業研究所」（一九三二）、「前川國男邸」（一九四二）、「プレモス」試作第1号（一九四六）、「神奈川県立図書館・音楽堂」（一九五四）、「東京文化会館」（一九六一）等。

坂倉準三　さかくら・じゅんぞう

（一九〇一―六九）岐阜県生まれ。一九二七年、東京帝国大学美術史学科卒業。二九年に渡仏し、三一～三九年コルビュジエ事務所に所属。四〇年に坂倉建築事務所設立。主な作品に「パリ万国博覧会日本館」（一九三七）、「飯箸邸」（一九四一）、「神奈川県立近代美術館」（一九五一）、「岡本太郎邸」（一九五四）、「国際文化会館」（一九五五）、「新宿西口広場・地下駐車場」（一九六六）等。

巡洋艦こそ日本的デザイン

藤森　今日は、前川國男と坂倉準三というフランス派がどう戦争中を過ごし、戦後の中心、核になるかという話をしたいと思います。磯崎さんは、この「旧前川自邸」[*1]には、まだ大崎に建っていた頃に行かれているんですね。

磯崎　頻繁に行ったわけではないんですが、前川さんが海外に行かれたときに、たまたま留守番が僕の友人だったので、そこに遊びに行って、建物は細かく拝見しましたが、主寝室だけは立ち入れなかった。

藤森　この家で、前川さんが磯崎さんに戦争中の丹下健三、浜口隆一[*2]さんの話をしたそうですが。

磯崎　その外遊から帰国された頃ですね。オフィシャルな場ではなく、あまり人がいないときにお目にかかったと思います。そのとき、雑談の中で伺ったことがあります。前川さんは、僕が丹下研にいることをご存知だったから、「丹下くんはね……」というふうに話を聞いたわけです。

「戦争中に、あいつらは俺を突き上げるんだよ」と。だから、僕の印象では、あの二人（浜口隆一と丹下健三）が、ちょうど当時の全共闘みたいな感じで、自分のボスを突

＊1
次頁参照。

＊2 浜口隆一
第一章・注釈18（二三頁）参照。

＊1 前川國男自邸

1942年に品川区上大崎に建てられた前川國男の自邸。戦時体制下で、建築資材入手が困難な時期に建てられた。切妻屋根の木造建築で、内部は吹き抜けの居間を中心に書斎・寝室・キッチンを配したシンプルな間取りになっている。現在は、東京都小金井市の「江戸東京たてもの園」にある。（写真提供：江戸東京たてもの園）

き上げに来たんじゃないかというように感じたんです。
　二人の言い分としては、前川さんは日本のいろいろな建築について、戦争前からリーダー格としてやってきた。そして、自分達はその弟子だ。この弟子から見て、今のこの時勢の中で前川さんが日本的な建築をつくらないということは問題だと思うと、こういうわけですね。浜口さん、丹下さんが「新日本建築様式」を発表する前だと思います。
　今や時勢がそういうようになっているにもかかわらず、はっきりした態度表明をしていないのは何たることかと前川さんを突き上げたそうです。そのときに前川さんは、俺はすでに「新日本建築様式」的なことはやっているんだよ、単に屋根をかけることが日本建築じゃないというように言ったんだそうです。じゃあどういうのが日本のデザインなんだとさらに聞かれて、そのときに前川さんが例えに出したのは巡洋艦だったと思います。

藤森　巡洋艦って、船の?

磯崎　そうです、戦艦ですね。当時、まだ戦艦大和は秘密兵器の類であまり細部は発表されてない時期で、それとは別に古鷹、青葉などシリーズとして日本がデザインした巡洋艦がいちばんかっこいいと言われていたらしい。その軍艦のデザインが日本的なユニークさなんだと言われた。丹下さんが一九四二年の大東亜建設記念営造計画設計競技*3で一等に入選した前後の頃かな。おそらく、一九四三年の在盤谷日本文化会館コンペ*4の批評を浜口隆一さんがまとめている頃でしょうね。

*3 大東亜建設記念営造計画　一九四二年に日本建築学会が開催したコンペのこと。その趣旨は「大東亜共栄圏確立ノ雄渾ナル意図ヲ表象スルニ足ル記念営造計画案ヲ求ム」とされていた。第一位を獲得したのは、富士山東麓に記念堂を建て、それを「道路」と「鉄道」で皇居と結ぶという丹下健三の案（左）。戦後、同プランのコンセプトが「広島ピースセンター」に引き継がれているとされる。

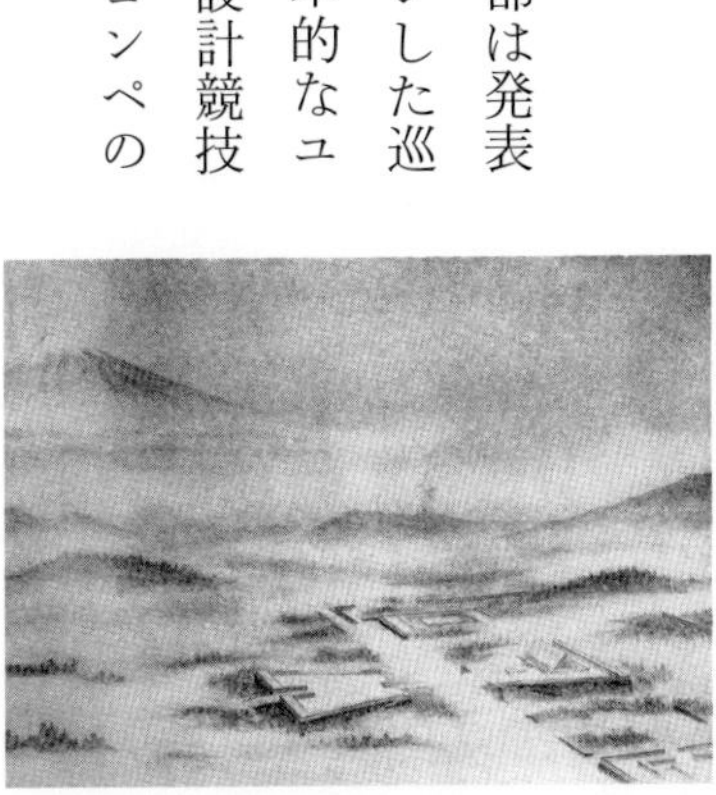

そして、そのときに浜口さんはもう日本は負けると言っていたそうです。早いところ東京から引き上げて、どこか田舎に行かないとだめだと言っていた。丹下さんは最後まで竹槍で玉砕するまでやるべきだという考えで、この二人は意見が違っていた。

そして、浜口さんは前川事務所のスタッフのミホさんと一緒になって、二人で北海道に行ったわけですね。これは明瞭に東京から撤退して戦後を待つというスタンスだった。かたや丹下さんは玉砕。その頃は、千葉県の九十九里浜に米軍が上陸すると予想されていたので、それに備えて、どう玉砕するかをいろいろと議論されていたのは聞いていました。おそらく丹下さんはそっち側だったんですね。二人それぞれの性格が、この発言によく出ていますよね。

丹下さんは、当時ゲートルを妙な巻き方にしていて、あいつは格好つけていたんだよ、と言われていて……。

藤森 丹下さんのゲートル問題は、当時建築学科では有名だったようです。丹下さんは大学院生だから徴兵されなかった。理系でも僕の先生の先生である関野克《まさる》なんかは、勅任官の助教授なのに建築史が専門だから、徴兵されて、二等兵でした。かと思えば、耐爆構造に貢献する武藤清[*5]は少将で、星の旗がついたジープを下士官に運転させて建築学科に来るんです。丹下さんのゲートル問題ですが、空襲の際には、出撃して火を消さないといけない。戦後、国土事務次官を務めた下河辺淳[*6]さんも丹下隊のメンバーだったそうで、下河辺さんからうかがった。空襲があると、すぐ軍からどこに出撃して火を消せ

＊5 武藤清
第一章・注釈74（五九頁）参照。

＊6 下河辺淳　しもこうべ・あつし（一九二三〜）都市計画家。一九四七年、東京帝国大学第一工学部建築学科卒業後、戦災復興院技術研究所に入所。経済審議庁、建設省、経済企画庁総合開発局を建て、七七年、国土事務次官に就任。九五年、阪神・淡路復興委員会委員長。日本の国土政策に大きな影響を与える。

丹下健三案

前川國男案

＊4 在盤谷日本文化会館計画コンペ
タイの首都バンコクに会館を建造するために、1943年に行われたコンペ。審査の結果、一等は丹下健三、二等は前川國男が選ばれた。コンペの募集規定を取りまとめていた岸田日出刀は、両者の案を折衷した図面を用意していたと伝えられるが、日本の敗戦により同会館は完成しなかった。

という命令が来るんですね。

磯崎　建築学科がそういう班をつくって、命令されて消防活動をしていたんですよね。

藤森　そうです。御茶ノ水あたりは、日本大学の隊と丹下隊が消火の担当だった。破壊活動も含めた消火活動をするんです。丹下さんはとにかくゲートルを巻くのに時間がかかると。丹下さんは出撃に熱心じゃない。駆けつけると日大隊がもう火を消していて、丹下隊は軍から嫌な目で見られていたそうです。

磯崎　いやー、とろかったと思います。

藤森　もう一つ、今の磯崎さんの話を補足すると、実は前川さんが戦後に丹下さんとの対談でこういう話をしているんですよ。

「その当時印象に残っているのは、浜口と丹下の二人で、先生、今晩、暇ありませんか……と、銀座かどっかのレストランで一晩居直られた」。そして前川さんが「大分僕はやられたわけですよ。丹下君、(それは)事務所にいた(頃のこと)かな?」と聞くと、丹下は、「いや、大学に帰った直後(のこと)ですよ」とあります。(『国際建築』一九五三年二月号)

磯崎　この話を前川さんは僕にされていたんですね。メザニンの下のダイニングテーブルだったと記憶しています。吹抜けのカウチでは前川夫人が愛犬と一緒にすわっておられた。

藤森　モダニズムの理論に従って、プラン、プランと言うけれど果たしてそうですか、と聞かれて、形が最初から頭にないわけじゃないけれどもと、お茶を濁した。その直後、例の大東亜共栄圏記念営造計画のコンペがあった。おそらくこのときの形というのは、伝統をどうするかということ。

それともう一つは、浜口さんの日本が負けるという説、丹下さんの竹槍説については、僕は丹下さんから直接聞いたんですけど、やはり自分は頭がおかしくなっていたと話されました。けれど、二つのことがあって目が覚めたと。一つは坂倉さんがアトリエでル・コルビュジエの話をしている途中、突然天から声が聞こえてくるらしく、ウォーと叫びをあげるんですって。いくら何でもコルビュジエに学んだ人がこんなふうになる時流はおかしいんじゃないかと、もっと直接的には、浜口さんから「お前、この戦争は負けるから戦後の用意をしろ」と言われた。その二つで自分は頭の血が下がったというんです。一時、丹下さんも竹槍派だった。

磯崎　そこの感じを、前川さんはよくわかっていたんだな。

日本の勝利を信じる

藤森　前川さんが戦後、建築史家の藤井正一郎さんとの対談(『建築』一九六九年一月号)の中で、一九四一年の十二月に戦争が始まると、これはひょっとすると勝つかもしれないと思ったとおっしゃっているんです。

磯崎　一九四二年の前半は、日本の国民が全員そうだったと思います。負けるということは誰も考えていなかった。

藤森　ああ、真珠湾攻撃で勝ったから。

磯崎　一九四二年の春に丹下さんが、アメリカや英国を無視して日本建築をやるべきだという例の大東亜共栄圏の論文を書いたのは、その真っ最中でした。そして、その年の六月のミッドウェー海戦で情勢は逆転するんだけれど、これは秘密で一切発表しないから、世間はまだわからなかったんですね。だから、一九四二年の前半の国民の気分は非常に面白い。「近代の超克」（『文学界』一九四二年九月および十月号の特集記事）論もこの時期です。僕は小学校四年生だったから。撃破された英米の軍艦の名前は全部覚えていたのです。舞い上がっていましたね。

当時、負けるという考えはまったくなかった。これは、いろいろな文学者が日記などに書いているように、笑っちゃう感じですよ。もう、スカーッとしたんですね。

藤森　桑原武夫[*7]さんが書いているのは、それまですごく気持ちがもやもやしていたと。それが、真珠湾攻撃でスカーッとしたという。これで大丈夫だと。モダニストで戦後のリーダー達も、本当にスカッとしたらしい。

磯崎　そのときに冷静になっているやつが、おかしいんですよ。

藤森　冷静になっている連中は、建築界にもいて、今泉善一[*8]です。当時、共産党の赤色ギャング事件で捕まって、刑務所に入れられていた彼は、世間の皆がおかしくなっ

＊7 桑原武夫　くわばら・たけお（一九〇四～八八）フランス文学者、評論家。一九二八年、京都帝国大学仏文科卒業。四八年、京都大学人文科学研究所教授就任。五九～六三年、同研究所所長。戦後の人文科学において、学際的な共同研究を推進した。スタンダールやアランの紹介者としても知られる。著書に『第二芸術―俳句について―』『文学入門』等。

＊8 今泉善一　いまいずみ・ぜんいち（一九一一～八五）建築家。一九二八年工手学校（現・工学院大学）卒業後、大蔵省営繕管財局に勤務。その後、日本共産党の活動に加わり、三二年、党の資金集めのため銀行強盗に関与し逮捕。出所後、四四年に前川國男事務所に所属。防火建築帯の設計でも知られる。四七年新日本建築家団体（NAU）結成に参加。

ちゃってびっくりしたって。治安維持法違反、しかも非転向ですから、十三年の刑期でずーっと刑務所にいた。そして敗戦の直前に出所して、前川さんが拾ってくれたんですね。

あのときに、本当に戦争に抵抗心をもっていた一人は今泉さんで、もう一人は梅田壌さんで治安維持法違反で捕まっている。捕まったけど、収監はされなかった。そういう情況の中に置かれたときの話を、前川さんは磯崎さんにされたんですね。前川さんは語っておきたかったんだと思います。丹下さんと自分達の若い頃の、いわば隠された、というか、語られざる話を。

在盤谷日本文化会館計画のコンペ

磯崎　前川さんとしては、自分のところのスタッフが二人とも派手に一九四三〜四四年くらいから世に出たわけじゃないですか。ああいう事を言うけれど、あいつらはともかく日本建築をやると言っている。どういうのが新日本建築様式かなんてわかってない。西田学派の『世界史の哲学』（高山岩男[*9]著、一九四二年）など、前川さんはかなり深く読み込んではいたわけでしょうが、基本的に懐疑主義者ですね。

そして、面白いのは藤森さんがいろいろと調べておられるように、コンペ（在盤谷日本文化会館計画のコンペ）の後に、岸田日出刀[*10]さんが、その計画は、丹下デザイン、前

*9 高山岩男　こうやま・いわお（一九〇五〜九三）哲学者。京都学派の一人。一九二八年、京都帝国大学文学部卒業。西田幾多郎に師事、四五年同大学教授。四六年、GHQの覚書に基づき公職追放。その後、神奈川大学、日本大学等で教授を歴任。最後は秋田経済法科大学（現ノースアジア大学）の学長を務めた。主な著書に『ヘーゲル』『世界史の哲学』等。

*10 岸田日出刀
第一章・注釈5（一六頁）参照。

川プランで実施設計をやれと言ったということです。

藤森　そうそう。土浦亀城[*11]さんが実施設計をして。

磯崎　事実は知らないけれど、理論的にはそういうことは当時は普通だったと思います。つまり一等になったものを、そっくりそのままその建築家にやらせるというのは、岸田さんが広島（広島平和記念公園の計画）に関わったときに初めて言われたことです。一等必選論と言うのかな。でもその当時は一等はなしで、出てきた案をいくつか合わせて、誰かが設計するというのは普通だった。

藤森　前川さんが抵抗した東京国立博物館のコンペでも、渡辺仁[*12]が実施設計をしているわけではなく、宮内省の権藤《ごんどう》要吉さんが実施設計をしているんですよ。

磯崎　それがうんと時間がかかると、国会議事堂みたいになってくる。あれは吉武泰水[*13]さんのお父さんの吉武東里《よしたけとうり》さんが実施設計をしていて、当時の係長が課長の名前で設計をやっているんです。だから吉武さんの名前も出てこない。そのくらいデザインは軽く見られている。レベルが低いんですよ。建築家なんてよほど軽く見られていました。在盤谷日本文化会館計画のコンペの問題で言うと、前川さんのほうがプランは割とオーガニックでよかった。丹下さんのは四角四面のプランだから。

藤森　使い物にならない。

磯崎　まったく違う。それを合体して、理論化したのが浜口隆一さんだった。それが日本国民建築様式で、『新建築』の終戦前の最終巻に載りました。

*11 土浦亀城
第一章・注釈46（三三頁）参照。

*12 渡辺仁　わたなべ・じん
（一八八七～一九七三）建築家。一九一二年、東京帝国大学工科大学建築学科卒業。一七年、逓信省入省。二〇年、独立。様式建築の名手と評される。主な作品に「ホテルニューグランド」「東京帝室博物館」「服部時計店」「第一生命館」等。

*13 吉武泰水　よしたけ・やすみ
（一九一六～二〇〇三）建築学者、建築家。一九三九年、東京帝国大学工学部建築学科卒業。東京大学、筑波大学、九州芸術工科大学、神戸芸術工科大学で教鞭を執る。主に学校、病院、集合住宅等の公共建築の設計を手がけた。代表作に「公営住宅標準設計51C型」のプラン、「東京大学工学部一一号館」等。

この論文を仕上げて入稿したのが、彼が召集されて出兵をする朝だったそうです。だから、浜口さんは、遺作のつもりで書いたと思いますよ。これは浜口さんの論文の中でいちばんの傑作で、重要な論文だと僕はいまだに思っているんですけれど。

藤森 全体を岸田さんがプロデュースして、プランはル・コルビュジエの弟子の前川さん、エレベーションは丹下さん、岸田さんの同級生でフランク・ロイド・ライト[*14]の弟子の土浦さんがそれを実施設計する。その理論は浜口さん。

磯崎 オールスターキャストですよ。

藤森 この計画は敷地まで決まっていた。今は、ルンピニー公園という国民的な公園になっています。戦争がもう一年長引き、もしあれが建っていたら、戦後日本のモダニズムは全滅ですね。

磯崎 そのときに木の問題というのがありますね。チーク材を使ったオールチーク造という。総檜造ならまだいいですけれど、その一桁上をいきますよね。あのあたりはチーク材の産地だから。だからチーク材で全部やれるということでしたが、これは夢の夢ですよ。金箔で建築をつくるよりもまだ重要、それくらいの感じですよ。

藤森 当時は政府は本気でつくる気で準備していましたから。

*14 フランク・ロイド・ライト
第一章・注釈6(一六頁)参照。

前川國男の一つの大きな転機

藤森　そこまでにいたる前川さんの道のりを述べると、大きい転機となったのが一九三〇年の新興建築家連盟[*15]創設です。これは共産党がバックアップして進めていた。ところが、結成大会直後に読売新聞が赤の巣窟と報じたことで、連盟は一挙に崩壊する。崩壊後、二手に分かれる。共産党の秘密の党員だったグループと、前川さん、谷口[*16]（吉郎）さん、岸田さんなどのリベラリストでモダニストのグループ。

それまでは前川さんや谷口さんにしろ、共産主義の影響を受けていたんですね。モダニストは、当時ドイツもそうでしたけど、バウハウスと共産主義は深く繋がっていた。それがバウハウスの場合は、ヒットラーの登場で潰される。ある人物はロシアに逃げる。ある人物はアメリカに逃げる。残る人もいた。日本でも同じことが起こって、日本は亡命はしないけれど、共産党系の人達はもう、地下に潜る方向へいくしかない。地下に潜った連中が二人、治安維持法違反で捕まった。そんな中で、中心人物の山口文象は、地下に潜らずに逃げ延びるための知恵があったんですね。

磯崎　千田是也[*17]のほうがもっと本格的な共産党員、ドイツ共産党員だったのが、戦後になって完全に捕まらずにあの人も生き延びたわけでしょ。

藤森　そのとき、前川さん達は、心の傷をもつわけです。転向意識をもつ。モダニズム

＊15 新興建築家連盟
建築運動組織。東京市建築課の石原憲治、建築家の山越邦彦らが準備し、一九三〇年に結成された。会員に創宇社の山口文象、建築家の今井兼次、市浦健、前川國男、谷口吉郎、逓信省の吉田鉄郎等。第一回大会直後の読売新聞の中傷記事をきっかけに、わずか一カ月程度で解散した。

＊16 谷口吉郎　たにぐち・よしろう
（一九〇四～七九）建築家。一九二八年、東京帝国大学工学部建築学科卒業。三〇年、東京工業大学講師。四三～六五年、同校教授を務め、建築計画、意匠学、設計等について研究、教育した。主な作品に「島崎藤村記念堂」「東京国立近代美術館」等。主著に『修学院離宮』。

＊17 千田是也　せんだ・これや
（一九〇四～九四）演出家、俳優。築地小劇場の第一回研究生。一九二七～三一年、ドイツに滞在。左翼演劇に対する弾圧で、治安維持法により検挙される。四四年、青木杉作らと俳優座を創立。近代俳優術の理論化やブレヒトの紹介等を行い、新劇活動の中心的存在となった。

は社会を変える強い大きな力としてそれまで考え、それを実践する自分には正義がある、と信じてきたのに、社会を変える側面を捨てちゃうわけですから。社会は捨て、デザインだけでいく。そして新興建築家連盟解体の六年してから、日本工作文化連盟[*18]をつくるわけです。日本工作文化連盟は、転向団体みたいに左翼からは思われた。バウハウスを理念において、建築界でいちばん上が堀口捨己[*19]さんです。その下に前川さん、谷口さん、いちばん下っ端が丹下さんだった。丹下さんは準員というかたちで入って、雑誌(『現代建築』)の編集を受け持った。日本工作文化連盟の運営資金は、坂倉さんの義理の父、西村伊作[*20]が出してくれた。

あんな雑誌売れると思えないから、どうやって運営していたのだろうと僕は疑問に思っていたんです。丹下さんによると、西村さんが文化学院に一室を設けて人を一人つけてくれたんだそうです。そこへ毎夜行っては編集していた。

磯崎　堀口さんの戦争中の事務所は、この『現代建築』を印刷している工場の二階だったそうです。そのときの話をどこかで読んだんですが、『現代建築』を下の印刷所で印刷するんだけれど、ほとんど返本になって返ってきて、その返本が山積みになった隙間をかき分けて堀口さんは図面を引いていたと。

藤森　売れなかった証拠に、ほとんどあの本は残っていないんです。第一号は丹下さんが編集して、それに載っているのが坂倉さんの「パリ万国博覧会の日本館」(一九三七年開催)です。

＊18 日本工作文化連盟
一九三六年に建築家と工芸関係者によって結成された、戦前の日本における最大規模の造形文化団体。最大時の会員数は約六百名。会長に国際文化振興会専務理事の黒田清、理事長に堀口捨己。主たる活動として機関誌『現代建築』(一九三九年六月〜四〇年九月)を発行。

＊19 堀口捨己
第一章・注釈68(五五頁)参照。

＊20 西村伊作　にしむら・いさく
(一八八四〜一九六三)教育者、建築家。和歌山で叔父大石誠之助(後に幸徳事件にて処刑)が生活改善啓蒙のため開店した「太平洋食堂」を手伝いながら社会主義活動に参加。一九〇六年、アメリカ式のバンガロー住宅を建設。住宅の改革を訴え、建築事務所を開設。歌人与謝野寛・晶子夫妻、画家石井柏亭らに学校の創設を勧められ、二一年、自由主義的な教育方針をとる文化学院を創設。主な作品に「自邸」等。主著に『楽しき住家』。

前川さんが新興建築界連盟の解体を期に左翼からリベラルに移っても、モダニズムをあくまで主張したのが、一九三一年の帝室博物館[*21]（現・東京国立博物館）のコンペです。あれは正面から立ち向かっている。

磯崎　だけど、前川さんはイデオロギーとしてやったというのではなくて、「負ければ賊軍」というくらいの科白《せりふ》を言うわけです。この前川さんの科白は、なかなか効いていますよ。勝ったら勝ち組、コンペに落ちたから賊だと言われている。この捨て台詞みたいな言葉は、そのときの前川さんになかなか根性があったということを、みんなに見せたと思うんですね。

藤森　それから右傾化まで時間がありまして。十年近くリベラリズムのままですね。

磯崎　まだその頃は、アントニン・レーモンドの事務所にいたの？

藤森　はい、レーモンド事務所にいる最中です。コルビュジエのところから帰ってきてすぐ、新興建築家連盟の事件が起きて、それで左翼と社会から切れて。翌年に帝室博物館コンペ案をレーモンド事務所内でつくっています。自由にやっていいというレーモンドとの約束でやっていたということです。

その翌年、青森の白い箱の「木村産業研究所」[*22]（一九三二年竣工）を設計します。田舎に白い箱のモダニズムが建っていると、ブルーノ・タウト[*23]がびっくりしたという逸話のある建物です。この段階ではコルビュジエの後期のダイナミズムではなくて、バウハウス的ですよね。「木村産業研究所」ができた頃に、バウハウスがナチス・ドイツに

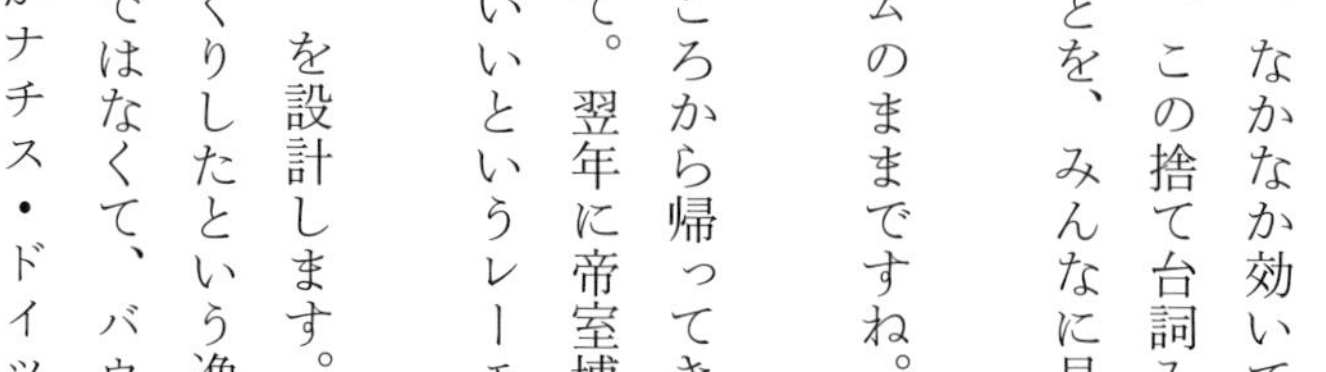

＊21「東京帝室博物館」のコンペ　一九三一年に行われたコンペ。「日本趣味を基調とする東洋式」という要綱に基づいて一等に選ばれた渡辺仁案は「帝冠様式」建築の代表的建築物とされる。（左）コンペに出された前川國男の応募案。

よって閉校されます。だから、日欧で落差が大きい。ヨーロッパではバウハウスは閉鎖させられるのに、前川さんはせっせとつくっている。「木村産業研究所」の翌年の一九三三年に、ヒットラーが政権をとります。

その頃、前川さんはまだレーモンド事務所にいます。一九三五年までレーモンド事務所にいて、その年の秋に、前川さんはレーモンドのもとを離れて事務所を開きます。三六年にはいよいよ日本とナチスが手を組んで日独防共協定が結ばれ、そしてその翌年にレーモンドは日本を去ります。

大連市公会堂コンペと卒業設計

磯崎 その頃に、大連市公会堂コンペ[*24]をやっていますね。あれは前川さんが一等になって、浜口さんの挫折の物語があるわけですけれど、あれは何年ですか？ つまり、浜口さんと丹下さんが、前川事務所に行くわけじゃないですか。

藤森 大連市公会堂コンペは一九三八年ですね。前川事務所には、まず丹下さんが入って、丹下さんが大学院に戻ったのと入れ替わるようにして浜口さんが入っています。丹下さんによると、大学に戻った後も頻繁に前川事務所に顔を出していたそうです。

磯崎 丹下さん、浜口さんが卒業した年はその年ですね。その卒業設計は、大江宏さん、浜口さん、丹下さんが、金銀銅のみんな銅で同格なんですよ。その年は一等なしで、二

＊22 木村産業研究所（前川國男設計、一九三二年竣工）

（木村文丸氏提供）

＊23 ブルーノ・タウト
第一章・注釈28（二七頁）参照。

等は入江雄太郎さんともう一人で、二等が二人、銅は三人並んでいる。この三人を並べて見ると、僕は個人的には大江さんがいちばんいいと思います。次が浜口さんで、丹下さんが銅の中でも三位ではないかというのが僕の観測なんだけれども、丹下さんが辰野賞でトップだというように一般的に思われていて、でも、そうじゃない。大江さんは、日本工作文化連盟の本部がテーマでした。そして浜口さんは、大連市公会堂コンペは俺がとるんだと言っていた。当時、大学院の一年生ですよ。

藤森　浜口隆一さんも応募していたんですか。

磯崎　そうです。東大の前にパネルをつくる経師屋があって、鯨井《くじらい》さんという、そこの親父がまだ駆け出しの頃、浜口さんがコンペに出すと言って訪ねてきた。そこで浜口さんは全力を出し切って、これで大丈夫だと言ってパネルを持って大連まで行った。帰ってきても当然俺が一等だと言っていたそうです。ところが、開いてみたら前川さんが一等で、浜口さんの案は十等にも入らなかった。浜口さんはショックで東大構内を夢遊病者みたいに何日も歩き続けたそうです。それで浜口さんは建築をやめて、前川事務所に入るわけです。このあたりの事情は生田勉[*25]さんの日記『杳かなる日の　生田勉青春日記』（麦書房、一九八三年）に同時進行形で語られています。立原道造[*26]が丹下健三に送った有名な手紙も同時期のことです。僕のただ一つの丹下健三論「全身での身の任せきり」は、このときの道造の手紙の中の一行の引用です。道造が丹下に回心を促していたことの証しです。とはいえ、その回心は道造の没後、一九四二年の春に起こります。かたち

＊24 大連市公会堂コンペ　一九三八年に中国大連市が新しい公会堂建設のために行ったコンペ。前川國男案（左）が一等に当選したが、公会堂は建設されなかった。

＊25 生田勉　いくた・つとむ（一九一二〜八〇）建築家。東京帝国大学農学部林学科に進むが、後に転科。一九三九年、工学部建築学科卒業。四四年、母校一高教授に就任。五〇年、東京大学教養学部助教授となり、アメリカの文明批評家マンフォードの翻訳に打ち込む。代表作に「栗の木のある家」「かねおりの

をなすのは、建築学会の「大東亜共栄圏の建築」についてのアンケート文です。

藤森 今の浜口さんの話は初耳ですけれど、入所したての丹下さんは前川案を大連に運んでいるんです。丹下さん自身は、大連市公会堂コンペに参加した記憶はないけど、自分は案をもっていったから知ってるって言ってました。

磯崎 それが「広島平和記念公園」の原型ですよ。建物が三つ組みで左右の建物を二階で繋いで、一階をピロティにし、向こう側に忠霊塔が建っている。これを原爆ドームに引き当てると、完全に広島案の原型ですね。一章で触れた「エラズリス邸案」と「夏の家」に関する問題じゃないけれども、大連市公会堂コンペの前川案のパクリですよ。

藤森 浜口さんはどんな案を出したんですか？

磯崎 それがわからない。おそらく、浜口さんはどこかでこれを消したんだと思います。卒業して六カ月。三月に卒業して、コンペは秋だよ。卒業したばかりの時期に一等をとれると思っているというのが、誇大妄想の始まりですよ。

藤森 面白いですね。丹下さんは前川事務所の新入りで、浜口さんは大学院で。それが盧溝橋事件（一九三七年）の翌年ですから。その前年一九三六年に、日本工作文化連盟が結成されて。

家」等。一高在学中は文芸部委員を務め、三木清や立原道造と親交があった。

＊26 立原道造 たちはら・みちぞう（一九一四〜三九）詩人、建築家。小説家・堀辰雄の主宰する詩誌『四季』の編集同人となり、作品を発表。一九三七年、東京帝国大学工学部建築学科を卒業し、建築事務所に勤務。同年に詩集『萱草に寄す』『曉と夕の詩』を発表するも、肋膜炎のため夭折。建築の実作はないが、多数の図面やスケッチを残している。

立原道造が丹下健三に出した手紙

磯崎　大連市公会堂コンペの話にもう一つ加えると、立原道造が丹下さん達の一年前に卒業して、一年間石本建築事務所[*27]にいました。一年過ぎて夏になって、胸が悪くなり長期休暇をとるんですよ。そして、彼が旅行に出たときに会いに行ったのが、深沢紅子[*28]さん。彼女が岩手にいるので、そこまで行って、そこで堀辰雄論を書くんですね。

　堀辰雄は、アニメ映画の原案にもなった『風立ちぬ』を発表していて、立原道造にとっては先生です。私淑していた。軽井沢では、彼のうちに何度も泊まりに行っていた。堀辰雄論の内容は、ここで堀辰雄と縁を切りたいと、ほとんどそういうふうに読める。堀辰雄に、せっかくあなたにここまでついてきたけれど、もう無理だというようなことを彼流に微妙に細かく書いているんですね。それを日本浪漫派系の同人誌で発表した。後に堀辰雄に、そうは言ったけれどもと、信従することのアンビバレンスを弁解する手紙を書いている。そしてそのときに、岩手から同級生の一人に、浜口さんと丹下さんの住所を聞いているんです。堀辰雄と絶縁して文学的に自分のステップを踏んでいく。死ぬ直前ですから。そのぎりぎりのところで、今度は丹下さんにあの回心を促す手紙を書くわけなんです。つまり、立原さんは、丹下健三にいちばんその時代の自らの気分を告白しているわけです。浜口隆一さんにも手紙を送っていると思えるのだけれど、立原道

＊27 石本建築事務所
石本喜久治による建築事務所。一九二七年、片岡石本建築事務所創立。三一年石本建築事務所と改称。現在に続く。主な作品に「白木屋百貨店」「石本邸」「足利市庁舎別館」等。

＊28 深沢紅子　ふかざわ・こうこ（一九〇三〜九三）洋画家。東京女子美術学校日本画科に入学。その後油彩画科に転向し、岡田三郎助に師事。二三年、同校を卒業。油彩画家の深沢省三と結婚。二科展、一水会、女流画家協会等の場で活躍。立原道造、堀辰雄らの書籍の装幀や、童話の挿絵等も手がける。

造の全集には載っていません。

藤森　じゃあ、真珠湾攻撃の前に、可能性としては立原さんがまず右に踏み出して、それが丹下さんを動かす……。

磯崎　僕の考えでは、立原さんはこれまでのヒューマニズム、モダニズムのラインではだめで、日本共同体っていうようなものに全身を預けることによって変えるべきだと。丹下さんがそれをやれるというように彼は踏んだんではないかと思います。

藤森　後輩の中では、丹下ならいけると。

磯崎　そういう手紙を書いて、彼は旅行に出て長崎で武基雄《たけもとお》さんのところで病気になって喀血するんです。そして連れ帰らされてから一九三九年三月に亡くなる。登場人物はだいたい建築家です。それは一九三八年で大陸侵攻が始まっていた頃です。だけど丹下さんは、すぐには受けて立てなかった。「ミケランジェロ頌」[*29]を書くのは、その翌年です。立原道造の手紙を受けて、あれこれ考えた上で、やっと切り札を出すっていう、やや慎重な感じですね。浜口さんは違います。パッパッといける。その勘はとっても鋭い人。

藤森　浜口さんについて丹下さんは、自分の方向指示器みたいなもので、彼の言う通りに動けば大丈夫だったって。

当時の日本の文化界、芸術界の中では、精神的あるいは感覚的なレベルにおいて、日本の建築家は最後に右傾化するわけです。それを、詩人立原がリードした。

＊29　ミケランジェロ頌
第一章・注釈19（二三頁）参照。

磯崎　道造はそのちょっと前に日本浪曼派[*30]に入っていますね。

藤森　丹下に続いて、前川さんも開戦のときに引き込まれた。

磯崎　突き上げられるんです、前川さんは。

藤森　丹下さんに日本浪曼派のことは、さすがに躊躇があって僕からは聞けなかったんだけれど、戦前の話をしているときに、向こうからおっしゃったんです。日本浪曼派を読んで、「何か自分の気持ちを開いてくれるんだ」と思ったって。

磯崎　それを聞いたのは、藤森さんが初めてですよ。僕らのときは、日本浪曼派なんて言っちゃいけない。それをもし丹下さんがひと言でも言ったら、宮内嘉久[*31]とか中真己《なかまさき》[*32]（佐々木宏のペンネーム）とかが総攻撃をしようと待ち構えているわけです。そういうテンションがありましたね。

藤森　僕は、孫世代の歴史家だから。

磯崎　藤森さんの丹下健三論と、川添登、長谷川堯などの論がばんと切れているのは、そこなんですよ。

藤森　でも、立原、丹下、前川っていうのが面白いですよね。いちばん敏感なのは詩人。それに建築が続いていって、根っからのモダニストでリベラリストの前川さんがやっと真珠湾で動く……。

磯崎　だけど、そのときでも屋根などはつけない。空間だよなんて言っている。

藤森　そうそう。確かに大連市公会堂コンペのときは屋根をつけていない。あれは純正

＊30 日本浪曼派　にほんろうまんは　文芸雑誌、またその雑誌によって活動した一派。雑誌は一九三五～三八年刊行。神保光太郎、亀井勝一郎、中谷孝雄、保田與重郎らによって創刊。自然主義文学を批判し、ドイツロマン派に影響され、後に日本古典美の高揚を求めようとした。

＊31 宮内嘉久　みやうち・よしひさ（一九二六～二〇〇九）建築評論家。一九四九年、東京大学第二工学部建築学科卒業。新日本建築家集団（NAU）の事務局員となり、機関誌の編集に従事。雑誌『新建築』『国際建築』の編集者等を経て、五八年宮内嘉久編集事務所を開設。六九年建築戦線（AF）結成。主な著書に『少数派建築論』『廃墟から』等。

＊32 佐々木宏　ささき・ひろし（一九三一～）建築評論家、建築家。一九五五年、北海道大学建築工学科卒業。建築設計と併行して、二十世紀の建築思潮を研究。主な著書に『現代建築家の思想』（中真己名義）、『近代建築の目撃者』、『ル・コルビュジエ断章』等。

のモダニズムですよね。

磯崎　けれども、在盤谷日本文化会館計画コンペの案では屋根をつけざるをえなかった。

藤森　その二年前に「岸記念体育会館」[*33]ができた。これも屋根を隠すために、逆折りというとんでもない変な屋根をつくった。あれは、あまりに技巧的すぎて、前川さんは躊躇があったそうです。前川さんは躊躇したけど、そもそもあの設計は岸田さんが丹下に自由にやらせなさいって指示があった。

この建物は、最初、岸田さんが白い箱型のモダニズムでやり、その後、前川さんのところに持っていって、所員の丹下にって言った。

磯崎　いや、僕は、まだあのとき、岸田さんは丹下さんをそこまで評価してなかったんじゃないかと思う。

藤森　それは、前川事務所の崎谷小三郎さんが言っていたんです。発表にあたり、岸田と前川と丹下の名が並んで出ている。

岸田日出刀がプロデュースした「岸記念体育会館」

磯崎　それはその通りです。岸田さんの仕事で「岸記念体育会館」が始まります。岸田さんは、これは前川に図面を描かせると。そうすると前川事務所に新人の丹下さんが入ったので、お前が担当というので三人が揃ったというように僕は理解しています。そ

＊33　岸記念体育会館
第一章・注釈58（四四頁）参照。

のときに出来がいいと言って、僕は岸田さんが丹下さんを評価し始めたんじゃないかと思っているんです。なぜなら、岸田さんは丹下さんの卒業設計のときに、銅賞の三位くらいにしていて。まだ評価しているとは思えないですよ。

藤森　なるほど、そうかもしれない。

磯崎　生田勉さんは、見ていると刻々と丹下さんのスケッチはよくなりましたねと言っていますけれど、岸田さんがそこまで見ていたとは思えない。だが、いったん評価し始めると、前川さんから丹下さんに評価が移っちゃうわけですよ。

藤森　結局、岸田さんはデザイナーの夢を捨てて、プロデューサーに転身する。

磯崎　そうです、岸田さんはね、二十代をプロデュースする。それが日本のモダニズムの本道を行くと考えていたのじゃないかな。本当はそれを自分自身が一九二〇年代にやるべきだったんだけど、オットー・ワーグナーみたいなところに行き着いて一種の挫折感をもった。一九三〇年代いっぱいは、だいたい前川さんを推している。一九四〇年代いっぱいは丹下さんですよ。前川さんはじめ、その年代ではみんな二十代です。それを最初に見つけて、十年間くらいバックアップする。最後が広島のコンペ。丹下さんは広島までが岸田さんのバックアップで。丹下さんが自立したのが、一九五五年くらいじゃないかと思います。

岸田さんはその区切りの年に、岸田さんの出身地の「倉吉市庁舎」（一九五七年竣工）の仕事がきて、これを丹下事務所の研究室に描かせるわけですね。あれは、岸田さんがいちばん好んだ建物だったと思います。岸田、丹下と連名で、日本建築学会賞をとっています。

藤森　岸田さんは「岸記念体育会館」の岸さんと、同郷の同級生で近しい間柄なんですよね。

磯崎　そうです。そして「岸記念体育会館」の代々木への移転の話が起こったとき、すでに、丹下さんは「国立代々木競技場」の設計をやっていた。その前に御茶の水にあった建物は小さいし建て替えねばならない。そして新築されたのが、この間までオリンピックの本部だった「岸記念体育会館」なんです。代々木は丹下がやっているのだから、これは前川にでもやらせようってことになったらしいんです。それで、前川さんが随分ごねたんだな。自分の弟子が横で大きいのをやっている。自分は彼の先生、その上のボスから言われても、嫌だって。

その理由として、オリンピックまでに完成させなければいけないということになってたわけだから、前川さんは期間を計算して、最初から設計をやると間に合わないと言ったらしい。ザハ・ハディドの「新国立競技場」でもめているのと似ていますね。でも、やらねばならない。何でもいいからでき合いでいい、他のケースですでに開発されていたプレキャストのパネルをエレベーションに貼っとけよということになった。こういう経緯でできたのが「岸記念体育会館」です。

藤森　それは知らなかった。

磯崎　僕もいろいろと、ここらへんの話を聞いていて、前川さんがごねてごねて困ったっていうのは岸田さんから聞いた覚えがあります。

藤森　前川さんが、真珠湾攻撃のあと、右傾化する順序をたどってみると、最初に自邸が登場する。自邸は一九四二年に竣工しますが、一九四〇年から工事が始まって、伊勢神宮を意識し正面の真ん中に伊勢神宮の棟持柱《むなもちばしら》に習って独立柱を立てる。担当した崎谷小三郎さんがおっしゃっていました。

磯崎　「自邸」の前の前川さんの住宅で、丹下さんが担当と言われている、駒場の「笠間邸」＊34（一九三九年竣工）があります。上京した頃は何も建築の知識がなく、まだ前川さんも丹下さんの名前も知らなかった。井の頭線の電車に乗ると「笠間邸」が見える。これいいなといつも思っていた。本郷に行ってから初めて丹下さんという人がどういう人かわかってきました。その丹下さんが前川事務所で担当だったんです。

藤森　最初の仕事ですね。今も残っていて、一度、中に入れてもらった。和風ですけれども、丸柱が印象深い。あれは確か潜水艦の攻撃で船が沈没したときに亡くなった外交官の家です。アメリカから帰国の途上で亡くなった。木造モダニズムではわりと穏やかなデザインですね。

磯崎　切妻の大きい屋根の上に二階がちょっと同じ切妻でのっかっている。この出方のバランスがとてもいいですね。

藤森　「前川邸」ができたのは、「笠間邸」の三年後の一九四二年です。入所したての丹

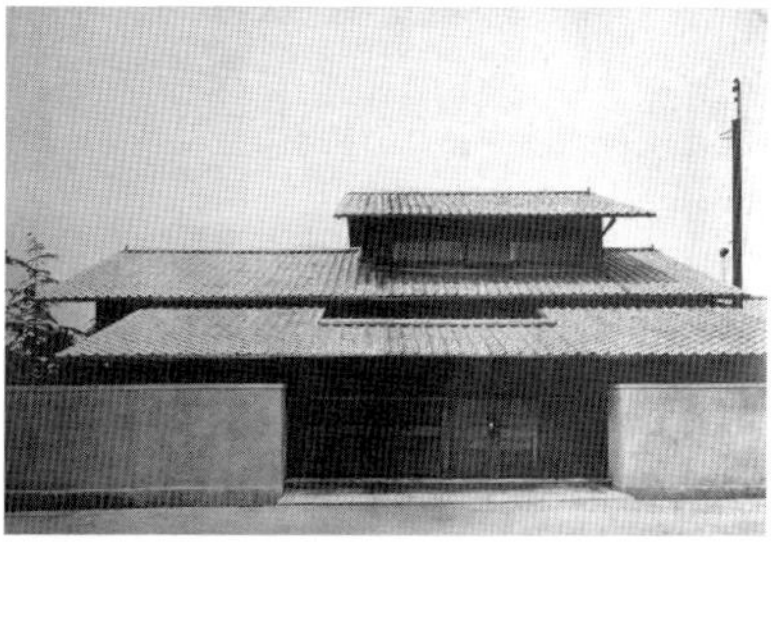

＊34　笠間邸（前川國男設計、一九三九年竣工）

下さんが現場監理をして、その途中で颪で倒れた家です。前川邸完成の年の六月に丹下さんが大東亜建設記念営造計画のコンペで例の伊勢神宮をバーンと出すわけですよ。そのときに「前川邸」はまだ工事中ですが、丹下さんはしょっちゅう前川事務所に行ってたから、案の段階から「前川邸」のことは知ってた。

丹下さんの大東亜建設記念営造計画コンペの後、十二月に前川さんは「覚え書き」という転向声明的な長文を書くんです。

前川さんの「覚え書き」

太平洋時代の黎明とともに開けた新しき地平によって世界が本来的に世界として展望されんとしていることは、すなわち国家の世界性への憧憬であるということでなければならない。しかもこの求められたる政治力の結集も世界性の昂揚も相ともに近代的な帝国主義的偏倚ないしは国際主義的抽象をともに離脱した、歴史的世界の具体性においてとらえられたる政治観と文化観とに立脚する点に、重大な世界史的意義を持ち大東亜戦争が世界史転換の聖戦たり得る重大なる契機がひそむ。

（前川國男「覚え書き—建築の伝統と創造について」（『建築雑誌』一九四二年十二月号）

磯崎　「帝国主義的偏倚ないしは国際主義的抽象を離脱した歴史的世界の具体性」。これは「近代の超克」論（一九四二年）を建築デザインとして理解しようと努力している内容だと思います。

藤森　そうです。帝国主義的偏倚っていうのは、建築で言うなら歴史主義です。国際主義的抽象とはモダニズムです。二つから離脱した。京都学派[*35]そのものです。

磯崎　高山岩男を随分、前川さんはきっちり読み込んでいたということですね。

藤森　そうだと思います。モダニズムと歴史主義の両方を超えて、どうしようというのか。「覚え書き」の最後はとんでもない発言なんです。

いま国家的政治力の強化、国民的結集の強化が求められておる際に、かつては個人の自由にゆだねられていた学術、芸術、宗教等の領域にも政治力の干渉を必要とし、ここに文化政策が論ぜられていることは周知のごとくである。（中略）ここに文化に及ぼされた政治力は、たとえそれが文化統制なる形によって現れるにしても、当然それは国家存立を強固ならしめる手段として、文化の正常にして強健な生育を指導助長する方向を指し示しておるものなのである。

（前掲「覚え書き――建築の伝統と創造について」）

磯崎　おそらくデザインなんかも文化だとすると、文化を超えて政治的なものが優先されるべきだということですね。だけどこれについて言うと、西田幾多郎[*36]はじめ京都学派

＊35 京都学派　西田幾多郎と田辺元を中心とした、京都大学出身の哲学者グループの総称。狭義には高坂正顕、西谷啓治、高山岩男、鈴木成高らのグループを指す。戦前・戦中、中央公論に掲載された高坂ら四名による「世界史的立場と日本」座談会は、太平洋戦争を哲学的視点から正当化したとして、戦後批判された。

＊36 西田幾多郎　にしだ・きたろう（一八七〇～一九四五）哲学者。一八九四年、東京帝国大学哲学科選科卒業。四高、山口高校、学習院の教師を経て、一九一〇年より京都帝国大学助教授。一三年、同大学教授に就任。日本人独自の体系の樹立を試みた最初の哲学書『善の研究』を発表。門下生に天野貞祐、三木清らがいる。

はみんな最後にはこれにのっていったのではないですか。このロジックは京都学派のものでしょう。東西文化の弁証法的統合という点においては、「伝統と近代」「土着的縄文と技術的弥生」などと語られる戦後の「近代和風」にいたるまで、同じロジックです。大東亜共栄圏建設を国家総動員体制で行うべきだという「政治的なもの」を優位に立てることが「近代の超克」だと考えられたわけですから。

藤森　国が文化を統制すべきだっていう、リベラリズムからも逸脱する前川発言です。

磯崎　なるほど、藤森さんの解釈はすごく面白いね。前川さんは、丹下、浜口達の全共闘的突き上げを喰らって、ノンポリ的技術主義から政治的日本主義へと転向させられたというわけだ。一方、大阪の人達は統制もへったくれもなくて、財閥の仕事をばんばんやりゃいいという感覚じゃないですか。これに対して東京ではお国があるわけです。たとえば、この時期の村野藤吾さんは隠れマルキストとされているだけあって政治的イデオロギーには醒めていて、だまって資本家の手先になって軍需などの仕事をこなしていたところを唯物論者として、いまでは評価する向きもありますね。仕事の上では、「独逸文化研究所」（一九三四年竣工）やナチス建築と見間違うような「宇部市民館」（一九三七年竣工）なんか多々やっているのに、「政治的なもの」については無感覚（アパシィ）なんじゃないですかね。

藤森　この発言の翌年（一九四三年）に、在盤谷日本文化会館計画コンペが開かれる。コンペが行われることは、前川さんは既に情報局の仕事をしているので知っていたと思う。「負ければ賊軍」の一文で反モダニズムを批判をしたから、ここで転向声明を出す必要があった。

磯崎　前川さんは、日本共産党に公安が送り込んだスパイに動かされて大森で銀行強盗をやり収監されていた今泉善一さんを出獄後スタッフに雇っています。藤森さんは彼は強盗で捕まったのではなく、思想犯として捕まり、裁判では共産党の関係だけが裁かれ、強盗の件は不問にふされた、転向しなかったので入獄した、と説明されました。「国体護持」できるかどうか、そのとき、基準にされた「国体」をくつがえそうと考えているのが思想犯で、これがわからなければ粗暴犯。転向の意味が、この例でよく理解できますね。

藤森　そして、前川さんは理論的にも準備して在盤谷日本文化会館計画コンペに臨む。

磯崎　あのときの前川さんの案はパースだけでは判別できませんが、屋根にほんのわずか反りがあったでしょ。だけど、丹下さんのは反りがありません。だから丹下さんのは、寝殿造とは言いながら、大東亜記念営造物のときのように、大屋根は、より伊勢神宮のようになっています。

藤森　屋根に反りがない寝殿造はありませんからね。丹下案は切妻屋根ですから。

磯崎　プランは紫宸殿《ししんでん》（宮中儀式をとり行う斎庭《ゆにわ》が前にある）みたいなもんですかね。前川さんのプランはコンクリートでやっても、鉄骨でやっても同じっていうプランだからね。

前川國男と丹下健三の戦中と戦後

藤森　それが、二年後には敗戦という時期です。戦後、戦中の体験がどうなっていくのかが、前川さんと丹下さんで決定的に違う。丹下さんはこの時期に伝統建築のことを学ぶんですよね。モダンを柱梁でやればいいいと。それで柱梁を在盤谷日本文化会館計画コンペ案で露出する。また一方、伊勢神宮の美学がコルビュジエと共通することを発見して、大東亜コンペ案をつくっている。あれを丹下さんに聞いたら、全部コンクリートでつくってモルタルを塗って仕上げる想定だった。伊勢神宮のスタイルでコルビュジエのボリューム感を捉えています。

軸線上に大きな建物を置かずにシンボルだけを置いて、左右に配置した対比的な形の建物の間を通っていくという法隆寺に想を得た配置にしています。そして戦後になると、柱梁構造という日本の伝統を前面に出す。さらにもっと言うと、「国立代々木競技場」のオリンピックプールの屋根は、明らかに唐招提寺や東大寺の屋根を偲ばせるんですよね。

磯崎　あれは大伽藍ですね。

藤森　ということは、戦中に、戦後における自分の設計の核心的部分を掴んでいるんです。

一方、前川さんがどうだったかというと、リベラリズムでずっときて、最後土壇場でこれは勝てると思って、ぐらついて、戦後は、戦争前のリベラリズムに戻ったんじゃないかと思っています。だから戦争からは何も学んではいないと思う。そのへんはどうですか？

磯崎　ほとんど僕も同じような印象です。日米開戦の最初の六ヵ月の戦勝気分は冷静に見ていた多くの知識人を一種の熱狂状態に引き入れました。帝冠様式といわれてきた大屋根（現代中国では、いまでもこの呼称を使っています。お祭り広場でさえも）に対抗するモダニズム（近代化）は国際建築様式と呼ばれていたけど、これを単純に移植するだけでは無効だ。日本主義でさえ「世界史の哲学」の帰結だと捉えられている。それが前川さんのシチュエーションだと思いますね。だから、「負ければ賊軍」という捨て科白は、勝ったら勝ち組なのかよ、と言っているのです。同じもので二重に見えるということです。デザインというのは勝ち負けではないんだけど、コンペは政治的決定であって、その結果が具現、つまりリアルの世界へ唯一つ繋がります。近代建築アバンギャルドとしての筋を通したと見られていたと思われます。

戦争が始まっても、日本工作文化連盟に集まった建築家達は、状況が急変していたとはいえ満州開発のデザインを批判する記事などを積極的に発表していました。開戦直後の社会的熱狂が連盟のメンバーをゆすります。岸田さんは汲み取り便所の使用法なんかをエッセイにしてふてくされます。堀口さんは茶室研究と称して関西の茶庭を渡り歩く、要領よく立ち回れたのは谷口吉郎さんで、早くからコルビュジエ批判をやって転向していたので、ベルリンでシュペーア[*37]に会ったりしている。前川さんだけは鈍かった。

僕の感じで言うと、前川さんの独特なリアリズム思考が常に時代と向き合わさざるを得なかったとみえます。テクノロジーだったら形だけど、リアリズムだからその時代にしっかりベーシックとなるようなものと繋ごうと考えている。丹下さんはもうそこはすっぽかしているわけですよ。形式主義にもっていくわけなんです。前川さんは形式主義ではありません。

藤森　そこが先ほどの日本のモダンデザインとしては巡洋艦があるじゃないか、に繋がるわけですね。

磯崎　このあたりの事例は、同じく熱狂の最中に書かれた坂口安吾[*38]の『日本文化私観』（一九四二年）に出てきます。彼は小菅刑務所とドライアイス工場と軍艦が同じように美しいと述べています。必要性だけでデザインされて妙に付加されたものが一切ないと。僕は「新即物主義的思考（ノイエ・ザッハリッヒカイト）のエッセンス」が語られていると理解したのですが、前川さんはその気分を伝えたかったんじゃないでしょうかね。政治的なものを超えて、それはテクノロジーの美学で、一九三〇年以降、体制の如何を問わず、たとえば、ロドチェンコのグラフィック、ナチ親衛隊のヘルメット、フーバーダム、ロンドン動物園のペンギン池、日本の軍艦、そのデザイン表現は、新即物主義である点で、共通していました。丹下さんはこのロジックをあえて逆転させたのです。新

*37 アルベルト・シュペーア（一九〇五〜八一）ドイツの建築家、政治家。カールスルーエ、ミュンヘン、ベルリン工科大学で建築を学ぶ。ヒトラーの演説がきっかけで、一九三一年ナチス党入党。ベルリン都市計画立案責任者、ニュルンベルグ建設総監、軍需相を務め、ヒトラー側近の一人となる。代表作に「ニュルンベルグ党大会会場」「パリ万博ドイツ館」の設計等。

*38 坂口安吾　さかぐち・あんご（一九〇六〜五五）小説家、評論家。新潟県新潟市出身。東洋大学印度哲学倫理学科卒業。アテネ・フランセでフランス語を学ぶ。純文学やエッセイのほかに歴史小説や推理小説も執筆。代表作に『堕落論』『白雉』等。

カント派由来の思弁的観念論と思われます。
　巡洋艦は様式主義ではなく、機能主義なんだという言い方ですね。それが日本的な美です。丹下さんは、美しきもののみ機能的であると言って、言葉をひっくり返すじゃないですか。あれは明らかに前川さんのテクノロジカル・アプローチに対抗した発言ですよね。前川さんは機能的なものこそ美しいという、モダニズムの正統派ですね。

藤森　僕が一つ思ったのは、前川さんは戦後に初めてテクニカル・アプローチ（「日本新建築の課題」一九五二年）って言いますね。それが前川さんの建築界に対しての主張になりますね。それは、第二次世界対戦中、ぐらっとして和風をやったりしたことへの反省があったのかなと思ったんですが、そうじゃなくて、機能主義でずっとそのまま続いていたということでしょうか？

磯崎　戦争中でも、唯物論的思考は一般的に経済学では継続されていたわけでしょう。大河内一男さんの、生産力理論[*39]もその一つで、もちろんマルクス主義ではない。むしろ戦後の近代経済理論ですね。もちろん、国力を高めるわけだから国策的だったのでしょうが、それは一種の抵抗だとも思われます。アルベルト・シュペーアが建築家でありながら軍事生産相になったときの感覚とこの生産力理論は、非常に近い感覚です。戦後はテクノクラシイとして繋がっている。それが戦争中にあった。建築家としては誰もそれを組み立てることはできない。けれど、勘としてはこのへんは狙いどころじゃないかな。戦後に丹下研で研究を始めた都市の数理解析はアメリカ近代経済学の応用だったわけで

*39 生産力理論
マルクス経済学系の社会政策学者・風早八十二と、経済学者・大河内一男によって提唱された理論。国の生産力拡充を図るため、それを阻害する資本主義経済の弊害や精神主義、官僚主義といった非合理的なものを排除し、社会の合理化を進めるというもの。

すが、七〇年代以降、シカゴ学派のネオコンの政策理論とも繫がっているのだという人もいます。

藤森　生産力理論を進めるにあたり、政府の中に企画院ができた。この戦時中につくられた企画院は企画院事件[*40]を起こした。生産力理論が計画経済になり、それが経済界から総スカンをくって、一つの事件になり、大勢の政府内の人が追放された。岸信介はその中心人物です。

磯崎　みんな満州に行かされる。

藤森　この企画院の流れが、戦後に復活するかたちで経済安定本部になり、さらに戦後復興を上から進める経済企画庁になる。丹下さんは、その経済安定本部と密着しています。だから、丹下さんが戦後になってから、高度成長の時代に経済論、社会論で依拠するロストウの理論は、そこに根がある。

磯崎　丹下さんが活躍するのは戦後ですからね。戦争中いろいろあったのがこういう流れで、経済企画庁の数量統計と生産量との関係は近代経済学に繫がっているわけです。つまり、唯物論的ではあるけど、マルクス派とは違う筋書きを、そこで出したんだと思います。テクノクラートによる統制的な政策を思考している点では、戦前、戦後一貫しています。敗戦によって、百八十度、その理論と方法を転換できるほどに器用な人はいないんじゃないかと思うのですが。

藤森　完全に自由な資本主義とは違うんです。

＊40 企画院事件
一九四〇年に企画院が発表した「経済新体制確立要綱」の原案作成にあたった官僚ら十七名が、四一年に治安維持法違反の容疑で検挙された事件。同要綱は思想的に共産主義的色彩の濃いものであると財界から批判されていた。

磯崎　一方で前川さんは、マルクス主義を戦争中でさえ、抱え込んじゃうような人だった。師のル・コルビュジエの戦中のふるまいを如何に見ていたのですかね。ヒットラーの側近の壁は厚かったので手がかりがなかったかもしれないけど、スターリン、ムッソリーニ、それにヴィシー政権と、全体主義的な指導者へは狙いをつけて、コルビュジエは売り込みを図った。新即物主義的美学でいけば、通用するかもしれないと踏んだのですかね。「大砲はいらない。宮殿を！」がスローガンだったりする。

藤森　前川さんは今泉さんとか道明英次[*41]さんのようなマルクス主義者も事務所に抱え込んでいます。

磯崎　これは人情みたいなものかもしれないと思いますけれどね。

藤森　基本的にはリベラリストです。ただ、リベラリストは、政治が燃え上がったときにいちばん最初に微妙な立場というか、中途半端になってくる人達なんです。基本的に近代の世界の建築家の思想にはリベラリズムがあるわけです。しかし政治と建築の関係が熱をもったときに、怪しくなるんです。

磯崎　そのとおりです。万博、反万博なんて。

藤森　磯崎さんはそのへんの微妙なところにいつも搦《から》みながらやってきた。

磯崎　それで股裂きにあったりするわけです。

＊41 道明英次
第一章・注釈37（三〇頁）参照。

戦後も続いた木造モダニズム

藤森　一方で、木造モダニズムについては、戦後完全に消えたわけではなくて、前川さんは「紀伊國屋書店」[*42]（一九四七年竣工）をつくる。しかし、戦前の木造モダニズムのような屋根をかけない。かつ、木を見せずに塗っちゃう。プランはモダンで。僕は今の「紀伊國屋書店」しか知らないんですが、初代の「紀伊國屋」はどんなでしたか？

磯崎　当時の新宿では、二軒だけモダンの感じのものがあるという記憶があります。例の「ホワイトハウス」[*43]の頃です。一つが「紀伊國屋書店」で、もう一つは「風月堂」。「風月堂」は増沢洵[*44]さんがやったんです。レーモンド系のものですね。

藤森　「風月堂」が並んでいたんですね。

磯崎　二ブロックぐらい離れていますが、「紀伊國屋書店」に行って、新人の個展を常にやっていた「風月堂」でお茶を飲んで、あとは映画館に行くという感じでした。もっぱら、戦前のフランス映画を上映するところがあって、五〇年代末期の頃はよく通っていた。その後さまざまなタイプのアーティストが現れてくるんですが、その頃の新宿の僕の記憶は前川さんの「紀伊國屋書店」と増沢さんの「風月堂」ですよ。

藤森　磯崎さん世代にとって、「風月堂」や「紀伊國屋書店」ってどう見えていましたか？　増沢さんも前川さんも二人ともレーモンド事務所出身です。

＊42 紀伊國屋書店
一九四七年竣工。前川國男設計。新宿の闇市が並ぶ中に完成した木造二階建てのモダニズム建築。

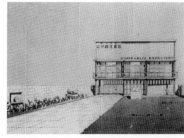

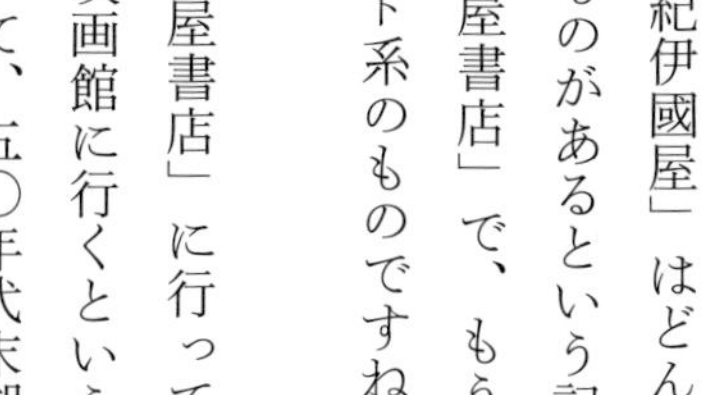

＊43 ホワイトハウス
磯崎新の初作「新宿ホワイトハウス」は、美術家吉村益信のアトリエ兼住宅として建てられた。一九五七年竣工。白いモルタル塗りから「ホワイトハウス」と呼ばれ、ネオダダのアーティストの活動拠点となった。

磯崎　これはもちろんモダニズムだけど、当時、コンクリート造はコスト的に高かった。木造でモダニズムというのは非常にそれは面白いと思いました。ディテールもきちっとできていた。それは、戦争中に開発された仕事の継続です。軍需が民需になっただけです。鉄・コンクリート・ガラスのモダニズムの基本三要素はまだあこがれの的で、民需用には戻っていない。

藤森　もう一つ、当時のことで聞いておきたかったのは、バウハウス系の人達は戦後も四角い箱にガラスを嵌《は》めるデザインを続けるし、清家（清）さんなんかになると、ミース風のことをしている。

　磯崎さん達、当時の丹下系の若手はどう思っていましたか？　ミース[45]などのコルビュジエ以外の動きに対して、興味はなかったですか？

磯崎　そういう建築家の作品集があるのは知っていました。学生にとっては使いやすいのはオスカー・ニーマイヤー[46]でしたね。だから、ニーマイヤーの図集は買いました。コルビュジエについては、原書しかなかった。ニーマイヤーは日本語で編集された、きちんとしたのがあったんです。

　僕は、コルビュジエについては個人的に都市デザインに関心をもっていたせいで、ブックレットのような原書を通じてコルビュジエを読んでいて、デザインはひと通り知ってはいました。

　戦争中の岸田研究室の卒論を誰か調べられるといいのですが、それは計画学、つまり

＊44 増沢洵　ますざわ・まこと（一九二五～九〇）建築家。一九四七年、東京帝国大学第二工学部建築学科卒業。五一年アントニン・レーモンドに師事。五六年増沢洵建築事務所設立。自邸である代表作「最小限住宅」（一九五二年竣工）は、リメイクにより現在でも普及している。他に「新宿風月堂」等。

＊45 ミース・ファン・デル・ローエ　第一章・注釈32（二八頁）参照。

＊46 オスカー・ニーマイヤー（一九〇七～二〇一二）ブラジルの建築家。一九三四年、リオデジャネイロ国立芸術大学建築学部卒業。三六年、教育保健省のプロジェクトで来伯していたル・コルビュジエのもとで働く。四五年共産党入党。五四年、新首都ブラジリアの建築責任者に就任するも職を追われ、六五年パリに亡命。代表作に「国会議事堂」「共産党本部」「ニテロイ現代美術館」等。

ビルディングタイプでしょ。その中に歴史的なものとか都市的なものとか理論的なものなんかが混ざっていた。意匠《デザイン》では一貫しています。浅田孝さんは、都市計画をやりたいために岸田研についたんだけど、卒論は「国民建築様式論」になっている。浜口隆一さんは岸田さんのやった西洋建築思潮みたいなものをやろうとしたにちがいないのに、卒論は「オーディトリアム」。つまり、ビルディングタイプ論です。僕が丹下さんから卒論のテーマとして示されたのは、オフィスの研究でした。その中味はビル建設の動向。調査なんてつまらないなと思って、ギーディオンのシカゴ派研究に興味をもった。「スカイスクレーパーの史的研究」などと勝手にタイトルを合わせちゃったんだけど、ルイス・サリバンに最も惹かれました。「シカゴ・フレーム」と呼ばれた立体格子のラーメン構造です。後になって気づきましたが、佐野利器、内田祥三、武藤清と連なる日本近代都市建築を立体フレーム（ラーメン構造）としてみる制度はここに繋がっていたのです。だが、卒論をやっている頃は、こんな読みはできませんね。

丹下研のフレームデザイン

磯崎　ニーマイヤーの建築は一筆書きのようなデザインだから簡単です。ジャズの即興演奏のように、パッパッパッと描けばいい。それに対してコルビュジエの建築は手が込んでいて、理屈もあるから、ややこしい。

そうこうしているうちに、丹下研がフレームをやり始めたという情報が学生に流れた。実物でフレームが見えてきたのは、「津田塾大学図書館」[*47]（一九五四年竣工）が最初なんですよ。「広島平和記念会館本館」の設計、実施図面が作成されたのは、津田塾大学の後ですから。

小品だったけれど、丹下さんのフレームが初めて出来上がったときですね。槇文彦[*48]さんは、そのときにハーバードに行っていたのかな、クランブルックに移ったのかな。丹下事務所の神谷宏治[*49]さんと槇さんは同級生だから、情報交換をしていました。サッシ割りプロポーションを、槇さんが秘かに向こうで研究していたみたいです。フレームのモダニズムの日本のデザインがアメリカでもフレッシュに感じられたんでしょうね。槇さんがハーバードにいた頃は、セルト[*50]がいました。彼はコルビュジエがガウディの中に見つけたカタルーニア・ボールト[*51]工法をコンクリートで展開する。

藤森　セルトは、柱梁の構成はやらない。コルビュジエみたいなものですから。

だから、ああいうフレームみたいなのをやる人はいないわけです。いろいろな関心が当時からあったということなんですが。このへんのことで言うと、一九六〇年にラジオで丹下さんとレーモンドが話しているんですが、そのときの話の中で、レーモンドは日本にコンクリートをもちこんでくれた人なので、丹下さんは尊敬していた。

そこで丹下さんはレーモンドにいくつか質問していて、この間ミース・ファン・デル・ローエに会ったときに、ミースは鉄骨であろうがコンクリートであろうが同じだと

＊47 津田塾大学図書館　一九五四年竣工。丹下健三設計。コンクリートのラーメン構造による二階建ての建築。

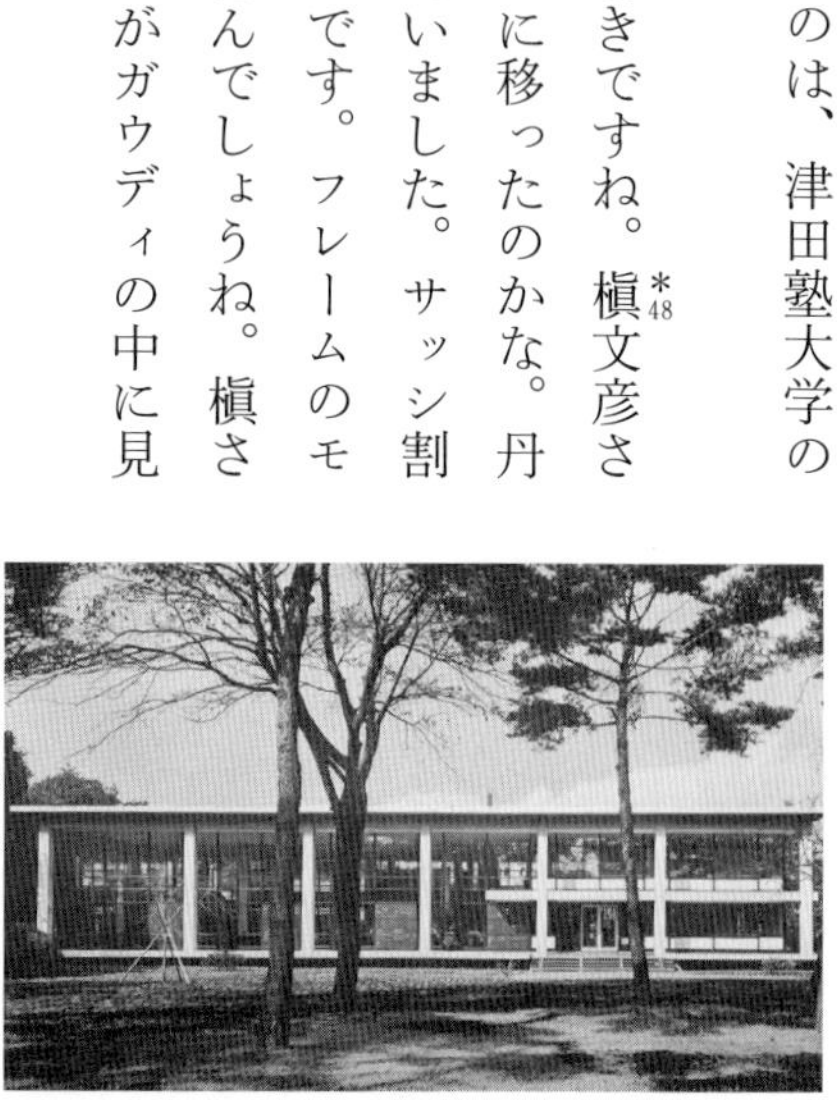
（平山忠治撮影）

＊48 槇文彦　まき・ふみひこ（一九二八〜）建築家。一九五二年東京大学工学部建築学科卒業。SOM建築事務所等を経た後、ワシントン大学、ハーバード大学助教授。六五年槇総合計画事務所設立。七九〜八九年東京大学教授。五九年メタボリズム・グループに参画。主な作品に「ヒルサイドテラス」「幕張メッセ」等。

言っていますがどう思いますかと聞いたんですね。そしたらレーモンドは、そんなことはない、鉄骨とコンクリートはデザイン上違うと言ったんです。そこで丹下さんは、私もそう思いますとレーモンドに合わせている。だけど、おそらくはそのレーモンドの答えを聞きたかったのだと思います。

レーモンドがそのときに言った言葉ですが、「プラスティシティ」[52]（plasticity）、つまり、可塑性、造形性というか、具体的にはシェル構造はフレームとは違う。鉄骨はフレーム、線材として考えるデザインだと。コンクリートはもっとプラスティシティでやるべきだと。

ミースは、丹下さんが手がけた「広島平和記念館本館」を意識しているんですよ。コンクリートを線材として、木造や鉄骨風にしてつくったのが広島の本館です。これが丹下さんの理論だったはずなんですが、いつのまにか、その対談ではコンクリートはコンクリート、鉄は鉄というように二人で盛り上がっていましたね。そこらへんは一九五〇年代のフレーム的なデザインの話で、木は話になかったから。レーモンドはここらへんを既に考えていたと思いますね。

磯崎　考えてみると、レーモンドとコルビュジエは一歳違いなんですよ。コルビュジエが一八八七年生まれで、一八八八年がレーモンド。だからこの二人は、コルビュジエが先輩とか偉いとかではなくて、だいたい同級生と見てもいい。だから、僕がピーター・アイゼンマンやピーター・クックを、ピーターと呼んで同世代感覚で話しているのと同

*49 神谷宏治
第一章・注釈43（三二頁）参照。

*50 ホセ・ルイ・セルト
（一九〇二〜八三）スペインの建築家。一九二九年、バルセロナ建築専門学校卒業後、ル・コルビュジエの設計事務所を経て、自身の設計事務所を設立。三九年からアメリカに活動を広げる。イエール大学、ハーバード大学等で教鞭を執る。代表作に「パリ万博スペイン館」「マーグ美術館」「ミロ美術館」等。

*51 カタルーニア・ボールト工法
スペインのカタルーニア地方の伝統的な工法で、薄いレンガを型枠なしで積み上げる手法。

*52 プラスティシティ
第一章・注釈51（三七頁）参照。

じ気分を、二人はもっていたはずです。そうすると、誰が盗んだとか何だとやっているのも微妙で、俺のほうが先にやっているのではないかとかいうぐらいのことはお互いに言うと思うんですよ。それと、スイスとチェコ、どちらもヨーロッパのはずれの出身なんですよね。

藤森　両方ともオーギュスト・ペレ[*53]の影響を受けた。

磯崎　オーギュスト・ペレは、伝統的な柱（カラム）をコンクリートで置き換えていますが、シカゴ派のルイス・サリバンは最初から鉄骨のフレームです。それをル・コルビュジエとミースがそれぞれ受け継いで、コンクリートを可塑的なシェルにまで繋がる側から、徹底して格子状の空間へと展開させたのではないでしょうか。有機的造型と無機的なユニバーサル空間の違いになります。旧東京都庁舎は地上と屋上がコンクリート、中間のオフィス階はフレーム。完成したときに、僕は増沢洵さんと一緒に見学に行ったのですが、丹下さんは、屋上空間をこそやりたかったのじゃないかな、と言われたのを、いま思い出しました。壁とフレームの両方が見えている。当時、レーモンド事務所でやろうとしていた気分なんだと思えました。

＊53 オーギュスト・ペレ
第一章・注釈17（二二頁）参照。

坂倉準三は他の建築家と何が違うのか

藤森　次に坂倉さんに移りましょう。坂倉さんは、調べるといろいろなことをやっていて、歴史的に重要な仕事をしている。だけど、僕らが学生のときもそうだったけれど、前川さんや丹下さんといった建築家とは同じ感じで受け取られてはいない。なぜなのか。

磯崎　坂倉さんは、東京大学の建築学科の同窓会である木葉会[*54]に入っていないんですよね。

藤森　坂倉さんは、東大の美学出身ですからね。都市計画を結構やっている。渋谷の計画とか有名な新宿西口の計画とかを実現しています。丹下さんや前川さんは、都市計画をやりたかったが、一つも実現しなかった。坂倉事務所は結構な人材を輩出して、たとえば、池辺陽[*55]、芦原義信[*56]、西澤文隆[*57]、阪田誠造、村田豊、東孝光。意外な人では、工業デザインの柳宗理さんもそうだった。

磯崎　長大作もそうですね。

藤森　坂倉さんはそのくらいすごい人なのに、作品として思い浮かぶのは、戦前の一九三七年の「パリ万国博覧会[*58]」。次は「神奈川県立近代美術館[*59]」（一九五一年竣工）。それ以外は印象が薄い。

*54 木葉会　もくようかい
東京大学工学部建築学科卒業生、同大学院工学系研究科建築学専攻修了生の同窓会。

*55 池辺陽
第一章・注釈57（四四頁）参照。

*56 芦原義信　あしはら・よしのぶ
（一九一八～二〇〇三）建築家。一九四二年、東京帝国大学工学部建築学科卒業。五二年ハーバード大学建築学部に留学。五六年芦原建築設計研究所設立。七〇～七九年、東京大学教授。主な作品に「中央公論ビル」「モントリオール万国博日本館」「国立歴史民俗博物館」等。

*57 西澤文隆　にしざわ・ふみたか
（一九一五～八六）建築家。日本建築、茶室、庭園の研究者。一九四〇年、東京帝国大学建築学科を卒業後、坂倉準三建築研究所に入所。四八年、同研究所の大阪支店のため、関西を中心に活動。坂倉の没後、事業を継承し、坂倉建築研究所を創設。代表作に「塩野義製薬研究所」「ホテルパシフィック東京」等。

＊58 パリ万国博覧会日本館
1937年に開催されたパリ万国博覧会で、エッフェル等を望むトロカデロの丘の傾斜地に建てられた。建築コンクール（審査委員長オーギュスト・ペレ）でアルヴァ・アアルトのフィンランド館、セルトのスペイン館とともにグランプリを受賞した。写真は北東側外観（文化庁国立近現代建築資料館蔵）。

＊59 神奈川県立近代美術館
一九五一年竣工。日本で最初の公立近代美術館として開館。指名コンペで坂倉準三案が選ばれた。戦後の資材調達が難しい中、省資源、軽量化の工法がとられた。写真は正面階段側外観（文化庁国立近現代建築資料館蔵）。

磯崎　この間、見に行った「飯箸邸」[*60]（一九四一年竣工）はよかったですね。あれはレベル高いですよ。

藤森　戦前、パリから帰っての第一号ですね。磯崎さんの若い頃、建築界は坂倉さんをどういうふうに見ていましたか。

磯崎　僕が学生のときだった一九五一年に、「神奈川県立近代美術館」ができた。まだ僕が丹下研究室に行く前ですね。そこの館長をやっていた土方定一[*61]さんが、この建物を神奈川県につくらせたんです。一九七〇年頃、井上房一郎[*62]さんは高崎に美術館をつくる運動をしていた。レーモンドの設計で音楽堂（群馬音楽センター[*63]）ができたから、この次は美術館というわけで県の顧問、今で言う学識経験者が集まるような委員会ができた。土方定一さんと井上房一郎さんと、河北倫明[*64]さんの三人です。僕はしょっちゅう打ち合わせに鎌倉の近代美術館に行っていた。その前に軽井沢で坂倉家の人々と知り合いになったので、個人的に坂倉さんの戦後やられた東急系の仕事とか新宿駅西口広場、つまり、東京の都市のサブセンターにあたる私線の合体する場所を建築化する仕事を見ていたんです。

　そのときにたまたま、*L'architecture d'aujourd'hui* の編集長のアルドレ・ブロックが日本に来て、彼は丹下さんの「旧草月会館」（一九五八年竣工）に賞を出したりした人です。そのとき坂倉さんが主に世話をされていて、彼がなぜか僕の「大分県立大分図書館」（今の「アートプラザ」一九六六年竣工）を見に行きたいと言うので、彼のお供をしろ

*60 飯箸邸　いいはしてい
一九四一年竣工の木造住宅。坂倉準三設計。美術史家、実業家であった團伊能の別邸として東京・世田谷に建てられた。瓦葺きの勾配屋根と居間の大扉が特徴的。現在は軽井沢に移築され、レストランとして再生された。

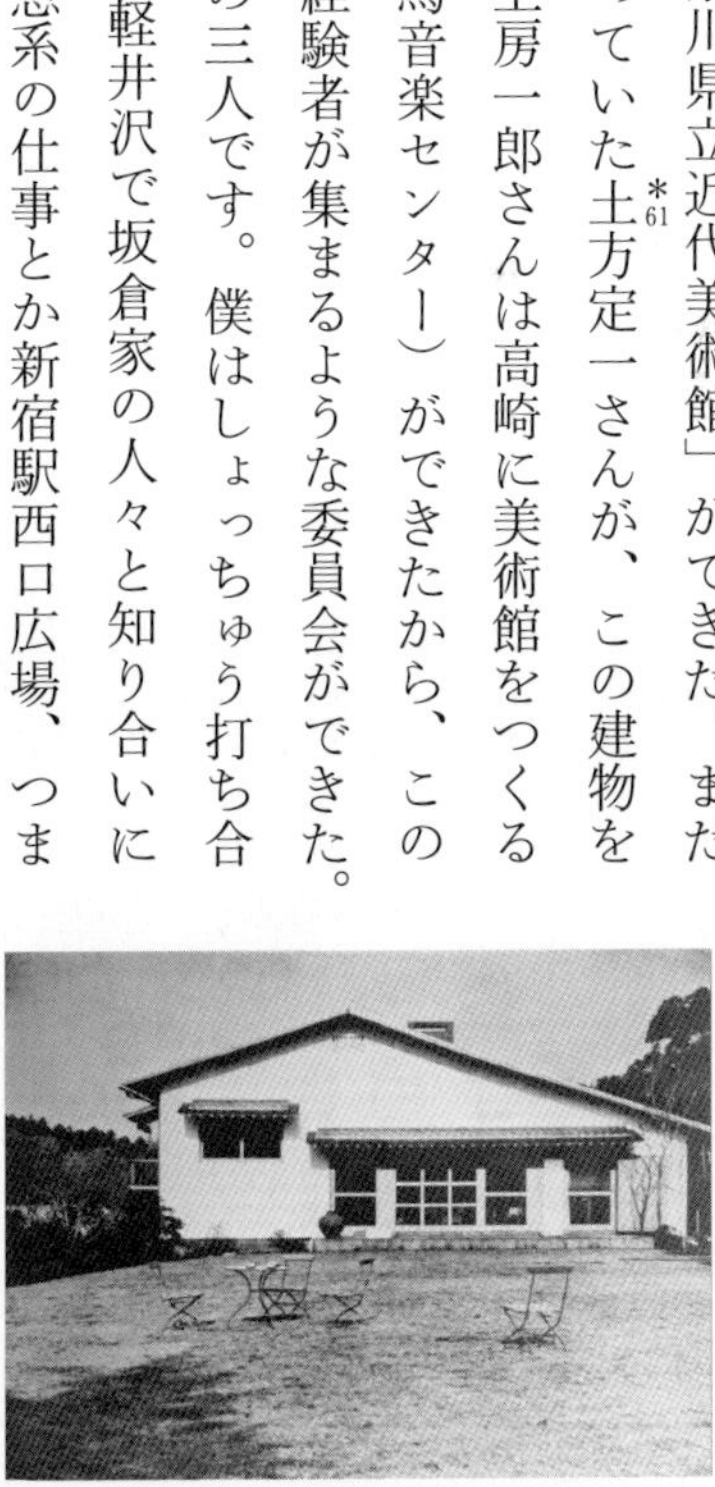

*61 土方定一　ひじかた・ていいち
（一九〇四〜八〇）文芸・美術評論家。一九三〇年、東京帝国大学文学部美学美術史学科卒業。西洋美術、日本の近・現代美術に関する論考、批評を数多く発表し、現代美術全般に多大な影響を及ぼした。五一年、神奈川県立近代美術館副館長に就任、六五年より館長。主な著書に『近代日本洋画史』『ブリューゲル』等。

と言われたのが、坂倉さんに直接お目にかかる最初でした。その後、坂倉さん自身から僕の作品をいろいろと評価をしていただきました。

あまり言うほどのことはないのですが、面白い事件がありました。坂倉さんが一九六八年の「最高裁判所」*65のコンペで審査委員長をされたときのこと。あるときに呼ばれて行ってみると、コンペで一等に選んだ案は、大分県立図書館とそっくりでてっきりお前の案だと思った、と言われたんです。それで、僕はああいう権威の象徴みたいな建築はやる気がなかったので応募しませんでした、と答えると、坂倉さんに困った奴だといった顔をされました。一等になった建築は鹿島建設設計部で岡田新一担当だったのだけれど。請負のゼネコンの設計部ごときに賞をやるということは建築家の恥だと坂倉さんは思われていたんです。前川さんも同じ見解で、設計・施工分離が建築設計事務所の自立の根拠だと考えられていた。日本建築家協会は請負の設計部は存在させないという運動をしてきたにもかかわらず、自分が間違って選んでしまったというわけです。僕が怒られる筋合いはないはずなんだけど、誤認して恥をかいたと言って坂倉さんから結構怒られた。まったく別種のプリンシプルだと僕は考えていた。そう言われれば、表相的には似てないこともない。

藤森　「大分県立図書館」と「最高裁」は、左右に四角な筒がガンと突き出してるところが確かに似ていますね。

磯崎　六〇年代は、『新建築』問題で解雇された、戦後建築ジャーナリズムを担ってき

*62 井上房一郎　第一章・注釈1（一五頁）参照。

*63 群馬音楽センター　第一章・注釈3（一五頁）参照。

*64 河北倫明　かわきた・みちあき（一九一四〜九五）美術評論家。一九三八年、京都帝国大学文学部哲学科卒業。同大学大学院を経て、四三年、帝国美術院附属美術研究所（現・東京文化財研究所）に勤務。五二年、国立近代美術館（現・東京国立近代美術館）事業課長、六九年京都国立近代美術館館長。著書に『近代日本画論』『日本の美術』等。

*65 最高裁判所のコンペ　公開設計コンペで、最優秀賞には岡田新一（一九二八〜二〇一四）の案が選ばれた。

たジェネレーションの批評家、編集者達が代々木オリンピックで丹下健三問題は一件落着とみて、次の問題を提起しようとしていた。その中で、大分のフォルマリスティックな僕の仕事が賛否まっ二つに割れていた。坂倉さんはこの点を評価していただいたように思います。だけど、ちゃんと応える暇もなく、坂倉さんはそれから間もなくして亡くなられたんです。むしろその後に、坂倉一家と付き合いが始まりました。事務所は偉い人がいるから近寄らないようにして、時々自宅のほうに遊びに行ったりしていました。建物は戦前のもので、焼け残ったものだと思いますが、坂倉さんの事務所は改造していたから、戦後に手を入れたんだと思います。

そして、坂倉さんが亡くなった後の展覧会に関わるシンポジウムがあって、そのとき鈴木博之[*66]さんと僕が並んでパネラーにされたんです。そして僕がこのときに、坂倉さんの重要な仕事は、新宿西口広場、東急文化会館といった、メトロポリスが必要としてきたターミナルとビルの複合という都市的建築を、日本でほとんど初めて開発したという点で評価したいと思うと言ったんです。すると、鈴木博之さんは、あれは建築ではない、ただの都市の施設、インフラですよ、と反対されました。それに雑居ビルなんて建築として評価できないというのが鈴木さんの反論でした。僕はそのとき初めて対立したんですね。彼の建築観は、ひとまとまりの東京駅のような建物はいいけど、複合ビルで地下鉄が下を通ったりしているのはだめだと、はっきりしていたんだと思います。彼は言い出すと、極端までいっちゃうタイプの人だから。

＊66 鈴木博之　すずき・ひろゆき（一九四五〜二〇一四）建築史家。東京大学工学部建築学科卒業。東京大学、ハーバード大学、青山学院大学、早稲田大学の教授を歴任。モダニズム建築や歴史的建造物の保存運動に尽力。東京駅駅舎の復元や国立近現代建築資料館の創設にも関わる。主な著書に『建築の世紀末』『建築の七つの力』『東京の地霊』等。

僕が丹下さんのところで学んだ最大のポイントは、「都市的建築」です。建築の中に都市の要素が入ってくる、それをどう捉えるかということだと考えていました。東京の私鉄と国鉄の交わるターミナルビルというメトロポリスのビルディングタイプを坂倉事務所がやっているじゃないか。複合化するインスティチューションを都市空間化させることこそが、二〇世紀になってのメトロポリスにとって最大の課題だと考えていました。そのあたりから、坂倉さんをどう評価して位置づけるべきかというように思い始めたのです。

確かに「神奈川県立近代美術館」は、非常によくできていて、僕はコルビュジエの「国立西洋美術館」よりも建築的には出来がいいと思っていました。鈴木博之さんも「神奈川県立近代美術館」のほうがいいと思うにちがいない。コルビュジエ自身もこれを見に行っていて、よくできていると言っています。一方で、コルビュジエは前川さんの事務所の「ミドビル」を見に行くと、出来が悪いと、前川さんに対してそう言ったみたいですよ。そして弟子の吉阪さんの自邸はまだスラブくらいしかできていなかったから、頑張れよと激励する感じだった。坂倉さんの例の新宿騒乱の舞台になった西口広場のデザインはコーン型の換気塔やスロープなど、部分的造型物のいい仕事ですね。これは土木系のインフラで橋梁デザインなどを含めて、建築的評価基準の枠からはずされていた。ターミナルのデザインこそがメトロポリスが要請していた新しいビルディングタイプだったと、僕はあらためて主張せざるを得なかった。鈴木博之さんとは、その頃、評価が対立的に分かれていたんです。

スメラ学塾と坂倉さん

磯崎　ところで、まだその時代（五〇年代）は、スメラ学塾について語ることもはばかれていた。坂倉さんのところでスメラ学塾が開かれていたことなど、ひそひそ話で僕らは聞いていた。つまり、坂倉さんは日本主義に転向した人であって、戦犯なのだというくらいの印象を最初は受けましたね。大東亜共栄圏なんて語るのもおぞましかった。五〇年代がそんな風潮だったのは、藤森さんの学生の頃と大違いでしょうね。

藤森　坂倉さんが建築界では最も右傾化して、海軍と組み、かつ、「シュメールクラブ」（スメラ塾）という右翼グループをつくっていたということも、戦中の話も、何となく伝わってきていたんですね。

磯崎　ちょっとだけですね。佐々木宏さんが丹下さんの戦中の言動の批判をした本が[*67]あるでしょ。中真己というペンネームで書かれている。ちょうどその頃、芦原（義信）さんと丹下さんはまだ仲のいい頃だった。僕は芦原さんから聞いたんですが、丹下さんはよくあれだけ酷いことを書かれて黙っているな、偽名でこういうこと書いたりするようなやつは捨てておけない、という感じの言われ方をしていましたね。

建築界においては転向論はあまりに込み入っていて、誰も触らなかった。思想的に回

＊67　第二章・注釈32（九六頁）参照。

心したのは、最若年の丹下、浜口ぐらいで、その上の世代の国際的モダニズムの洗礼を受けてしまった人達は元来、思想的に思考なんてしていなくて、流行ぐらいに思い、折衷的にこなしていたのではないですかね。だから、戦後になって、一様に口を閉ざしていた。建築村は一心同体で内部告発をするにも手がかりさえない。

藤森　坂倉さんの戦争中のことについては、建築の雑誌には全然出てこないんですよ。

磯崎　僕は「坂倉準三の居場所」という原稿を、展覧会[68]のカタログに書いたんですが、同じ東京大学出身者でありながら、なぜ木葉会のメンバーは坂倉さんを評価しないかという思いをうすうす抱いていました。この原稿を書くときに、坂倉さんの息子の竹之助さんに何かあの頃の資料はないかと聞いたら、小島威彦[69]という人が長い自伝[70]を書いていると教えてくれたんです。この本は竹之助さんに返したので今手元にはないんですが、面白いですよ。どこまで本当かはわからない自慢話ですが。戦中戦後を通じて政界の黒幕と言われた仲小路彰[71]との関係の資料の中には、小島威彦の名前も登場すると思います。

藤森　仲小路、小島さんが一緒にスメラ塾をやってた。

磯崎　何しろ五〇年代にやっと日本建築界の実情を学び始めた学生にとって、目の前にいる教授、助教授、雑誌に発表される中堅建築家達の仕事はすべて戦後民主主義の産物であり、教義だと教わり、戦前を語るのは禁句でした。進駐軍、特にGHQは検閲をやっていたことは知られていたし、「一億総懺悔」です。文化学園の中にアテネ・フランセがあったりしたので、本郷の学生は文化学園の存在はよくわかっていた。その創立

＊68
「建築家坂倉準三展 モダニズムを生きる—人間、都市、空間」（二〇〇九年、神奈川県立近代美術館）

＊69 小島威彦　こじま・たけひこ（一九〇三〜九六）哲学者。明星大学名誉教授。一九二八年、京都帝国大学文学部哲学科卒業。三〇年、同大学大学院修了。三八年、学生の思想問題の解決にあたる文部大臣の直轄機関「国民精神文化研究所」入所。後に国粋主義思想団体「スメラ学塾」を主催。戦後、クラブ関東、クラブ関西といった財界クラブを設立（建物の設計は坂倉準三が担当）。著書に自伝『百年目にあけた玉手箱』。

＊70
『百年目にあけた玉手箱』のこと。一九九五〜九六年に全七巻刊行。

＊71 仲小路彰
なかしょうじ・あきら

者、西村伊作[*72]は自伝に次のように記しています。

私のユリの夫、坂倉は友人たちといっしょになって「スメラ」という団体を作っていた。スメラというのは、近東に昔、スメル人種というのがあって、それは人間が発生してから間もなく日本に来て住んだ、そして、日本というのは非常にいい国であるから、そこでスメル人が定住した。だから日本の天皇はすめら命であると、彼らは言っていた。その連中の中に仲小路(なかしょうじ)という学者がいて、いろいろな信仰的な理想を理論化して説いていた。その人の説を信じてスメラの連中は一種の誇大妄想狂であった。

(西村伊作『我に益あり』紀元社、昭和三五年)

今ではスメラ学会周辺の研究が進んでいるので、たくさんの説があるようですが、西村伊作さんの一族は、東京にまったく身寄りのない僕は坂倉家に借家人として住み込んだので、最も近しく感じる一族ですが、驚嘆するのは、ユリ先生のご兄弟姉妹はほとんど国際結婚をされている。戦前から軽井沢に一族のコミュニティがあり、夏は全世界から一族が集合する。国籍、眼の色、まちまちです。世界家族です。

西村伊作の準三・ユリ夫妻についての記録の中に出てくるスメラ学塾のみかたは戦後間もなくだったけど、全然偏見なしに語られている。つまり、純粋日本主義に凝り固

*72 西村伊作（一九〇一～八四）思想家、哲学者。五高時代の同級生には佐藤栄作、池田勇人らがいる。一九二四年、京都帝国大学文学部哲学科卒業。三〇年、小島威彦らと科学アカデミアを創立。四〇年、スメラ学塾創設。著書に『図説世界史話大成』『世界興廃大戦史』等。

*72 西村伊作 第二章・注釈20（八九頁）参照。

まったと言われたスメラ学会は天皇さえも相対化してしまう世界主義だったとみえるんだけど、おそらく戦争中はかなり危険視された存在だったと言われていますね。スメル人を祖にする仮説は出口王仁三郎[73]の著書にも出てくる。日本・ユダヤ同祖人説も別派をなしている。僕は戦争中、まだ小学五、六年生だったけど、親父からひそひそ話で日本・ユダヤ同祖説は聞いたことがありました。親父は挫折した大陸主義者だったと思えるけど、上海で学んだモダンライフスタイルを、戦中の地方都市でモダニズムを追っかけていたような人だったので、聞きかじっていたのでしょうね。

国民精神文化研究所[74]という文部省の外郭団体があるんですが、これの理論的バックが仲小路彰です。

最近知ったのですが、いま私達が話をしている元麻布の私の自宅（といっても借家です）の有栖川《ありすがわ》公園に近いあたりに仲小路邸があったらしく、坂倉さんが奥さんの西村ユリさんと最初に住んだのが仲小路家のサロンの二階だったそうです。そして、そこで娘の（木田）三保さんが生まれているわけです。そこの離れに住んだのがイタリア料理店のキャンティのオーナーになった川添紫郎《しろう》。彼はパリで有名なピアニスト原智恵子と一緒になった。このカップルがその離れに住んでいた。これはもちろん全員スメラ学塾のメンバーなんです。

小島威彦の自伝を読むと、彼は何はともあれ東大はだめだと考えて、京大の西田幾多郎のところへ行く。そして三木清[75]と同級生になった。京都学派の新星と期待されていた

＊73 出口王仁三郎　でぐち・おにさぶろう（一八七一～一九四八）京都の大本教の教団確立者。

＊74 国民精神文化研究所　一九三二年設置の文部大臣直轄機関。「マルキシズムに対抗するに足る理論体系の建設を目的」に設置。定期刊行物、各種講演会等の開催を通じて国民思想政策を推進する。四三年、国民錬成所と統合して教学錬成所に改組された。

＊75 三木清　みき・きよし（一八九七～一九四五）哲学者、評論家。一九二〇年、京都帝国大学文学部哲学科卒業。二二年、ドイツに留学。はじめはリッケルトのもとで、後にハイデッガーのもとで学ぶ。二五年、帰国。二八年、社会主義と哲学の結合について著した『唯物史観と現代の意識』を発刊。三〇年、治安維持法違反で検挙。四五年、再び同法違反で拘禁され、第二次世界大戦の終戦直後に獄中死している。

＊76 岡本太郎　おかもと・たろう（一九一一～九六）芸術家。父は漫画家の岡本一平、母は小説家の岡本かの子。一九二九～四〇年にフランスで過ごし、パリ大学で哲学、民族学等を学ぶ。抽象美術やシュルレアリ

三木清はドイツから帰国してきて、言論界の寵児になる。当時のニューアカですね。近衛内閣の思想的バックとなった「昭和研究会」なんかにも関わる。

その三木清が京都から追われて東京に来た頃は、小島威彦が世話をして研究会なんかを組織したらしい。その彼がスメラ学塾をつくる。

ところが、その前にブルーノ・タウトの在日の世話をすることになった井上房一郎さんと入れ替わりくらいで、岡本太郎*76、美術家の吉川逸治*77さん、坂倉準三をはじめとした人達がパリに行っています。前川さんは三年ぐらいで渡仏を切り上げているので、おそらくこの日本人のサークルとはパリでは関わってないんでしょうね。

それから、きだみのる*78や丸山熊夫とか、彼の仲間、そして川添紫郎を入れて十人くらいいて、彼らは政府留学などではなくて、金持ちのぼんぼんのご遊学のグループだったわけです。それで日本の国民精神文化研究所というところから派遣されて、アフリカに一年、ベルリンに一年、フランスに一年というように、小島夫妻がパリに滞在したときに、日本からの遊学仲間と交換している。「パリ万博日本館」ができる直前の時期のことです。

マルティン・ハイデッガーが戦後沈黙を破って初めてやったレクチャーが建築論でした。とはいっても「住むこと」*79の論であって、建物ではない。この建築論を訳したのが小島威彦です。戦前は九鬼周造や手塚富雄がハイデッガーと対談をしていますが、戦後になってハイデッガーがインタビューを受けたのはこの小島威彦だけなんですね。

スムの芸術家たちとも交流した。第二次世界大戦後、現代芸術の騎手として絵画や立体作品を発表。また、縄文時代や沖縄、東北等の文化を再発見し、文筆活動も精力的に行った。代表作に『明日の神話』『太陽の塔』等。

*77 吉川逸治　よしかわ・いつじ（一九〇八〜二〇〇二）西洋美術史家。一九三三年、東京帝国大学美学美術史学科卒業。同年より三九年までフランスにて中世美術を研究。戦後は東京藝術大学教授、東京大学教授、大和文華館長等を歴任。主な著書に『サン・サヴァン教会堂のロマネスク絵画』等。

*78 きだみのる（一八九五〜一九七五）小説家。慶応義塾大学理財科中退。パリ大学でマルセル・モースに師事。一九四八年に『気違い部落周游紀行』で毎日出版文化賞受賞。東京郊外の村落共同体を描き、文明批評を行う。主な作品に『部落の幸福論』、共訳に『昆虫記』（ファーブル）等。

*79 九鬼周造　くき・しゅうぞう（一八八八〜一九四一）哲学者。一九一二年、東京帝国大学哲学科卒業。ヨーロッパに留学し、リッケルト、ハイデッガーから直接哲学を学

小島さんは、彼の技術論を訳しています。つまり、戦後はハイデッガー研究者としての一面があったのですが、戦争中はスメラ学普及、組織活動をやっている。スメラ学塾の講演会をしているうちに特高警察に捕まって一年くらいぶちこまれたりするんです。それは国家機密をばらしたという名目だったらしい。僕の推定では、ミッドウェー海戦で航空母艦が全滅したという、言ってはいけなかった事柄をばらしたと疑われたんじゃないかと思います。ここから形勢が逆転したのは、今日では常識ですが、一般国民には秘密にされていた。

ちょうどその頃、坂倉さんが[*80]シャルロット・ペリアンを日本に呼んだ。[*81]ジャン・プルーヴェと彼女がル・コルビュジエ事務所で開発したプレファブ住宅の図面を持ってきた。これを戦時住宅用に開発していた。小島威彦は坂倉事務所では海軍へこのシステムを売り込む営業担当をやっていたらしく、出所後に坂倉事務所に戻り、日本中の木材業者を集めて軍用に開発したプレファブ住宅を組み立て始めた。そういう一種の企業家的組織についてては目先が利いているわけですよ。これをまず海軍に売り込んだ。フィリピンの文化会館とその周辺に行ったりする仕事は小島威彦が段取りしたんじゃないかと思うんです。

藤森　小島威彦は、坂倉事務所のためにいろいろ面白い働きをしたことになりますね。

ぶ。二九年、京都帝国大学教授。日本固有の精神構造や美意識を分析する。代表作に『「いき」の構造』『偶然性の問題』『人間と実存』等。

＊80 シャルロット・ペリアン（一九〇三～九九）フランスの建築家、デザイナー。一九二六年、パリの装飾美術連学校を卒業。二七年「サロン・ドートヌンヌ」に出品した『屋根裏のバー』をきっかけにコルビュジエのアトリエに入所。同僚に前川國男、坂倉準三がいる。三七年独立。四〇年坂倉準三の誘いで、商工省の「工芸指導顧問」として来日。柳宗理の案内で日本全国の視察を行った。主な作品に「スイス学生会館」の内装、コルビュジエ、ジャンレヌとの共作「LCシリーズ」等。

＊81 ジャン・プルーヴェ（一九〇一～八四）フランスの建築家、デザイナー。幼年期を、当時ナンシー派と呼ばれるアール・ヌーヴォーの一大拠点、ナンシーで過ごす。父ヴィクトルはナンシー派の巨匠。鉄工の職人として働き、後にその経験を近代建築の工業化に生かした。自らの工房（工場）を開き、建築の設計と製造の一体化を実践。代表作に「クリシーの人民の家」「フォールディング・チェア」等。

関西・関東倶楽部ご用達の建築家

磯崎　スメラ学塾は坂倉事務所関係の資料では、スメラクラブと呼ばれています。つまり、同好の集まるクラブのような扱いだったんじゃないかな。小島威彦の自伝では、日本全国で何千人と会員がいて、全国を講演行脚するような、他にも幾つもあった右翼の国粋主義団体と同じく見ているけれど、クラブというアソシエーションをつくる。この点において、彼の組織力と行動力は、最も発揮されたんじゃないかな。だから、戦後になって、交詢社[*82]のようなクラブをつくることを思いたつわけですね。戦後、政財界の重要人物がパージされて社会的に活動できなくなった。三十代くらいのまだチンピラだった実業家達が、ぱーっと表社会に浮かんでくる。こういう新しいジェネレーションの実業家と文化人を組み合わせる発想ですね。関西倶楽部というのをつくります。そして、その倶楽部を坂倉さんが設計します。彼はその後、今度は東京に経済同友会的な性格をもつ関東倶楽部をつくる。小島威彦はその役員、坂倉準三は倶楽部御用達の建築家というわけ。そこに関西では松下幸之助、東京では東急（東京急行電鉄）の五島《ごとう》昇、それから小田急の利光鶴松《としみつつるまつ》といった人達が倶楽部のメンバーになる。藤山愛一郎も出てくるし、戦争で生き残った連中も合わせてメンバーになる。木葉会は、戦中は右翼、戦後は左翼イデオロギーをもっている。元来田舎出身者ばかりで貴族的でも財界的でもないんです。

＊82 交詢社　こうじゅんしゃ　日本最初の社交クラブ。一八八〇年に福沢諭吉が設立。慶応義塾関係者を主要会員とし、現在に至る。

坂倉さんは彼らから住宅の設計注文を受ける。

藤森　塩野義製薬の社長の大きな家もやっていますね。

磯崎　大会社の社長の邸宅をおおかたやっているんですね。御厨貴《みくりやたかし》さんが、総理大臣邸を権力の館と定義していますが、その権力の館は規模が小さい。私的生活部分と公的な応接事務所部分を分離できるほどのスペースが戦後の総理大臣宅にはとれていない。家族が犠牲になっているように思えます。ところが、こちらの実業家の邸宅はみんな大きいですからね。藤山愛一郎邸なんか、入口でたじたじとなるくらいの迫力で、パレス級のスケールですよ。僕の印象では、パリ万国博覧会の日本館とディテールが似ていた。

　前川さんの「プレモス」[*83]（一九四六年試作第一号）や、「飯箸邸」「岡本太郎邸」[*84]（一九五四年竣工）までは小住宅だから雑誌なんかに発表されるけれど、大邸宅は防犯上の理由もあってデザインとして発表できないから、あまり本に載らないんですね。戦後にこのような大邸宅を設計できていたのは坂倉さんくらいですよ。

　戦後のジャーナリズムで「小住宅」というカテゴリーが成立します。戦前の最小限住宅論が敗戦後の中産階級の都市的住宅型の前提になったのですが、庶民住宅というか、これが社会的正義のように受け取られていた。坂倉さんはこのカテゴリーに入らない。これが居場所がないと僕が言う一つの理由ですが、そのとき、大邸宅はやっていたのです。

藤森　前川さんもパリに行っていたが、文化人と一緒にやれる感じはしない。坂倉さん

＊83 プレモス
前川國男と小野薫が敗戦直後の住宅不足の中で開発した木造のプレハブ住宅。炭鉱住宅を中心に約千棟が建設されたが、一般住宅としては普及しなかった。

＊84 岡本太郎邸
現・岡本太郎記念館。坂倉準三設計。一九五四年竣工。

は文学部の美学の出だから、文化人と同じ育ち。

坂倉さんは美学の出ということを意識しなかったけど、確かに東京帝国大学文学部の美学を出るか、建築学科を出るかは大違い。付き合っている人も文化人あり、財界人ありですからね。

磯崎　坂倉さんのディテールは、スタッフの池辺陽さんや西澤文隆さん達がかなり頑張ったんだと思われます。坂倉さん本人は飛び回る人だから、細かなディテールをしこしこ描くようなことは、前川さんと同じく向いていなかった。前川さんみたいに、関心もなかったんじゃないかな。だけど、ディテールの良し悪し、やり方には、勘をもっていた人です。

藤森　でも、若いうちは自分でディテールを描いているはずですよね。

磯崎　坂倉さんの人物像は、我々が木葉会系統で言われて教えられてきた建築家像とはちょっとずれています。このずれているところが面白いと思って、だから僕が書いたエッセイは「居場所」をタイトルにしたんです。いる場所がない、坂倉さんは歴史の中で位置づけられていないという気がするんです。

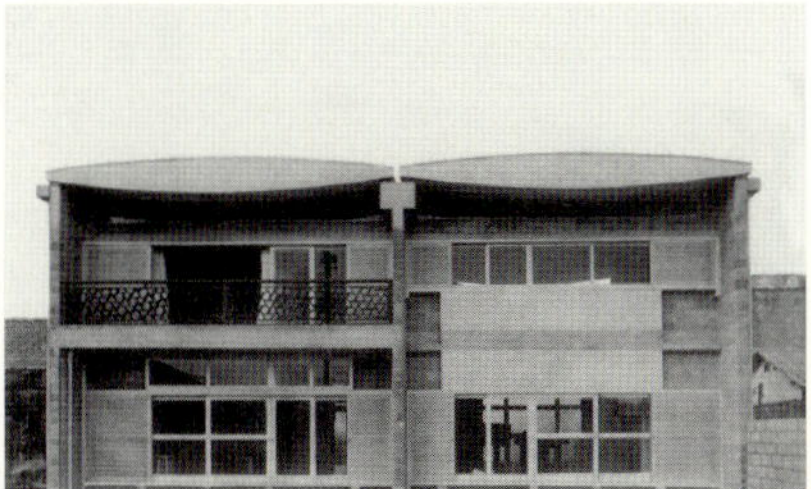

坂倉さんのパリ時代

藤森　ここで、もう少し詳しく坂倉さんの戦前の活動をたどってみます。

坂倉さんは一九三一年にコルビュジエの事務所に行きます。『ワイマール期ベルリンの日本人』（加藤哲郎著、二〇〇八年、岩波書店）という、この時期を扱った本によると、その翌年の一月には「パリ・ガスプ[*85]（在巴里芸術科学友の会）」というグループが結成されている。当時、ベルリンには相当激しい反帝国主義のマルクス主義のグループがあって、そこまでではないにしても、パリの左翼的グループに坂倉さんが入っていたということを知って、本当にびっくりしました。パリ・ガスプについては、あんまり情報がないんですよ。

パリ・ガスプは、ベルリンの左翼ともソヴィエトの共産党とも付き合いがあるんです。もう一つ、この本を読んでびっくりしたのは、坂倉さんとベルリンとの関係の一駒として、山口文象が坂倉さんのところに転がり込んでいたというんです。

「私はグロピウスから紹介状をもらって、コルビュジエに会うために行ったんです。それで坂倉君の下宿へ引っ張り込まれたりなんかして、パリの名建築を案内してもらったり、それからコルビュジエのところへつれていかれて、きたないアトリエでございましてね。びっくりしましたね」

（「座談会　建築と演劇」『現代日本建築家全集11』、一九七一年）

パリ・ガスプは、内田巌[*86]、佐藤敬[*87]もメンバーとして関わっていて、坂倉さんはその仲

＊85 パリ・ガスプ・グループ
パリ在住の日本人留学生らにより結成された反ファシズム・反戦運動グループ。ガスプ（GAASP）は「在巴里芸術科学友の会」の略称。坂倉準三もメンバーの一人。

＊86 内田巌　うちだ・いわお
（一九〇〇～五三）洋画家。一九二六年、東京美術学校西洋画科卒業。関東大震災前後から社会問題に関心をもち「種蒔き社」に所属するが、次第にプロレタリア芸術運動から離れる。三〇～三二年、渡欧。三六年、猪熊弦一郎らと新政策派協会設立。戦後は日本美術会主要メンバーとなり、藤田嗣治の戦争責任を追究。四八年、共産党入党。主な作品に『歌声よおこれ』『人間画家』等。

＊87 佐藤敬　さとう・けい
（一九〇六～七八）洋画家。東京美術学校在学中、一九三〇年パリに留学。一九三六年、新制作派協会の創立に参加。五二年に渡仏し、以降パリで活躍。晩年は抽象表現に向かう。『若き男の像』『レ・クルン』『凝結土』等。

間だった。

磯崎　内田巌は日本の社会主義リアリズムの人で、佐藤敬は奥さんがフランス人とのハーフ（声楽家の佐藤美子）で、新制作協会[*88]を結成した一人です。内田巌は日本の美術界にとっては、建築界にとっての西山夘三[*89]さんのような役割をしていた人です。一九四〇年代末から一九五〇年代前後の日本の社会主義リアリズムで指導的な役割をしていた。一方で、彫刻界には本郷新という「わだつみの声」などをつくった彫刻家がいました。彼らは全員が新制作協会。内田巌は、読売アンデパンダン展と対抗している、日本共産党が支持母体である日本アンデパンダン展のボスです。そういう背後関係があって、これが全部フランス・コネクションであることは確かです。

藤森　坂倉さんのパリ時代は、パリ・ガスプに属していて、このグループはベルリンの左翼やソヴィエトの共産党とも繋がっていたし、周恩来のつくった在欧中国人共産主義者ネットワークとも繋がっていた。パリ時代の坂倉さんは戦時中とは正反対だった。

*88 新制作協会
反官展の美術団体。一九三六年、猪熊弦一郎、小磯良平らにより「新制作派協会」として設立。四九年には建築部が創設され、丹下、谷口、前川らが会員となる。五一年「新制作協会」と改称。

*89 西山夘三　にしやま・うぞう（一九一一〜九四）建築学者。一九三三年、京都帝国大学建築学科卒業。六一年、京都大学建築学科教授。在学中に、革新的な建築学科学生のグループ「DEZAM」を結成。戦後は新日本建築家集団（NAU）等の科学者運動、建築運動に参加した。主な著書に『これからのすまい』『住み方の記』等。

岡本太郎とアバンギャルド

磯崎　その頃、それと前後して太郎さん（岡本太郎）も渡仏しています。僕はこの時期の太郎さんについては大した知識はないけれど、その当時シュルレアリスム運動をやっていた連中がソヴィエトロシアを評価するかしないかで分裂するんですよ。リーダーのアンドレ・ブルトン[*90]は政治的にロシアを評価していない。一方、シュルレアリスムの一員で、小説家、詩人のルイ・アラゴン[*91]は、ロシアを評価する。そこで、シュルレアリスム運動が内部分裂する。反ロシアだった正統派はやがてマンハッタンに移住します。その時期にロシアにシンパシーをもった連中は、だいたいフランスに残っていて、ナチへの抵抗運動に加わる。

その中で太郎さんは、コレージュ・ド・フランスのマルセル・モース[*92]の講義に出席していたりしますが、基本的には「聖なるものの社会学」というジョルジュ・バタイユ[*93]達がやっていたグループ活動の会合にも参加する。そのグループはシュルレアリスム全体を批判する側にいたとみえます。そのあたりの人はみんなアバンギャルドではあるけれど、新しい方向を探していたんですね。一九二〇年代のアバンギャルドの主導者は、アンドレ・ブルトンです。瀧口修造[*94]さんが戦前からほぼ同時代的に日本に紹介しています。

シュルレアリスム運動が政治的に分裂する中で、さらにこれら全部に批判的な活動をアングラ的、ゲリラ的に始めたことがバタイユ達の聖社会学に通じる文化人類学の新たな動向と結びついた。マルセル・モースとかミシェル・レリス[*95]などで、結社的な会合をもって、ニーチェの「生の哲学」を回復させながら、もう一度それまでのすべてのヨーロッパの理論を批判するというかたちで動き始めた。岡本太郎はそのバタイユ側に惹かれていった。その時期に結成されたのが、「アブストラクシオン・クレアシオン[*96]」という芸術家集団です。抽象もシュルレアリスムも丸ごと次の段階に進むという理屈で始

＊90 アンドレ・ブルトン（一八九六〜一九六六）フランスの詩人、小説家、批評家。一九一九年L・アラゴン、P・スーポーとともに、ダダの機関誌『文学』を創刊。後に『シュールレアリスム宣言』を発表。シュルレアリスム運動の指導者となる。著書に『ナジャ』『独立革命芸術のために』等。

＊91 ルイ・アラゴン（一八九七〜一九八二）フランスの詩人、小説家。ダダ、シュルレアリスムの主唱者の一人。医学生時代にブルトン、スーポーと知り合い、一九一九年にダダ運動の影響を受けた雑誌『文学』を創刊。モロッコでのリフ族の反乱をきっかけに、二七年、共産党に入党。第二次世界大戦時はレジスタンスに参加。著書に詩集『エルザの瞳』、小説『レ・コミュニスト』等。

＊92 マルセル・モース（一八七二〜一九五〇）フランスの社会学者、社会人類学者。デュルケムの甥であり、デュルケム学派の代表者。一九二五年、パリ大学人類学研究所を創設。三一年、コレージュ・ド・フランス教授。文化により人格や自我の概念が異なることや、身体論について先駆的研究を行う。

まった運動で、太郎さんはそのいちばん末端に入っている。

一九五〇年代に学生だった僕は、美術界の動きを観察していると、アバンギャルドを理論的に主導する人が三人いた。花田清輝[97]、瀧口修造、岡本太郎の三名です。花田清輝は、もともと頭山満《とうやまみつる》が運営していた右翼の雑誌の編集をしていた人です。彼は戦争中にそこに「錯乱の論理」を書いた。僕の理解で言うと、千田是也や山口文象のベルリン系の初期アバンギャルドやロシアの構成主義に繋がっていくようなロシア・アバンギャルドが背後にあって、これに絶縁された極東のアジア主義右翼を騙っていた右翼の花田清輝の理論がある。田舎の高校生の頃の僕の愛読書でした。

瀧口さんは戦争中、アンドレ・ブルトンのシュルレアリスム宣言の翻訳をやったりして、海外情報の文献紹介を通じて自分の理論を組み立てた人です。実際に外国へは出てはいない。瀧口さんの『近代芸術』という戦争前の一九三八年に出版された本が有名で、戦後すぐに復刻されたものが、僕が初めて読んだアバンギャルドの本でした。

アバンギャルドは正統派のアンドレ・ブルトンから始まって、マルセル・デュシャンや、サルバドール・ダリ[98]やジャン・アルプといった流れがあって。これらは一九二〇年代アバンギャルドなんです。アルプは、丹下さんが学生のときにいちばん関心をもっていたものです。卒計の点景にも使っています。岡本太郎がもって帰ったのは、正統シュルレアリスム批判をやった一九三〇年代のアングラ・アバンギャルドではないかと、思います。日本美術界ではこの三人が代わる代わる発言をするのだけれど、それがすべて

＊93 ジョルジュ・バタイユ（一八九七～一九六二）フランスの思想家、小説家。シュルレアリスム、エロティシズム、魔術、形而上学の面から、無神論的神秘主義を展開する。主な著書に『眼球譚』『無神学大全』等。

＊94 瀧口修造 たきぐち・しゅうぞう（一九〇三～七九）詩人、美術評論家。一九三〇年代、シュルレアリスムに関心を抱き、詩作や翻訳を行う。戦後は美術評論家として、前衛美術、デザイン、音楽、映画、写真等を取り上げる。主な著書に『瀧口修造の詩的実験 一九二七―一九三七』『マルセル・デュシャン語録』等。

＊95 ミッシェル・レリス（一九〇一～九〇）フランスの作家、民族学者。シュルレアリスム運動に加わるが、二九年に脱退。三一～三三年のアフリカ調査旅行をきっかけに、民族学に目覚める。第二次世界大戦後は、三十年にわたり自伝『ゲームの規則』を書き上げた。主な著作に『幻のアフリカ』『成熟の年齢』等。

＊96 アブストラクション・クレアシオン 一九三一年にパリで結成された、抽

「アバンギャルド」ですから。その頃の僕らは混乱しましたね。
太郎は、フランスにいた頃の自分のネタを絶対にばらさない。マルセル・モースやジョルジュ・バタイユなんて名前を出しても日本では通じないことを知っていたのですね。同じ「アバンギャルド」でもいろいろあるんですよ。自らも「アバンギャルド」を言う太郎はそのあたりの違いをわかっていたと思うのです。そうかといってその相手を説得するのは手間がかかる。僕は太郎さんの追悼文で「太郎の不幸は日本社会がアバンギャルドを啓蒙と取り違えたことだった。」と書いた。こんな歯がゆい思いをしていたんだなといまになっても思いますね。

坂倉さんが設計した、アトリエ兼自邸のこの家（現岡本太郎美術館）ができたときに、「現代芸術研究所」という名前をつけています。当時、世の中は最小限住宅の時代で、池辺陽さんやレーモンド事務所出身の増沢洵さん、山口文象さんも最小限住宅を発表していた。だけど、この住宅は当時の小住宅にしては規模が大きかった。太郎さんは気兼ねをしたのか、住宅ではなく研究所と名づけたんです。太郎さんがここでずっと講座を行っていて、丹下さんなんかも参加していました。この講座に集めたメンバーの記録があるんですが、画家や彫刻家はほとんどいなくて、写真家、デザイナー、建築家、それからプロダクトデザイナー、クラフト作家というような、一九五〇年代にはまだ芸術家とされていない領域の人達を呼び集めています。その連中が後にデザイン・コミッティー[*99]に流れたんです。

象芸術家の国際グループ。メンバーに、カンディンスキー、モンドリアン、岡本太郎等がいる。一時は会員数が四百名にも達したが、第二次世界大戦中に解散。

＊97 花田清輝　はなだ・きよてる（一九〇九〜七四）評論家、小説家。現代の変革をモチーフに、評論、芸術運動を行う。一九三一年、京都帝国大学英文科中退。四八年、岡本太郎と前衛芸術運動の母体「夜の会」結成。五二〜五四年、『新日本文学』編集長。五七年、野間宏、安部公房らと「記録芸術の会」結成。主な著書に、『復興期の精神』『鳥獣戯話』『近代の超克』等。

＊98 ジャン・アルプ　第一章・注釈65（五一頁）参照。

＊99 デザインコミッティー　一九五〇年代前半、剣持勇、勝見勝、清家清、丹下健三、亀倉雄策、渡辺力等、十五人の有志によって、国際デザインコミッティーが発足。後に「日本デザインコミッティー」と改称。「グッドデザイン運動」の展開を目指す。現在でも銀座松屋にて、デザイングッズの販売、ギャラリー、フォーラム等を開催している。

世界デザイン会議で活躍したのもこのグループです。太郎さんは、日本の画家に対しては、ただ作品をつくる連中だというように馬鹿にしていたんじゃないか、というのが僕の印象です。当時のこういった大先輩の集まりに出入りをしていたいちばんのチンピラが僕です。今でも、学生でこういう集まりをうろうろする奴がいるじゃないですか。その手の動きを、当時の僕はやっていたんだな。

藤森　坂倉さんは、パリ時代には太郎さんとは重なっていないんですか。

磯崎　パリで一緒に撮ったグループ写真があります。撮影したのはロバート・キャパ[*100]ではないかと言われています。レストラン・キャンティを始めた川添紫郎さんが結構な役回りをしていたと思われます。五〇年代パリの日本人遊び仲間です。彼はそのとき、キャパを見つけてアルバイトなんかをさせた。キャパは東欧のハンガリーの出身で、パリに出てきたけど、食えなくて道端をうろうろしていたんです。川添さんの親戚だった小島威彦がパリに来て、日仏文化人会議などをやった記録があり、このときキャパにスナップを撮らせた。ベトナム戦にキャパが最後に従軍したときに、まず来日させて彼を世話したのも川添紫朗です。

藤森　この時期は、太郎さんは政治的に左翼っぽかったわけではないのかな。

磯崎　当時、まわりは左翼ばかりですよ。そして、アンドレ・ブルトン、マルセル・デュシャンなどの左翼を批判する人は、アメリカに移住する。だけど、ロシアはできたばかりで強かったから、当時の左翼的思考の芸術家達にとって、ロシアは希望の星でし

＊100 ロバート・キャパ（一九一三〜五四）報道写真家。十七歳のとき、ユダヤ人追放政策にあい、生地ハンガリーを離れ、ベルリンに移住。当地で写真術を学ぶ。ナチスに追われ、一九三三年パリに逃れる。三六年、スペイン内乱にて人民戦線派のカメラマンとして従軍。「崩れ落ちる兵士」の写真で名を知られるようになる。写真家集団「マグナム・フォト」創設メンバーの一人。主な著書に『ちょっとピンぼけ』等。

た。小説家のアンドレ・ジッド[*101]もそうだった。ところが、ジッドはロシアに渡って、その実態を知ってがっくりきた。同様の経験をしたフランスの人はたくさんいますよ。
岡本太郎が入っていた秘密結社「アセファル」の機関誌がありますが、これも、アングラです。森の中で黒ミサまがいの会合をやっていたと言われています。
ここでは、生贄を捧げて、点と点が繋がるという昔ながらのリチュアル（儀式的行為）が重要視されている。そういう思想なので、この機関誌に描かれているシンボルには首がないわけですよ。骸骨が性器の位置に描かれている。これを描いたのはアンドレ・マッソン[*102]です。そういう秘密結社に入ったということは、太郎さんは、この連中が資本主義も、共産主義も、マルクス主義も、近代では同じだと考えて、両方やっていたと理解していたと思います。むしろ、ニーチェの「生の哲学」は、いきなりギリシャ神話のディオニソスに戻っているわけですから。ディオニソス信仰に戻っていくような儀式をやるというわけですね。黒ミサというのは教会の裏側で行うとされていて、アメリカの映画『ダヴィンチ・コード』なんかがまさにそういう描き方をしています。アセファルはキリスト教批判の結社というようになっているけれど、それを超えることをやっていたと思いますよ。

藤森　坂倉さんは、ちょっと横で見ているくらいで、そこには入っていかないんですね。

磯崎　坂倉さんは、もっと日本の上層階級の文化人なんですよ。太郎さんの両親は上層階級とは言えないし、型はずれの、今風にいえばアートタレントで無茶苦茶な生活を普

＊101 アンドレ・ジッド（一八六九〜一九五一）フランスの小説家。P・ヴァレリー、S・マラルメらと交流をもつ。一九〇九年、文芸誌『NRF』を創刊。三二年に共産党入党を宣言するが、ソ連の現状を失望し、『ソビエト紀行』にて批判を行う。四七年ノーベル文学賞受賞。主な作品に『パリュード』『地の糧』『狭き門』『贋金つかい』等。

＊102 アンドレ・マッソン（一八九六〜一九八七）フランスの画家。エコール・デ・ボザールで学ぶ。二三年、シュルレアリスム運動に参加。オートマティスム（自動記述法）等、さまざまスタイルを変遷する。第二次世界大戦中はアメリカに亡命し、抽象表現主義に影響を与えた。戦後はフランスにて夢幻的な作品を制作。

通にやっている人達だったから、当然太郎さんも普通の人とはちょっと違ったと思いますね。

パリ万国博覧会日本館とフレーム

藤森 坂倉さんが日本に帰ってきて、またパリ万国博覧会のために渡仏しますよね。そのときは、まだ左翼的な雰囲気だったんですか。

磯崎 僕が知っている限りでは、フランス政府それにカタルニア・スペインなどは左翼の人民戦線、一方で、右翼のヒットラーと左翼のスターリンが出展している。パリ万博のメインとなるエッフェル塔からパレ・ド・トーキョーに至る大通りを挟んで、アルベルト・シュペーアとボリス・ミハイロヴィチ・イオファンが向かい合うわけじゃないですか。つまり、ヒットラーとスターリンの代理文化戦争というわけです。そのメインの中に日本館なんて入っていない。日本館は、ずっとはずれのセーヌ川の対岸あたりにある第二会場に割り当てられていたんです。妙な敷地のかたちだから、前川さんが日本で準備した案を、お前が現地で実施設計をやれと言って、坂倉さんに渡したわけですね。ところが、実際の敷地に当てはめてみたら、設計案が敷地からはみ出すということがわかった。これを理由にして全部やり直しますと言って、坂倉さんが設計を丸ごと変えちゃったというのが日本館設計の経緯です。

藤森　もともとは、歴史主義の前田健二郎[*103]が和風の屋根がかかったものを計画していたんです。

磯崎　日本館の段取りをした委員長は岸田日出刀さんで、設計の担当は前川さんだったんです。ところが、この二人が設計した案は日本的ではないという理由で採用されなかったんですよ。それで、前田さんの見るも無残な折衷案が採用されることになったのだけれど、幸いなことに敷地からわずかにはみ出ていた。しめたとばかりに図面調整を理由にして、坂倉さんが最初から設計し直したと僕は理解しています。

その当時、コルビュジエはまったく仕事がなかった。パリにある教会の廊下のような空間を事務所にしてあったんですが、仕事がないから空いている製図版が何台でもあるわけ。だから、うちでやれよというようなことを言って、坂倉さんに場所を提供したのだと思います。それで、他の連中が坂倉さんにああやれ、こうやれと言って焚き付けていたんじゃないかと。坂倉さんは、それならいっそのこと、全面的に改案して、コルビュジエ事務所のスタイルでいっちまえ、とデザインした日本館が名作になった。今は、我々は日本的だと理解するけれど、当時は絶対に日本的だとは思われなかったと思いますね。

藤森　屋根がないから。

磯崎　あれはあの時代のコルビュジエのスタイルだと僕は理解しています。なまこ壁を思わせる格子壁があったから、何となく日本風に見えるという程度で、その他は日本建

＊103 前田健二郎
まえだ・けんじろう
（一八九二〜一九七五）建築家。東京美術学校図案科卒業。逓信省を経て、一九一九年、第一銀行に入社。本店建築に携わる。二四年事務所を設立。主な作品に「資生堂化粧部」「京都市美術館」「妙本寺釈迦堂」等。

築とは何も関係ない。左翼というイデオロギー、日本というイデオロギー、またブルジョアのイデオロギーというものの表現こそが三七年万博を特徴づけたわけですが、坂倉さんはコルビュジエ事務所の中で改案する過程で、イデオロギーの部分をすっ飛ばしているわけです。アパシィだったのですかね。

ところでパリ万博についてコルビュジエ自身のアトリエの仕事は、スターリンに売り込んでうまくいかない。それからイタリアのムッソリーニに売り込んだ。イタリアはいちばんいけると思っていたらしいけれど、ムッソリーニの芸術家だった愛人が影響力をもっていて、彼女があれはだめだとムッソリーニに言ったらしいですね。コミュニストからもファシストからも嫌われてしまって、これでコルビュジエは完全に干上がっていました。

藤森　それで坂倉さんは、空いたコルビュジエの事務所で作業をしていたんですね。

磯崎　坂倉さんが設計を進めている一方で、もう一人ホセ・ルイ・セルトがいた。バルセロナ出身のセルトは左翼で、自分の設計するスペイン館に、パブロ・ピカソとフォアン・ミロを予定していた。そのとき、無差別爆撃事件が発生して「ゲルニカ」が世紀の傑作になります。それから、アレクサンダー・カルダーの有名な水銀を使ったモビール「水銀の泉」も展示されました。

藤森　もう一つ、ジョアン・ミロの作品「刈り入れ人」も展示されましたね。すべて反フランコのグループです。

磯崎　同時代のアーティストで、チリのロベルト・マッタ[*104]という人がいるのですが、彼が坂倉さんのところに来たときに僕は会ったことがあるんです。マッタは当時のアブストラクシオン・クレアシオンに近いところで有名になってきた画家です。彼は建築家でもあったので、コルビュジエ事務所にいて、母国語が同じスペイン語だったセルトの手伝いもしていました。セルトはスペイン館のために、ミロとピカソに絵を描かせ、その二枚を対面させた真ん中にカルダーの作品を展示しようと考えていた。このスペイン館に絵を運んでくる役だということで、マッタはピカソのところにゲルニカを見に行っては、その状況をセルトに報告しているんです。ところが、いつまで経ってもピカソは描かない。

　ところが突然ある日、ピカソが描き始めた。ゲルニカの製作過程をずっと記録した写真家がいるのだけど、一度描いた牛の絵を塗りつぶして、それが別の場所に出てきたりするんです。マッタは一週間でできたと言っていましたが、第二会場だったから遅れてやっとオープンしたのでしょう。

　一方で、日本館も間に合ってないんですよ。オープンの日に完成してなかったはずです。そのときに、ボスのコルビュジエは一体どうしていたか。かつて一九二五年のアールデコ博覧会で「レスプリ・ヌーヴォー（新精神）館」というのをやったので、今回は「ル・タン・ヌーヴォー（新時代）館」をやると決めて、この博覧会の各国の流行展示構成として、反戦的な写真展示をすることにした。「大砲と弾薬？　どうか住宅を！」と

＊104 ロベルト・マッタ（一九一一～二〇〇二）チリ出身の画家。一九三一年、サンチアゴで建築学の学位を取得。三三年、渡欧。コルビュジエの建築事務所に勤めつつ、シュルレアリスム運動に傾倒。三九年、ニューヨークへ移り、抽象表現主義に大きな影響を与えるも、四八年にヨーロッパへ戻る。主な作品に、ユネスコ本部の壁画「三つの世界の疑念」等。

かとか何とかというスローガンを掲げていますが、自作の宣伝ですね。

コルビュジエは建物を建てるスポンサーも見つからない。借りてきた大きなテントを張って看板を立てて、オープニングの日に主催側の誰かをテープ・カットに呼んだそうです。当日、関係者全員を集めて待っていると、いつまで経っても主催者側からは誰も来ない。そこでコルビュジエは立ち上がって、主催者は来ないけれどここで開幕を宣言すると自ら言った、ということがアイリーン・グレイ[*105]の伝記に出てきます。このとき、インテリアデザイナーだったアイリーン・グレイにコミュニティ計画かなんかをやらせて、その模型を真ん中において、自らは写真構成で周辺を取り囲んだらしい。コルビュジエがそんなことをやったのが、日本館のすぐ近所です。

万博では、後から参加が決まったパビリオンははずれの二等地に全部押し込んですよ。僕も大阪万博に携わったから、そのあたりのことはわかっています。主催者にしたら、はずれのあんな小さいパビリオンがきたかと思ったはずです。メインの大通りにヒットラーとスターリンが向かい合っている、これでもうパリ万博の売りのポイントは出来上がりなんです。フランスはエッフェル塔があるからそれでいい。

藤森　日本の大使館は屋根のついてないような建物は日本的でないから、建築部門の賞に応募するなって言って応募しなかったが、審査委員長のオーギュスト・ペレ[*106]が、アルヴァ・アアルトのフィンランド館、セルトのスペイン館と、坂倉さんの日本館をグランプリに選んだ。ペレはコルビュジエの先生です。ペレ、コルビュジエ筋の建築家が金賞

＊105 アイリーン・グレイ（一八七八〜七六）アイルランド出身のインテリアデザイナー、建築家。ロンドン・スレード美術学院、パリのコラロッシアカデミー、ジュリアン・アカデミーで学ぶ。またパリでは篠原精造から漆工芸も習う。一九二二年、自身のインテリアデザイン事務所を開設。二四年、建築家ジャン・バドヴィッチに賞賛され建築分野へも進出。代表作に、サイドテーブル「E1027」、別荘「E1027」等。

＊106 アルヴァ・アアルト（一八九八〜一九七六）フィンランドの建築家。家具デザイン、日用品のデザイン、都市計画も手がける。ヘルシンキの建築技術学校を卒業。一九二三年に事務所開設。主な作品に「フィンランディアホール」「ニューヨーク国際博覧会フィンランド館」「ヘルシンキ工科大学」等。

を貰っている。政治的にはヒットラーとスターリンの戦いなのに、建築は違うレベルで戦っているというのが面白いですね。

磯崎　日本政府がメダルに応募するなと言ったというのは、僕は知らなかったけどあり得るよね。日本外務省の典型的な反応です。

ミースのフレームのルーツ

藤森　二川幸夫[*107]さんが坂倉さんから聞いた話で、坂倉さんはパリ万博の日本館について、フランク・ロイド・ライトから怒られたって言うんです。なぜお前は屋根をつけなかったんだと言って。ライトの考えていた屋根というのは、前田健二郎の屋根とは違って、ライトの「ロビー邸」[*108]のような屋根のことと思いますが。ライトはパリ万博の日本館を実際に見たのだろうかということが謎なんです。

磯崎　行っていないと思いますよ。

藤森　そうですよね。だから写真で見たのかと思うんですが。コルビュジエの事務所を借りてあの日本館の設計ができて、ライトは屋根がないと怒る。コルビュジエ、ライトとくればあとはミースです。ミースは日本館に影響を受けたにちがいない。

磯崎　ライトはコルビュジエが嫌いだったんですよ。コルビュジエが会いたいと言っても、ライトはアポイントメントを入れさせなかったと言われています。一方で、ミース

＊107 二川幸夫　ふたがわ・ゆきお（一九三二〜二〇一三）建築写真家、建築評論家。一九五六年早稲田大学文学部卒業。早くから日本の民家の撮影を始め、五七〜五九年、写真集『日本の民家』（全十巻）（伊藤鄭爾との共著）として発表。七〇年、出版社A.D.A. EDITA Tokyo Co., Ltd.を設立し、雑誌『GA』を刊行。建築写真家として世界的に活躍した。

＊108 ロビー邸（フランク・ロイド・ライト設計、一九一〇年竣工）

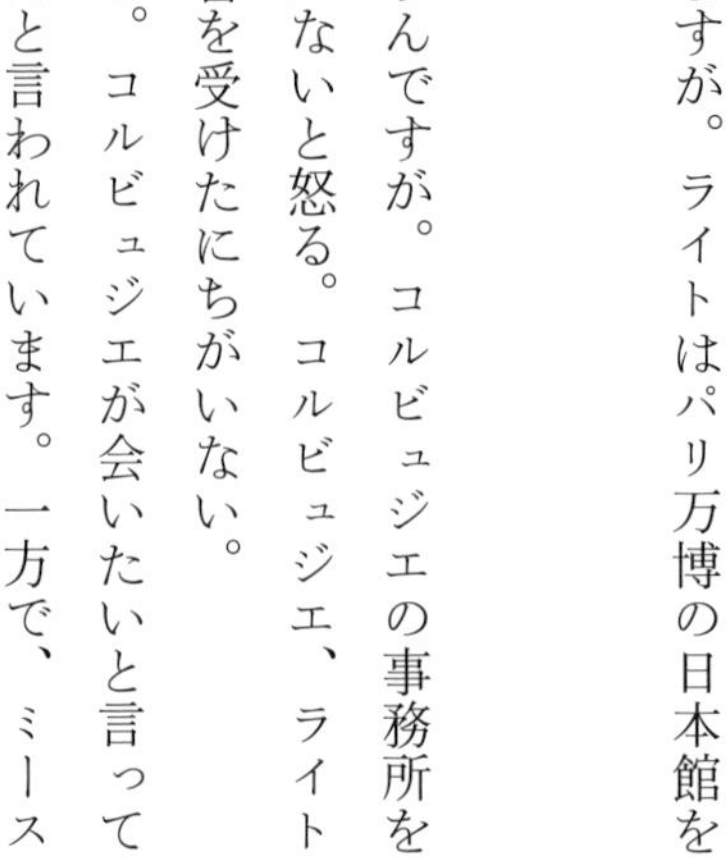

のことは評価しています。当時、ライトの設計工房であったタリアセンにいた人が書いたものを読むと、ある日、タリアセンにミースが訪ねてきた。そしたらライトがミースを気に入って、一日で帰るはずが一週間くらい滞在させたらしいんです。着替えがないから、帰る頃にはワイシャツの襟が真黄色になっていたと、スタッフの一人が思い出として書いています。ライトは、ヴァルター・グロピウス[*109]も好きじゃなかった。だから、ミースはかなり得をしているんですよ。

藤森　アメリカに移住する前のミースは、柱による縦の筋はきちんとしているんですよ。だけど、フレームの美学がないから上下二つの床の間に柱が立っている感じです。鉄のフレームを組んで、フレームの間にガラスを嵌める試みをしていない。柱梁のフレームの秩序の美を知らなかったんだと思う。この点は、ミースもグロピウスやコルビュジエと変わらなかった。

磯崎　元々ミースは、オランダのデ・スティルの一派にいたわけでしょ。ヘリット・トマス・リートフェルト[*110]の「シュレーダー」邸（一九二四年竣工）の構成的世界を継いでいる人ですから、ライトの影響も受けている。屋根がないだけ。壁が立ち上がっていて、そこにフラットな屋根が載っている。これがライトのスタイルだったから、ライトが評価する理由が僕はわかる。そのうえで言うと、柱の位置に理屈がないということなんですよ。柱は適当に立てて、壁とスラブしかないんですね。

藤森　だから、フレームができないんですよ。ところが、アメリカに行った途端にフ

＊109 ヴァルター・グロピウス　第一章・注釈30（二八頁）参照。

＊110 ヘリット・トマス・リートフェルト　（一八八八～一九四六）オランダのデザイナー・建築家。家具職人だった父の元で家具製作の修行をした後、建築を学ぶ。オランダの前衛芸術・建築運動「デ・ステイル」に参加。代表作に「シュレーダー邸」「ゴッホ美物館」「レッド&ブルーチェア」等。

＊111 IIT（イリノイ工科大学）主な建物と全体計画はミース・ファン・デル・ローエ設計。写真はクラウンホール（一九五六年竣工）。

レームができるようになる。ＭＩＴ（マサチューセッツ工科大学）やＩＩＴ*111（イリノイ工科大学）の一連の作品ではフレームができているし、その秩序を表現として見せて成功している。

磯崎　そのルーツに坂倉さんの日本館があったということですね。

藤森　そうです。日本館は木造の考え方をもとにして鉄骨造をつくっているから、フレームをつくって間にスッキリとガラスを入れるんです。

　ミースの評伝を読むと、パリ万博の会期中に、アメリカに移るための交渉のためにミースが八日間パリに滞在しているんです。ミースが、アアルト、セルト、坂倉さんといった、コルビュジエ系のモダニズム作品を見に行かなかったとは思えない。そこでおそらく日本館を見て、柱梁のフレームにガラスをぽんと入れるということが美学として成立することを知ったんだろうと思います。それでシカゴへ渡って自分の作品でも実践したんじゃないか。ただ、坂倉さん自身は自分のやっているすごいことに、気づいていなかったんじゃないかと思います。

磯崎　その納まりを、坂倉さんはどこで学んだのかな。

藤森　ピエール・シャローのガラスの家はガラスブロックだし、鉄骨の間に枠を意識させずに透明ガラスを入れるという納まりは、ずっと昔の温室は別にして、世界中にまだないですからね。

磯崎　もし先例があるとすれば、フレームとガラスだけで建築をつくるというのはシカ

＊112 ジークフリード・ギーディオン（一八九三〜一九六八）スイスの美術史家、建築史家。ハーバード大学、マサチューセッツ工科大学、チューリヒ大学教授等を歴任。ＣＩＡＭ（近代建築国際会議）書記長を務め、近代建築の発展に尽くした。主な著書に『空間・時間・建築』『永遠の現在』等。

＊113 バルセロナ・パビリオン（ミース・ファン・デル・ローエ設計、一九二九年竣工）

＊114 ルイス・サリヴァン（一八五六〜一九二四）アメリカの建築家。マサチューセッツ工科大学、エコール・デ・ボザール、ファーネ

ゴ派ですよ。それで[*112]ジークフリード・ギーディオンはアメリカへ行ってから一九四〇年代に、シカゴ派を発掘します。それまではアルヴァ・アアルトくらいまではヨーロッパの動きとして、そのやり方をだいたいみんな知っていた。

ギーディオンの著書『空間・時間・建築』（一九四一年）では、主文は全部ヨーロッパのCIAMを中心とする動きで、その前にさらにシカゴ派、後は「ロックフェラーセンター」を書き足しています。シカゴ派とロックフェラーセンターについては、アメリカの都市と、都市における建築の基本形のようなものについての研究です。ミースの[*113]「バルセロナ・パビリオン」や、アアルトのカーブした壁面をもつ一九三七年のパリ万博のフィンランド館も、その本の中に出てきます。このあたりはアメリカに行った後に後付けされた。そうすると、シカゴ派はフレームとガラスというものに行き着くようなセオリーになっている。だけどほとんど実情はそこまで行かないから、[*114]ルイス・サリヴァンはむしろ装飾文様の名手、「シティ・ビューティフル」をやった[*115]ダニエル・バーナムと[*116]ジョン・W・ルートなどメトロポリスの始まりのデザインに注目している。

藤森　サリヴァンもいろいろとやりますからね。

磯崎　でも、鉄骨フレームとガラスだけには徹底しきれない。一方、まったくの手抜きをして、フレームとガラスだけで商業事務所を設計したものがいくつかあるんですが、これはロフトであって建築とみなされない。評価されていないのですが、こっちのほうがミースの原型に近い。テクノロジーとして都市の立体フレームができあがる。アーバ

ス・アンド・ヒューイット事務所で学んだ後、いくつかの建築事務所を経て、一八八一年、ダンクマール・アドラー事務所の共同経営者となる。シカゴ派の代表的存在。鉄骨高層建築のデザインに貢献し、装飾面でも大きな影響を与える。「ウェーンライト・ビル」「オーディトリアム・ビル」等。

＊115 ダニエル・バーナム（一八四六〜一九一二）シカゴ派の建築家、二十世紀初頭の都市美運動指導者。一八七三年、ジョン・W・ルートと共同設計事務所を開設。九四年、アメリカ建築協会会長。一九〇一年ワシントン・コロンビア特別区の計画を司る上院公園委員会の議長に就任。シカゴ等、世界各都市の都市計画も発表。主な作品に「リライアンス・ビル」「モナドノックビル」等。

＊116 ジョン・W・ルート（一八五〇〜九一）シカゴ派の建築家。一八六九年、ニューヨーク大学土木工学科卒業。シカゴの建築会社で製図技師となった後、七三年、ダニエル・バーナムと建築設計事務所を開設。シカゴの高層建築の発展に寄与する。主な作品に「モントーク・ビル」「ルッケリ」「モナドノックビル」等。

ニズムとしてフレーム構造を空間インフラと捉える。それが商業主義的なオフィス＝ロフトの普通の解法です。僕は、佐野利器さん[*117]がそれを見てきたのではないかと考えています。佐野さんは日本のメトロポリス化させるビルディングタイプのモデルとして、フレーム構造として、シカゴ派を見ています。それは、そのときの普通の商業事務所のやり方でした。これが、日本の都市近代化の基本的なコンセプトになります。ラーメン構造が、日本の近代建築の制度化した中心的な流れになっていくわけですね。一方で、佐野利器の後を継いだ内田祥三[*118]と武藤清が耐震構造を理論化する。

実はこんな筋書きは僕の丹下研での卒業論文「スカイスクレーパーの史的研究」（一九五三年度）をやったときには、超高層に連なるフレーム構造とメトロポリスのビルディングタイプの関係など、はっきり見透かせなかったのです。何しろ、ラーメン構造を講義の第一時間めに武藤さんから聞いて、「構造」には行くまいと拒絶反応を起こして「都市」に行ったわけですが、ラーメンとフレームは同じコトなど気づかなかったのですよ。

＊117 佐野利器
第一章・注釈11（一九頁）参照。

＊118 内田祥三
第一章・注釈12（一九頁）参照。

坂倉建築にない構造表現主義

磯崎　それにしても、日本館をどうしてフレームにしたのか。これは日本人建築家の癖なんでしょうか。

藤森　日本の木造の柱梁の伝統に学んだんじゃないか。あれを実際見た人では坂倉ユリさんしか会ってませんが、話を聞いても写真を見ても、綺麗なものですよね。四角い箱状の建物に斜路がついていて。写真では色がわからないので、ユリさんに聞くと、中は歌舞伎の幕に使われている黒、柿色、萌葱の三色だったって。それから、丹下さんに聞くと、なまこ壁のような斜めの格子壁（ブレース）は耐震壁なんだそうです。これに学んで「岸記念体育会館」の入口の格子壁をやっている。「岸記念体育会館」のインテリアも、日本館から影響を受けて歌舞伎の三色でやったそうです。

磯崎　これはいける理屈だと思うよ。歌舞伎の三色幕は、パリの『間―日本の時空間』（一九七八年）のときに、入口に使いました。

藤森　丹下さんはパリ万博の日本館を見ていないけれど、『現代建築』の編集者として写真と図面を克明に見ているはずです。

磯崎　坂倉さんが帰ってきてから、いろいろ話を聞いているんでしょうね。

藤森　坂倉さんが鉄のフレームとガラスによる構造表現主義の美を意識的にやったかというと、意識的じゃなかったんじゃないか。丹下さんは戦後に打ち放しのラーメン構造で実践するわけですが、構造表現主義は、構造への強い関心がないと発想として出てこない。その点、坂倉さんは構造への強い関心はもってなかったと思うんですが、どうですか。

磯崎　それは同感です。坂倉さんは理屈で設計する人じゃない。だけど、直感はあるんですよね。それをどう納めるかが問題だけど、レーモンドみたいにしこしこディテールを描き残していないから。
HPシェル（双曲方物面シェル）とかそうした構造は、坂倉さんはあまり得意じゃないですね。坂倉さんが使っているカーブは、オスカー・ニーマイヤーのひと筆書きのカーブに似ていますよね。

藤森　日本館の玄関のところに曲面によるキャノピーが突き出てますよね。これは構造的な背景のない線だと思っている。

磯崎　まあ、そうですね。コルビュジエも似たようなものですよ。

藤森　戦後になって「神奈川県立近代美術館」を設計しますよね。あれを見ると、柱の上の鉄骨を二階でちょっと見せている。あの建築を見るとわかるけど、いちばん印象深い柱は、池に向かって張り出したピロティを支えている柱で、フレームの一部としての柱ではなく、ドミノシステムと同じ柱です。「パリ万博日本館」の鉄の柱と梁の接合を図面で確かめると、L型のプレートをあてがいボルトで簡単に締めてます。

磯崎　これは、言うなればアメリカの超高層。この時代にはもうマンハッタンにはたくさん建っていた。あのときの鉄骨の組み方のディテールですよ。フランスにあったかどうかは知らないし、日本にもそういうディテールはなかったけれど、マンハッタンの中ではだいたい一九三〇年頃までに、ほぼこのディテールが成立していますね。たとえば「エンパイア・ステート・ビルディング」（一九三一年竣工）のディテールの記録を見ると、だいたいこういう組み方ができています。それを地上三百メートルでやっているわけです。

藤森 当時、たとえば村野藤吾さんの同級生の松ノ井覚治とか、何人かの日本人がアメリカへ渡って、超高層建築をやっていました。

磯崎 たとえば「丸の内ビルディング」の外皮を剥いで鉄骨だけになったら、ほぼこれに近いものになる。それが、あの頃から出てきたんだと思います。

藤森 坂倉さんが「パリ万博日本館」の構造美の世界的先駆性を自覚していなかったことが残念なんです。ミースはその方向に関心をもっていたが、どうしていいかわからずに四苦八苦していたときに日本館を見て、これだって思ったにちがいない。坂倉さんには、その〝どうしよう、どうしよう〟がなかった。

磯崎 日本館は、コルビュジエにずっと見てもらっていて、ちょっとこのくらいやったらどうかとアドバイスをもらったと言う人もいます。ちょうどこの図面を描いているときに回ってきて、このくらいやれよと言う。ここのエントランス・ポーチのカーブがそれじゃないかと思うんです。

藤森 構造表現主義っていうのは、モダニズムの原理の一つとしてあった。とりわけミースも属するドイツ工作連盟[*119]はその本拠地だった。でも「バルセロナ・パビリオン」のプランは、柱の位置はあいまいで、絶対に積層できないから、重ねようと思ったら柱位置を通すしかないし、ラーメン構造にするしかない。鉄骨のラーメン構造にふさわし

＊119 ドイツ工作連盟
第一章・注釈24（二五頁）参照。

い美とは何かを、ミースは手探りしているときに、日本館に出会った。

磯崎　これは正当な理解かどうかわからないですけど、僕が学生のときに構造の計算の仕方を一応習うわけですね。ラーメン構造の計算式はできているから、ただそれに数字を当てはめればできるというようになっていた。ところが、武藤さんの講義は、計算式も難しくて何を言っているのか僕はまったくわからなかった。ただ一つだけ覚えているのは、デザイナーは計算する必要はない、俺達構造家がやってやるから、建築家は絵を描けばいいんだ。ただし、絵を描くときに、描いたものに力がどう流れているかというのを直感的にわかっていなければいけない。それができないような奴は早く建築を辞めろ、ということを聞いたんです。武藤さんの講義で聞いた中では、これがいちばんいい言葉だった。

言い換えると、完結した一つのかたちになっていると、この力の流れがわかるんですよ。ところが、一般解でこのディテールがあると、ずっとどこまで延長するのか、どうなるのかはわからない。ヨーロッパの場合は垂直加重だけだから、それでいいんです。ところが、日本の場合は、地震で横力が入るから、構造的に固まってないといけない。それで耐震壁という概念も、どれだけ壁があればもつよ、という見方ができるわけですね。そういった日本ならではの条件の中での地震力というか、見えない力の感じ方が大切なんですね。木割というのは、大工が経験的にその場所に合うような木材のプロポーションを考えてきたんじゃないかというように思うんです。これは力の流れなんですよ。

坂倉さんは日本の伝統建築の木造の仕組みくらいは知っているわけだから、そういうことを感覚的に捉える目がどこかにあったんじゃないかと思います。

藤森　確かに日本館は、日本の木造の柱構造の美学をそのまま鉄骨造に移せるということを見事に実践した例だと思います。ただ、坂倉さんが自覚的でなかったことが問題なんです。考えてみたら坂倉さんは文学部の出身なんですよね。建築学科出身の建築家は、少なくともラーメン構造とか、応力図は授業で身につける。そうじゃないと卒業できないから。

磯崎　そうですよ。僕達は一応、材料実験までやっているんだからね。

藤森　文学部のそれも美学の出身で、広いネットワークをもったりして、坂倉さんならではの良さがある一方で、自分の先駆性をよくわかっていなかった。一方で、ミースは建築を鉄骨の超高層でつくることへの関心は強く、計画案もつくっているが、そのときに美をどうしていいかわからなくて、日本館を見て「あっこれだ!」と。

磯崎　フレームにすればできるということがわかった。それは藤森さんの言われる通りだと思うよ。可能性はあると思う。

藤森　ところがご当人の坂倉さんは気づかない。

磯崎　日本館ができる直前に、コルビュジエの事務所が、ジュネーブにアパート「クラルテ」をつくっているんですよ。これには、ピエール・シャロー[*120]の「ガラスの家」(一九三一年竣工)を、コルビュジエが秘かに盗んだと思われるディテールがたくさん

＊120 ピエール・シャロー(一八八三〜一九五〇)フランスの家具デザイナー、インテリアデザイナー。一九〇三年、家具会社ワーリング・アンド・ギローに入社し、デザインと製図を習得。オランダの建築家ベルナルド・ベイフットと金属職人ルイ・ダルベらとともに〈ガラスの家〉を設計した。

あるんです。とりわけ階段室には、ガラスブロックの上を歩いて行くところがあって、ジュネーブのアパートはそれをデザインの売りにしているんです。僕の印象では、日本館のこの階段まわりのディテールはジュネーブのアパート「クラルテ」の階段室まわりに近いような感じがするんです。これは悪くないですよ。ガラス・ブロックを床に使った階段室などがあって、シャローの「ガラスの家」にも似ています。あれは一九三二年に竣工していて、これは坂倉さんがいたときの仕事ですよ。

藤森　坂倉さんは、ピエール・シャロー的なデザインが頭に入っていたんですね。

磯崎　僕はそうじゃないかなと思うんです。

藤森　面白い問題ですね。

坂倉準三のスロープや階段

藤森　坂倉さんのことでもう一つ気になっているのは、坂倉さんが戦前に、海軍やスメラ会と組んで、レオナルド・ダ・ヴィンチ展[*121]をやりますね。上野に仮設の展示会場をつくったんですが、中には大小の斜路がたくさんあって、それで空間をうまく構成している。日本館にも印象に残る斜路があるし、「神奈川県立近代美術館」は、入口でいきなり階段で上がる。坂倉さんは斜路や階段に対して、何か独特の気持ちをもっていたのかな。斜路も階段も上下の移動です。空間が垂直方向に動く。

＊121 レオナルド・ダ・ヴィンチ展　一九四二年の夏から秋にかけて開催された展覧会。坂倉準三は会場デザインを担当。主催は小島威彦が組織する「日本世界文化復興会」。

レオナルド・ダ・ヴィンチ展覧会場風景。（文化庁国立近現代建築資料館蔵）

磯崎　このスロープの出現は、非常に印象的ですよね。ダ・ヴィンチ展の計画は、インテリアでしょ。

藤森　そうです。ゆるい階段です。上がったり、下がったり、段差に富んだ構成になっていました。

斜路についてもう一つ。コルビュジエが斜路をやり、前川さんもやるけど、レーモンドが斜路は俺が先だと言っている。確かに早い。「星薬科大学本館」[*122]を見るとわかるんですが、上下階をすべて斜路で繋いでいるんです。まだレーモンドがライト風のスタイルをやってた頃の作品です。斜路を重要な空間表現としてやっている。レーモンドはコルビュジエへの対抗意識があって、コンクリートは俺のほうが先だとか、斜路は俺のほうが早いと書いている。実際にそうなんです。コルビュジエの「エラズリス邸」を完全にパクっておきながら、レーモンドとしては斜路は俺のほうが先だぞと、二人の関係の複雑さといったらないです。

「神奈川県立近代美術館」の正面を急な階段にしたのは、どうしてでしょう。

磯崎　僕は単純に場所がなかったんじゃないかと思いますけどね。奥のほうにもスロープはなかったね。入口の階段は明らかに意図的で、これぞ美術館というための階段ですね。あの階段がなかったらコンペに通らなかったと思いますよ。僕の設計した「群馬県立近代美術館」でただ一つ批判されるのは、中央の大階段です。モニュメンタル過ぎると言われるのですが、鎌倉近代美術館の階段と同じで、これをつけないと、公共機関の

＊122　星薬科大学本館（アントニン・レーモンド設計、一九二四年竣工）

建物に見えない。相手あっての建築家稼業です。いまの中国でも公共的なものはまずは階段が必要です。スロープだけでは無理なんです。

藤森　「星薬科大学本館」の館内は全部スロープで上まで上がるんです。コルビュジエはおそらくパリ・オペラ座（ガルニエ宮）が大好きだったんじゃないかと思います。デザインではなくて、入ったときに湧きあがる高揚感です。あの高揚感を生むのは大階段なんですね。だけど、彼はモダニストとして、ああいったデザインは絶対にやれない。その代わりとして、斜路を考えたんじゃないかと思うんです。「星薬科大学本館」は見ているはずがないので、レーモンドも、縦の空間の動きを階段ではないものを用いて、スムーズかつ高揚感をもたせようとして、考え出したんだと思います。だから、レーモンドとコルビュジエはそれぞれが別々の起源だと思うんですけれどね。

磯崎　この「星薬科大学本館」の斜路をもうひと捻りしたら、ライトの「グッゲンハイム美術館」だね。グッゲンハイムは単なる斜路ではなく、斜路自体がギャラリーだから……。

藤森　そう言われればそうだ！「グッゲンハイム美術館」も「星薬科大学本館」もぐるぐると連続して上がっていく。おまけに「星薬科大学本館」の斜路の壁には絵が描いてあるんです。薬科大学だから、飛鳥時代の貴婦人達が薬草を摘んでいる様子の絵を見ながら、ぐるぐる回りながら上がっていく。あれ、グッゲンハイムの原型とも言える。ライトはケンカ別れしたスタッフの工夫に学んだのかな。

磯崎　グッゲンハイムが完成したときに、歴史的に最も有名だった美術館長のジェイムズ・ジョンソン・スウィーニーが辞任しているんです。それでスウィーニーがヒューストンに渡ってミースに頼んだのが、ヒューストン近代美術館のホールとパビリオンです。つまり、あのライトの建築は美術館にならないと考えたんでしょうね。それで次にミースが登場しているんです。

藤森　斜路は高さをどう演出するかという問題です。ミースは基本的には高さの演出をしない。縦の動きはエレベーターでいいわけだから。一方で、コルビュジエにとっては、高さの動きはとても重要で、さまざまなことを試みています。

磯崎　現在、コルビュジエ財団になっている「ラ・ロッシュ＝ジャンヌレ邸」（一九二五年）も、ギャラリーがあって、そこへ斜路で上がっていくという構成です。建物自体がそんなに大きくないから傾斜がきつい斜路なんですよ。今の基準法では違反じゃないのかと思うような斜路です。それくらい無理をしてでもコルビュジエは斜路を入れたい。

藤森　「サヴォア邸」にも斜路がありますしね。

磯崎　あれは折り返しになっているから、もうちょっと傾斜が楽ですよ。

藤森　昭和初期の日本の建築界は、レーモンドや坂倉さん、若手では丹下さんなどの建築家が、さまざまな課題を自分の内発的問題として取り組んでいたことがよくわかる。日本の伝統をどうするかという、独自の課題に取り組むことで、日本のモダニズムは本当にモダニズムの思想と美を体得した、と思います。応用問題を解して初めて身に付く数学と同じです。それがあったから、丹下さんが戦後だーっと走り出せたんだと思います。坂倉さん、前川さん、レーモンドが土台になっていたんです。だけど、丹下さんばかりしか、みんなの目に映らない。

磯崎　丹下さん自身は、その建築家達の仕事を横目で見ている。それは僕が保証するけど。丹下事務所でも、スタッフがいろいろとやるのを統合していって、最後には丹下さんの作品になっていくわけだから。その過程で丹下さんが直に図面を描かなくても、スタッフは横目で見られていますよ。

藤森　世界も、今はレーモンドを知っている人はまずいない。坂倉さんのパリ万博の日本館も、前川さんも知られていません。欧米に比べて建築家への注目が低い国だからしかたがない。日本の社会の中では、水面の上に一輪だけ丹下健三という蓮《ハス》の花が見えるわけだけど、その下には、葉もあれば茎も蓮根もあることを知ってほしい。

（前川國男自邸／磯崎邸／岡本太郎美術館にて）

第三章　白井晟一と山口文象

戦前にドイツに渡った二人

白井晟一　しらい・せいいち

（一九〇五―八三）京都生まれ。一九二八年に京都高等工芸学校図案科卒業後、ドイツへ留学。三三年に帰国し、その後、建築の仕事に専念する。主な作品に「歓帰荘」（一九三八）、「秋ノ宮村役場」（一九五一）、稲住温泉「浮雲」（一九五二）、「原爆堂計画」（一九五五）、「善照寺本堂」（一九五八）、親和銀行コンピューター棟「懐霄館」〉（一九七五）等。

山口文象　やまぐち・ぶんぞう

（一九〇二―七八）東京生まれ。一九一五年、東京高等工業学校附属職工徒弟学校木工科入学。清水組、逓信省経理局営繕課、内務省帝都復興局橋梁課、竹中工務店、石本喜久治建築設計事務所を経て、三〇年に渡欧。ベルリンのグロピウスのもとで働くが、ナチス台頭により帰国する。三四年に山口蚊象建築事務所（戦後のＲＩＡ建築綜合研究所）を設立。主な作品に「日本歯科医専附属医院」（一九三四）、「黒部川第二発電所・ダム」（一九三八）、「朝鮮大学校」（一九五九）等。

五〇年代半ばに訪ねた「浮雲」

藤森　今回は、戦前にドイツに行っていた建築家、白井晟一と山口文象を取り上げたいと思います。まず、白井晟一から始めましょう。

磯崎さんが学生の頃は、白井晟一の存在は建築界ではもう見えていましたか。

磯崎　当時白井さんは、住宅作家として世には出ていたと思いますが、まだ誰も白井さんに対して特に興味をもっていなかったという記憶があります。少なくとも僕ら学生には全然関心がなかった。

藤森　磯崎さんが白井さんの存在を知ったのはいつ頃ですか。

磯崎　僕は一九五四年に丹下研究室に入りました。そして、研究室には、『国際建築』や『新建築』の若手の編集者、宮内嘉久[*1]さん、平良敬一さん、それから田辺員人さんあたりが頻繁に出入りしていました。当時すでに『新建築』の編集長だった川添さん（川添登[*2]）は研究室に来るというよりは、外で丹下さんと直に付き合っていたという感じでしたね。ちょうど、川添さんが、丹下さんの仕事についての大論文（「丹下健三の日本的性格」を岩田友夫のペンネームで執筆。『新建築』一九五五年一月号）した頃です。だけど、白井さんについては、まったく情報がなかったわけです。建築界では、突然

＊1 宮内嘉久
第二章・注釈31（九六頁）参照。

＊2 川添登　かわぞえ・のぼる
（一九二六〜二〇一五）建築評論家。一九五三年、早稲田大学第二理工学部建築学科卒業。同年、新建築社に入社。『新建築』の編集長を務め、五七年の退社後は、評論活動を行う。『新建築』編集長時代に唱導した「伝統論争」や、菊竹清訓、黒川紀章らと興した「メタボリズム・グループ」等で、建築界に大きな影響を与えた。主な著書に『民と神のすまい』『生活学の提唱』等。

白井さんが「原爆堂計画」[*3]を『新建築』（一九五五年四月号）に発表したのが始まりじゃないかと思います。僕の記憶では、一九五六年の夏休みには白井さんの情報がだいぶ出回っていて、秋田県にある、白井さんが設計した「秋ノ宮村役場」[*4]を訪ねて、稲住温泉の旅館「浮雲」[*5]に泊まった記憶があります。僕の近しい友達で、前川國男事務所の所員だった奥平耕造と一緒に行きました。当時の前川事務所のいちばん若手が奥平耕造で、丹下研のいちばん若手が僕だったんですが、やはり白井さんの作品を見ないといけないんじゃないかということになったんです。

藤森　独特の作品をつくる建築家がいるから、見に行こう、と。

磯崎　そういう感じですね。「秋ノ宮村役場」に似た役場としては、その後に「松井田町役場」もありましたが、やはり「雄勝町役場」（一九五六年竣工）です。議場に入ると、柱があって、その柱が謎だったんですよね。

藤森　あれは引っかかりますよね。建物全体はモダンなのになぜ、突然ギリシャ神殿の柱が現れるんだろうって。

磯崎　その柱が「原爆堂」の控え室にだーっと並んでいますね。そこで何となく「雄勝町役場」からの繋がりがわかったんですが。白井さんのあの発想の詰め方は、今となったら説明できるんですけれど、発表当時はアナクロニックに見えて理解できなかったですね。

藤森　歴史主義の根幹が突然モダンな構成の中に平然と出てきて、おまけに一本だけな

＊3　原爆堂計画（白井晟一設計、一九五五年）
©白井晟一研究所

＊4　秋ノ宮村役場（白井晟一設計、一九五一年竣工）
（間瀬潜撮影）

んて、なかなか考えませんよ。

磯崎 それが実際の建築でできたんだからすごい。しかも、本人も真面目にやっているんだ。

藤森 「浮雲」（一九五二年竣工）のほうはどうでしたか。

磯崎 「浮雲」は、バラックみたいな温泉宿の部分的な増築をしたものですね。僕達が泊まった部屋は、田舎大工が普通にやった数寄屋風の崩しのような部屋でした。それで驚いたのは、僕が朝起きて窓を開けたら、洋風のものすごくごつい窓枠がぺたっと外に張り付いているわけです。内側は伝統的な数寄屋崩しで、おそらく、この部分は白井さんは設計していないと思います。増築部の玄関には数寄屋風と洋風を掛け合わせたような感じがあったんですが、それと同じように普通の部屋にぼんっと窓枠が張り付いている。このときの窓のスケール感が特殊で、ごつい窓枠が四周に回ったすごく大振りのガラス窓になっていて、それなのに内側には、細かい桟《さん》の、ごく普通の障子があるんです。この区別というか、扱いがますます混乱するんです。

その窓枠は、どうも仕様がないから張り付けたということを、後から聞いて知りましたが、当時の僕はそのすべてを白井さんが設計したのだと思っていたから、わけがわからない。建築の表と内側で洋風と数寄屋風に変えて設計する人とはどういう人なんだと、こういう印象だったんですね。

藤森 当時はモダニズムの全盛期ですよね。

＊5 浮雲　うきぐも
一九五二年竣工。木造二階建て。階上には宴会用の広間、一階は会議室、喫茶室、サロン、バーで構成されている。玄関部は五三年に増築され、離れは六三年に竣工。

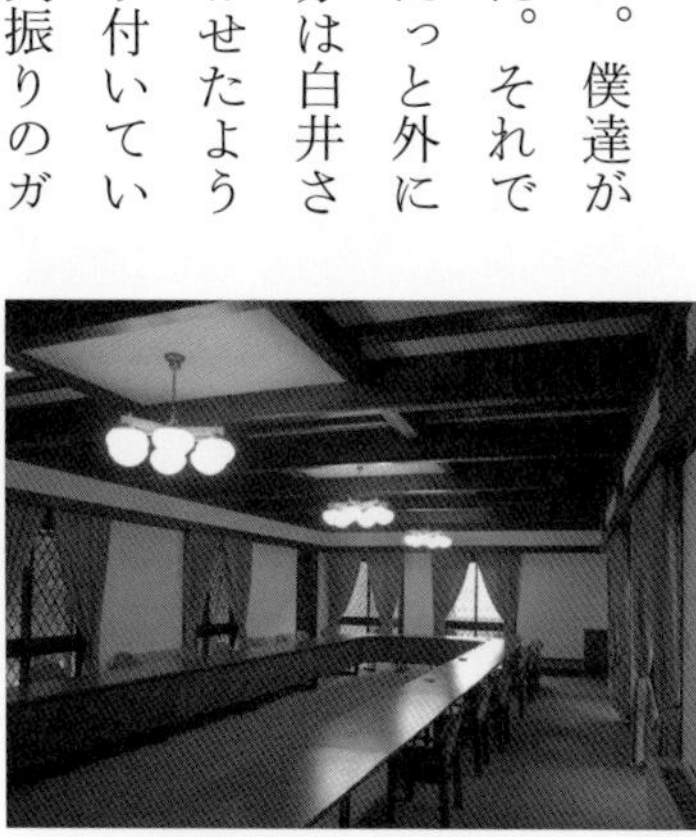
階上の宴会用の広間

磯崎　和風にしても洋風にしても、一本筋が通るというのが、常識的な建築の理解です。ところが、白井さんの建築はいわゆる折衷主義とは違って、まるで和洋の建築をいきなり張り合わせたみたいな感じ。だけど、それは意外にバランスや納まりがいいんです。だから、きちんと設計されたような感じがする。

吉村順三さんとかレーモンド流の建築だったら当時の僕らも理解ができる。ところが白井さんの設計は、設計者の立場から見ると理屈に合わない。和様折衷とも違うシュールリアリスティックな接合というか、白井さんが自分で詳細な図面を引くというよりは、当時は大工にいちいち直に指示を出してつくっていたんでしょうね。白井さんはおそらく「浮雲」に居候していたんでしょうから。

藤森　そうだと思います。白井さんの設計の仕方はそうでしたから。

磯崎　「浮雲」は林芙美子[*6]さんの小説の題名で、当時、その小説も、それが原作の映画も知っていました。ただ、白井さんが林芙美子さんと関係があったかというのは知らなかった。最近、川添さんが、二人の関係について書いたようですが、一九五〇年代の頃には二人の関係はまだ秘密で、後にこっそりゴシップとして僕は聞きました。

*6 林芙美子　はやし・ふみこ（一九〇三〜五一）小説家。一九二二年、尾道高等女学校を卒業後、上京。女中、露天商、女工、事務員、店員、女給等の職業を転々とし、小説家になる。代表作に『放浪記』『清貧の書』『晩菊』『浮雲』等。

白井対丹下、縄文対弥生

磯崎　その頃、川添さんに、白井さんの自宅に連れて行ってもらったことがあります。

*7 縄文・弥生論争
一九五五年から五六年にかけて、『新建築』誌上で繰り広げられた論争。

川添さんが、俺が行くから、じゃあお供でついて来いという感じで言うわけ。何で川添さんが丹下さんのところにいる人間を白井さんのところに連れて行ったかというのが疑問だったのだけれど、今から考えると、おそらく僕が白井さんの建築を見に行ったとか、関心をもっているというようなことを言ったんだと思います。川添さんの理屈から言うと、白井対丹下、縄文対弥生[*7]という論争の行司のような立場に川添さんがなって、日本の建築界で「縄文・弥生論」を組み立てようとしていた頃です。それで、そういう役割に白井さん、丹下さんの二人を設定しようとしていたんじゃないかと思います。そういう中で白井さんに関心をもっている僕は、敵方に寝返る裏切りの役をさせられるんじゃないかとふっと思ったりしましたね。

藤森　磯崎さんは、縄文を理解しそうだと思われたわけですね。

磯崎　それは僕が感じたことで、川添さんが本当はどう考えていたかは知りません。僕自身はその頃、伊藤ていじ[*8]さんや二川幸夫[*9]さんとも付き合っていて、伊藤さんは縄文がいいとか悪いとかひと言も言っていなかった。二川さんは感覚的に縄文的なものをよしとして、白井さんが「縄文的なるもの　江川氏旧韮山館について」（以下、「縄文的なるもの」）として紹介した「江川太郎左衛門邸[*10]」を撮っているんです。

藤森　江川邸に、まだ芝棟が生えているときの写真でした。今は銅板葺きになっちゃいました。

磯崎　僕が後に「江川太郎左衛門邸」に行って見た感じを話すと、まわりの土間なんか

当時の同誌編集長だった川添登が仕掛けたもので、丹下健三が「美しきもののみ機能的である」と述べた論考がきっかけとなった。白井晟一は、「縄文的なるもの」という論考を発表している。

＊8 伊藤ていじ　いとう・ていじ（一九二二〜二〇一〇）本名・伊藤鄭爾。建築史家、建築評論家。一九四五年、東京帝国大学工学部建築学科卒業。東京大学生産技術研究所を経て、ワシントン大学、オレゴン大学客員教授、工学院大学学長を歴任。五八年、磯崎新、川上秀光らと八田利也（はったりや）というペンネームで『現代建築愚作論』を発表。代表作に『日本の民家』（二川幸夫との共著）、『中世住居史』『民家は生きていた』『日本の工匠』『数寄屋』等。

＊9 二川幸夫　第二章・注釈107（一四四頁）参照。

＊10 江川太郎左衛門邸　代々伊豆韮山の代官であった江川家の邸宅。十七世紀前半（江戸時代）に建てられたとされる。桁行十三間、梁間七間の大きな建物で、広大な土間には年代の古い掘立柱が残されている。一九五八年に国の重要文化財に指定。

はどこにでもある大型民家のもので、当時は非貴族的と理解され、縄文的といわれていました。上は細かい挿肘木《さしひじき》みたいなもので組んであります。この組み方は飛驒高山の「日下部《くさかべ》家（現日下部民藝館）」や「吉島家住宅」と同じじゃないですか。あっちは本格的だけど、江川邸は田舎風ですよ。

こういう違いがいろいろとあって。伊藤さんは江川邸は田舎風で、本格的な日本の正統の大工の建て方は高山の「吉島家住宅」だという発見をしたというように思っていたと思います。当時白井さんや丹下さんは、本人としてはどういうコンテクストだったかはわかりませんけど、僕はそこらへんをうろうろして、まあ大先輩を観察していた程度です。僕本人はまだ勉強中で、見分けはつくにしたって、自分自身がどう転ぶかはまだ決めていない時期ですよ。

藤森　白井さんのところへ行って、どうでした。

磯崎　そのときは、「原爆堂」の注文があって、白井さんがそのプランを描いていた最中なのか、直後かもしれません。「原爆堂計画」の発表が一九五五年だから、その後、僕は初めて白井さんに会ったのだと思います。

白井さんの最小限住宅の初期の作品に、本当に簡単な木造の家がありますけれど、それはすべての骨組みが細いんだな。やりたいことがやれないで、普通の住宅建築をやっていた時期があるんですが、伺ったときは、自分で設計したと思われる、そういう感じの割と普通の家に住んでおられました。

そのときに何を話したかっていうのはもう覚えてないんですが、もっぱら川添さんがこういう人間が丹下研にいるというように紹介されたくらいで、あとは白井さんと川添さんが二人でいろいろしゃべっていたような感じで、僕はその横でずっとかしこまっていました。

藤森　「縄文的なるもの」は、白井さんが、「伝統論争」のときに、川添さんに言われて書いたんだと思います。

磯崎　一九五五年が「原爆堂」、一九五六年が「縄文的なるもの」なんですね。

藤森　まさしく広島計画の頃ですよ。

磯崎　丹下さんの「美しきもののみ機能的である」という文章の入っている論文「近代建築をいかに理解するか」(『新建築』一九五五年一月号)が発表された頃で、白井さんの「縄文的なるもの」がその翌年です。近い時期に書かれて、その二つが対抗しているわけですよ。だけどその前に、縄文については岡本太郎[*11]さんが話しているからね。

藤森　そうですね。日本で最初に岡本さんが言って、その後に芸術や文化の領分で縄文的対弥生的という図式ができたわけです。ただ、縄文的対弥生的という問題を建築界の問題として取り上げたのは、白井さんの江川邸の論文が最初です。当時の日本の建築界はタウト[*12]以来圧倒的に数寄屋好きが強いから。白井さんの論文がなければ、桂離宮に対抗できる建物があるなんて、誰も気づかなかった。

磯崎　そこの問題なんですが、「縄文的なるもの」の発表が一九五六年で、今日見てき

＊11 岡本太郎
第二章・注釈釈76(一二六頁)参照。

＊12 ブルーノ・タウト
第一章・注釈28(二七頁)参照。

た「善照寺本堂」[*13]の竣工は一九五八年です。ということは、ちょうどこれを設計している頃に白井さんはあの原稿を書いていたかもしれないということです。「善照寺」は、白井さんのいろいろな意味での思わぬ個性、その普段隠しているようなものが、さらっと出てきているような感じがする建物だと思いました。一枚の折板のような屋根がぽんとのっかっていて、その屋根を四隅のL字型の壁で受けて、壁どうしや屋根との隙間が全部開口になっているというだけの建物だから、何とも縄文風には見えないじゃないですか。

藤森　言われるとそうですね。桂の遠い親戚にも思える。

磯崎　だからそこから考えると、今では白井さんは縄文が自分のスタイルだから丹下さん的なものを攻撃したというようになっているけど、実は、川添さんから注文されたから「縄文的なるもの」を論じた、というくらいの感じだったのではないのかというのが僕の印象なんです。

白井晟一の本格的処女作「歓帰荘」

藤森　今は移築されてますが、白井さんが戦前に初めて本格的につくった「歓帰荘」[*14]という建物が残っている。これは白井さんが帰国して本気でつくった最初の建築で、簡単に言えば白井さんの愛人の家です。

＊13 善照寺本堂（白井晟一設計、一九五八年竣工）

（平山忠治撮影）

磯崎　愛人というのは誰なの。

藤森　白石館という温泉旅館の師岡和賀《もろおかわか》という女将さんです。

縄文的だと思うのは、天井の低さです。実に変わったプランで、わざわざ左端の外階段で二階に上がり一段下がってから室内に入るんです。それから正面の窓なんですが、窓の下端が完全に床のレベルと揃っているんです。窓からそのまま落ちてしまいそうで、怖い。縄文としか思えない要素ですよね。

磯崎　これの完成は何年ですか。

藤森　一九三八年で、白井さんの現存の建物ではいちばん古いです。白井さんの帰国は一九三三年です。

磯崎　じゃあ、帰国して五年間は何をしていたのかな。

藤森　小さな工事中の住宅を途中からやったりしてますね。白井さんは「浮雲」のときのように、白石館に長逗留して、その一画に「歓帰荘」をつくっている。その間に、女将さんと関係したとして訴えられ、女将さんは姦通罪で旅館を追放されてしまった。この女将さんはあまりに有能で、一方ご主人は遊び人で家に寄り付かない人だった。女将さんはここを出た後、堤康次郎《つつみやすじろう》に拾われ、彼女は最後には堤系の伊豆方面の三つくらいの旅館とホテルの総支配者になった。

磯崎　まるで、高台寺の和久傳[*15]と同じストーリーじゃないですか。

藤森　そうなんですよ。

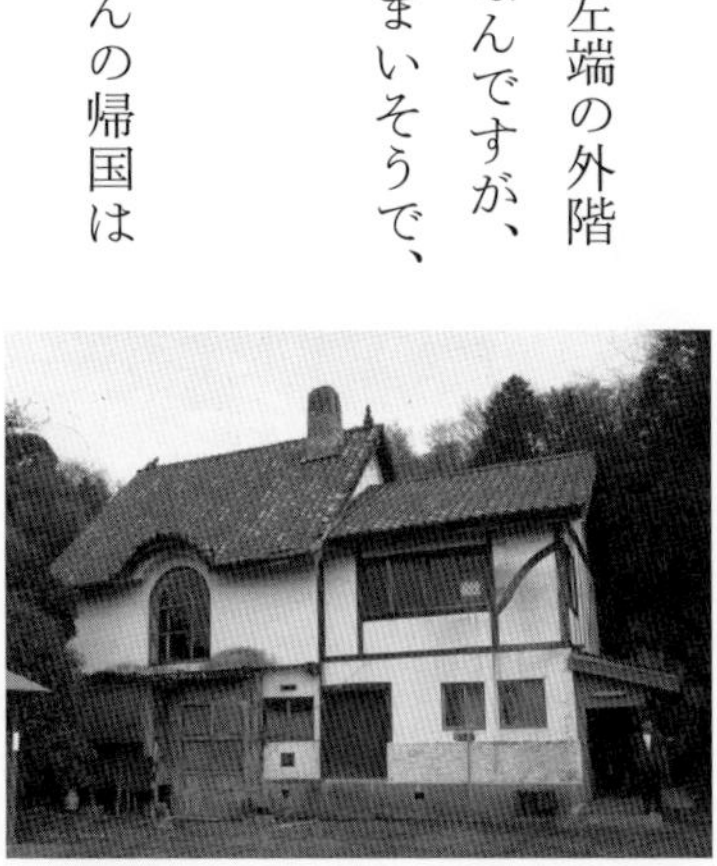

*14 歓帰荘（白井晟一設計、一九三八年竣工）

歓帰荘内部

磯崎　和久傳の先代の女将は、白井さんと最後に一緒になった人ですよ。白井さんの最後の作品「雲伴居《うんばんきょ》」の女将さん。あの人は高台寺で旅館をやっていた。そこで白井さんが長逗留しているうちに、彼女がころりと白井さんに惚れてしまった。そこで「雲伴居」をつくりましょうということになった。それで、その後を引き受けたのが、今の代の女将です。今回の対談でこうやって流れをたどっていくと、いろいろと裏が出てきますね。白井さんは最初の作品の頃から同じような感じだったんですね。

藤森　「歓帰荘」に話を戻すと、彼女がいなくなった白石館は傾いて、結局彼女が買い戻した。その旅館を含め後に再開発され、村野藤吾[*16]が「三養荘」という旅館をつくっている。

磯崎　場所はどこですか。

藤森　伊豆の大仁《おおひと》温泉です。僕が二度目に見に行った段階では、庭の奥に「歓帰荘」だけが残っていました。新しい旅館の建物全体は村野さんが設計したんですが、その際に村野さんは、「あなたが残したいと言うのなら私が残します」と、白井さんに聞いた。この話は白井さんの息子さんから聞いたのだけど、それに対して白井さんは「だいぶくたびれたな。もういいよ」と言ったそうです。

江川邸がすぐそばなので、この設計をしているときに見に行っているのは間違いがない。白井さんが「縄文的なるもの」に目覚めたのは江川邸を訪れたときが最初でしょう。ただ、白井さんとしては民家をそのままやるのは嫌なので、チューダー様式[*17]に翻案して

*15 和久傳　わくでん
京都の料亭。「高台寺和久傳」は、元は日本舞踊の尾上流の家元の住まいとして、一九五二年に中村外二によって建てられたもの。

*16 村野藤吾
第一章・注釈69（五五頁）参照。

*17 チューダー様式
英国のチューダー王朝時代（一四八五〜一六〇三）の美術、建築、装飾に基づく様式のこと。建築では、急勾配の切妻屋根、ハーフティンバー（装飾的な木骨を壁面に露出させる手法）を主な特徴とする。明治後半から日本の洋館に用いられるようになり、日本の洋風住宅の一様式として定着した。

設計しています。

びっくりしたのは、ここで使っているスタッコは日本の漆喰とは違って、大理石の小さな粉を大量に入れて、ヨーロッパのスタッコのやり方をしているんです。日本の漆喰とは輝きが違う。

磯崎　ベネチアン・スタッコですね。

藤森　梁にラテン語を刻んだり、窓のステンドグラスに紋章が入るのはイギリスのチューダーに続くエリザベサン様式のやり方です。主室の暖炉の脇の柱なんて「善照寺」の柱みたいで面白いです。付柱ではなく、本物の柱ですが。この異常にでかい暖炉も面白い。主室のアーチ型の入口の裏側に、「ARCHITEKT S.SHIRAI 1938」と自筆のサインが入っているんです。日本名の記入もあり、本名の成一の「成」の字の上に「日」を入れて「晟一」としているんです。建築家として作品を発表するという気持ちがあったんでしょうね。縄文とロマネスクとチューダー様式を混ぜ、なおかつ全体のボリューム感にはモダンなところもある。

磯崎　なるほど。白井さんのお姉さんの旦那である近藤浩一路[*18]さんは、日本の左翼でもあるし、画家としても有名な人物ですよね。彼のコネクションがいろいろと白井さんの活動に影響していますね。

藤森　白石館の主人も近藤さんの若い頃からの友達です。主人は遊び人で、絵や芸術が好きだったから、その繋がりで近藤さんや白井さんが旅館に来ていた。

*18 近藤浩一路
こんどう・こういちろ（一八八四～一九六二）日本画家。現代水墨画の創始者。一九一〇年、東京美術学校西洋画科を卒業。一五年、読売新聞社に入社し、一時、政治漫画や挿絵を描く。二二年、フランスに渡り、欧州各国を回る。同年中国へも旅行。西洋画から水墨画に傾倒していった。義弟の白井晟一を支援し、多大な影響を与えた。近藤浩一路邸が白井晟一の処女作となった。主な作品に『鵜飼六題』等。

磯崎　そういうわけで、白井さんはそこの女将と仲良くなったりしたのですね。

藤森　そういうことなんです。昔の地方のお金持ちが、文士を呼んでは長逗留させて書画を描かせたりしていたようなものですね。ところが、そのうちに女将と仲良くなった。

磯崎　それが一九三八年のことというと丹下さんの卒業の年だ。もうそのときには、白井さんはかなり年季の入った遊び人だったわけだ。

藤森　これだけのものを設計したわけですから、ただ、見るとわかりますけど、何か変なんです。その変さが白井さんの最大の謎であり、魅力ですね。

磯崎　これは建築的にシステマティックにスタイルをやっているのではなくて、好きなイメージをコラージュして空間を組み立てているという感じですよね。その組み立て方が面白いですよ。

藤森　二つの系統の統合は折衷様式としてあるんですけれど、まったく来歴の違う縄文と、ロマネスクとチューダーとモダンを組み合わせているのが白井さん特有ですよね。

磯崎　縄文的な雰囲気が入っているというのが、また一つ面白いところですね。こういう一つの古いエレメントを新しい気分で使うという感じが僕はわりと好きです。カプリ島にあるカサ・マラパルテ[*19]のインテリアは、ジョルジョ・デ・キリコ[*20]の弟のアルベルト・サヴィニオがデザインしています。兄貴のデ・キリコはシュルレアリスムに影響を与えた人です。

藤森　確かに、デ・キリコは変なものを混ぜるのが特徴ですね。

＊19 カサ・マラパルテ
イタリアの小説家、ジャーナリストのクルツィオ・マラパルテの別荘。カプリ島の東端の岬に建つ。設計者については、アダルベルト・リベラ説、マラパルテ説がある。

＊20 ジョルジョ・デ・キリコ
（一八八八〜一九七八）イタリアの画家。アテネの工芸学校で学び、父の死後、ミュンヘンの美術学校に入学。ニーチェの思想、A・ベックリン等の世紀末の絵画の影響を受け、のちに幻想的な「形而上絵画」を提唱する。シュールレアリスム絵画に大きな影響を与えた。代表作に『神託の謎』『通りの神秘と憂愁』等。

磯崎　そういうことをデ・キリコは絵でやっている。サヴィニオのインテリアではオブジェでそういうものをつくっているわけです。テーブルの中に古いクラシック様式のキャピタル（柱頭）みたいなものがあって、それがテーブルの一角に繋がっているとか、独特の感じがあるんです。

このサヴィニオと白井さんを比べて見てみると、白井さんはスタイルではなくて様式としてきちんとロマネスクを再現しようとしている。ロマネスクのもっている何かを表した不思議な絵になっちゃっている。一方のサヴィニオは、クラシックのもっているそういう要素を「マラパルテ」の中に入れて、むしろきちんとした様式ではなく、逆にロマネスクの雰囲気を出しています。そういった違いがあるけれど、二人はマナー、つまりやり方が似ていますね。

藤森　シュルレアリスム的なんだ。

磯崎　シュルレアリスムの何かがある。時代としては二人はパラレルですね。

藤森　今、初めてそのことに気づきました。そうみると、彼らの変さもよくわかる。

磯崎　極端に言うと、建築的ルール違反です。ルール違反だということを、本人がわかっているかわかっていないかは知らないけど、何かをやってしまうというのが白井さん流。だけど、たいがい学生がこういうことをしたら落とされる。当時の感覚からすれば、やり直せという感じですよ。

シュルレアリスムかアブストラクトか

藤森　白井さんが行った頃のドイツには、シュルレアリスムの代表的な画家のマックス・エルンスト[*21]がいて、フランスとは違うシュルレアリスムの中心的な場所でした。印象派以後の絵画の主流は、カンディンスキーのようなアブストラクト（抽象絵画）へ向かう。

ところが、それが嫌な人達がいた。その人達は、どうしても絵にはリアルな部分がほしい。彼らはシュルレアリスムにいくわけです。シュルレアリスムの第一号はデ・キリコだけど、デ・キリコは自覚的ではなく、アンドレ・ブルトン[*22]達によって理論的に発見される。

今の磯崎さんのお話は、ちょうどアブストラクトとシュルレアリスムに分かれていく時期の話ですよね。建築はというと、モンドリアンを擁するデ・スティルによってアブストラクトの流れに入り、バウハウスにいたる。その時期、白井さんがデ・スティル、バウハウスという建築界の主流ではなくて、シュルレアリスムのほうへいったというのは実に新鮮な理解です。白井さんの建築の中では、シュルレアリスムの、リアル（具象）にあたるのがロマネスクやチューダーや民家などの歴史主義的造形だった。

磯崎　その時代というのは、さまざまな変わった考え方を表現する人がたくさん出てき

*21 マックス・エルンスト（一八九一〜一九七六）ドイツ出身のフランスの画家、彫刻家。ボン大学で哲学、精神医学、美術史を学ぶ間に、独学で絵画も学ぶ。第一次世界大戦後、バールゲルトとともにケルン・ダダを結成。一九二二年にパリに移住、実作と文筆の両面でシュルレアリスムの形成を促した。「コラージュ」や「フロッタージュ」の技法を開発。代表作に『博物誌』『百頭女』等。

*22 アンドレ・ブルトン　第二章・注釈90（一三三頁）参照。

た時期だと思いますが、いわゆるスタイルを、……イズムではなくて、考え方、むしろ方法的というべきか、手法ですね。

クロード・レヴィ＝ストロース[*23]の自伝にあたる『悲しき熱帯』の中で面白いと思ったのは、レヴィ＝ストロースがブラジルへ行って、最終的にブリコラージュになるような思考法を取り出しています。「野生の思考」です。その場で適当に組み合わせる実用的な解法というか科学的な一貫する体系ではなく、場当たりのような組み合わせの中から、むしろ新しいものが生まれるんじゃないか。ブリコラージュを新しい文化人類学の研究の思考法に取り上げた。これが発表されたのが、一九五〇年代のちょうど縄文論争の頃です。

コラージュはシュルレアリスムの手法の代表的なもの。これを知った上でレヴィ＝ストロースはブリコラージュを引き出す。第二次世界大戦前夜、フランスを占領したナチの手からアメリカでユダヤ人を救出するためのさまざまなNGOができあがってきていて、ロックフェラーなんかもかなり出資したらしいのですが、レヴィ＝ストロースは何とか最後にフランスからアメリカに渡る船に乗ることができた。エリス島という島に有名なニューヨークの税関があるじゃないですか。そこにみんな何日か留められてチェックされるわけですが、レヴィ＝ストロースが船から降りて列に並んでいたら、前にいたのがアンドレ・ブルトンだった。二人はそのときに初めて出会って、ともにニューヨークのソーホーの近くあたりに住むようになったと自伝にあります。アンド

＊23 クロード・レヴィ＝ストロース（一九〇八〜二〇〇九）フランスの文化人類学者。パリ大学に学び、哲学教授資格を取得。一九三五年、ブラジルのサンパウロ大学に社会学教授として招かれ、ブラジルの先住民調査に従事。構造主義人類学を確立し、現代の学術・思想に大きな影響を与えた。主著に『悲しき熱帯』『構造人類学』等。

レ・ブルトンがシュルレアリスムの中心的存在であったことは衆知のことです。

藤森　ブルトンは理論家ですからね。

磯崎　シュルレアリストの中では、ペギー・グッゲンハイムと結婚したエルンストがいちばん羽振りがよかった。ペギーはあのソロモン・R・グッゲンハイム*24の姪ですから、金使いもよくて。だから彼らは毎日三食昼寝つきのような生活をしていたわけですが、日常的に骨董屋に行っていたそうです。それで、プレ・コロンビア、つまりマヤ文明、インカ文明を含めたインディアンのさまざまな骨董品を見て、ブルトンは面白いと思うんですが、それがどういう物かがわからない。そこで、レヴィ＝ストロースを呼んでは、それらがどういうものかを教わったというわけです。レヴィ＝ストロースはインディアンの文化人類学について大論文を書いたプロだから、それらの来歴を講釈できたらしい。彼らは、そういった骨董を度々買っては美術館に卸していた。それをいわばアルバイトのようにしながら食い繋いでいた、というエピソードがあるんです。

縄文の火焔《かえん》土器の美を「発見」した岡本太郎は縄文・弥生論争の火付け役でしたが、太郎はパリ時代マルセル・モースの講義を聴くなど、文化人類学に強い関心をもっていて、「アブストラクション・クレアシオン」というグループに所属していたのです。同時にバタイユ達の「聖社会学」グループにも接近していました。この三〇年代のアングラアバンギャルド達の間でシュルレアリスムとアブストラクトが対峙していた時期のことですね。新しい人類学を通じて構造主義をつくる人とシュルレアリストの本家とが一

＊24 ソロモン・R・グッゲンハイム（一八六一～一九四九）アメリカの美術品蒐集家。一族はアメリカ鉱山業、金属精錬業により成功。彼のコレクションを収める美術館は、アメリカ・グッゲンハイム美術館の前身。

緒にいたんです「ミシンとこうもり傘が手術台のうえで……」というシュルレアリスムの比喩がブルトン達によって方法化され、聖社会学を介して、人類学の中でとりわけブリコラージュという器用仕事のような組み合わせで新しいものができるという理論が組み立てられていく、そういう世界の繋がりが見えてくる。シュルレアリスム系ではプリミティブアートが参照されていたし、骨董品は注目されていたのですね。白井さんのものを見る眼なんかもまさにその流れです。ブルトン達が偽作を含めて骨董商売で命を繋いでいたのと同じように、白井さんも骨董を扱っているんだから、そっくりだと僕は思っていました。

藤森　二人とも骨董で食い繋いでいたんだ。白井さんも、親和銀行の仕事では納入するヨーロッパの家具について骨董商のような働きをして大いに稼いでいます。

磯崎　あの時代の知識人はほとんど流浪の民ですよ。一方で正統の国家的な知識人もいるわけですが、そこからは脱落している。そこらへんの文化が、日本では妾《めかけ》の家のデザインに繋がっているというのが、面白いですよ。

独特の臭みをもつ作品

藤森　僕自身は、大学三年目に建築学科に進んで最初に読んだのが川添さんの『建築家・人と作品』という小さな本なんです。前川さんや丹下さん、レーモンドなど、当時の主だった建築家を取り上げていたんですが、白井さんだけが面白かった。当時まだ白井さんの作品を知らなかったのに面白かったのは、哲学的な思考をしている人だったからです。今から考えるとマンマと白井さんに騙《だま》されたんだけど、学生だからそうは思わなかった。

　学生の思考なんて今考えると浅いものだと思います。たとえば黒川紀章[*25]さんの話を初めて聞いたときに、メタボリズムの話をするわけですが、建築を超えて時代の思想として話す。それを聞いて思想家がいると思ってびっくりした。でも今考えると大したものじゃなかったんだけど。当時、建築学科に入ってみたら、思想的な感じがしないので不満があったんです。だから白井さんに惹かれて、テントを持って「雄勝町役場」を見に行きました。夕方に着いて、稲刈りが終わった田んぼにテントを張って、飯盒《はんごう》でご飯を食べて、翌朝早々、町役場に入った。そうしたら、例の柱が立っていて、それが上まで突き抜けている。

「秋ノ宮村役場」も見てすごいと思った。僕が白井さんに目覚めたのはそこからです。最初は言葉から入った。でも作品を見ていくうちに、何か変だってわかってくる。わざとらしさというか独特の臭みがあるんです。それがすごく嫌で。僕自身設計をするようになってからは、その臭みを抜けるか否かがポイントになる。自分が白井さんのどこに惹かれたかわからなかったんだけど、今になってわかるのは、素人っぽさが残っている仕事だからです。磯崎さんが僕の作品について、「お前の仕事は素人っぽい」っておっ

＊25 黒川紀章　くろかわ・きしょう（一九三四〜二〇〇七）建築家。都市計画家。一九五七年、京都大学工学部建築学科卒業。東大大学院で丹下健三に師事し、都市デザイン及び都市的規模の建築設計の手法を学ぶ。六二年、黒川紀章建築都市設計事務所を設立。六〇年代にメタボリズム・グループの旗手として活躍した。代表作に「中銀カプセルタワービル」「国立民族学博物館」等。著書に『プレハブ住宅』『共生の思想』等。

しゃったけれど、そういう素人っぽさに惹かれた面もある。

磯崎　素人というよりも反正統ですね。

藤森　一つの同じルールできっちりやるという設計とは、明らかに違う。それにずっと惹かれていたし、もう一つは、国籍不明なところです。実は時代も不明なんですよね。出自が不明。

磯崎　考えてみたら、白井さんはいたるところで、ラブアフェアというか、事件を起こしてきているわけだから、それ自体が浮雲的な生活じゃないですか。まあ、時代がそうなっちゃったせいもあるでしょうけれども、確かにそう言われてみると、一ヵ所に根を張ってきちんと正統的な建築をどんどんつくるという建築家のスタイルとはまったく違いますね。

藤森　そうですよ。だから、建築史上に落ち着く場所がないんですよ。縄文とロマネスクとチューダーとモダニズムの要素をそれもバラバラに組み合わせてしまうんですから。

磯崎　そういう意味ではアマチュアですよね。要するに学会では認めてくれない。

藤森　本当にアマチュアだと思った。私自身が設計をするのは、白井さんに目覚めてからだいぶ後なんです。臭みだけは嫌で、どうやって抜けばいいかとずっと考えてたが、意外と「善照寺本堂」や「松井田町役場」には臭みはない。逆に臭みが強力なのは、一連の「親和銀行」[＊26]の作品ですよね。

磯崎　僕は逆にそれに、はまった一人です。

＊26 親和銀行
長崎佐世保にある本店は、本店部分が第一期工事として一九六七年竣工、第二期工事として一九六九年竣工、コンピューター棟〈懐霄館（かいしょうかん）〉（左写真）が第三期工事として一九七五年に完成した。

藤森「親和銀行」の臭みは、京都の人の根深い臭みかもしれない。

磯崎 僕もなかなかこれは自分ではできないと思います。僕はどちらかというとアブストラクトしてどんどん要素を消去していくけれど、白井さんのは妙なものがどんどん増えていっている。これは何とも言い難い気分なんですね。本人もそういう臭みを芬々《ふんぷん》とさせていた人ですよ。作品以上に本人がその通りのキャラクターですよ。

藤森 二川さんに聞くと、あれくらい臭みのある人間はいなかったそうです。ジャーナリズムの力が若い人達にとって恐ろしいと思ったのは、『朝日新聞』がそうだったけれど、白井さんを哲人建築家としてずっと最後まで取り上げるんですよね。あれくらい哲人から遠い人はいないのに。彼はずっと哲学をやって哲人になろうとしたってことに間違いないけど、哲人ってなろうするものじゃなくて、自ずとなってしまうものですよ。

磯崎 今で言えば、文人と言ったほうが合っているんじゃないかな。中国の文人の話の中には、こういう手の人は山と出てきますから。

藤森 文人を演ずるという。確かに文人的ではあり、白井さんは書をやる。彼は出身が図案科だから中公新書の表紙なんかを描いている。文人の四要素の琴棋《きんき》書画のうち、琴はしなかったが女性にやらせた。文人ってプロじゃだめなんですよね。素人だけど、絵と詩を書き、琴を弾いて、茶を飲む。それともう一つ文人で大事なのが、生活費の出所がわからないということです。

磯崎 その通りだね。

謎のドイツ留学資金

藤森　中国の文人は基本的に地主です。たとえば国の役人時代に入手した土地の上がりであういう風流をしている。白井さんの場合、謎はドイツ留学資金のことです。彼は没落した京都の商家の息子なんです。お母さんは病弱で、十二歳のときにお父さんが死んでしまったので嫁いだお姉さんが面倒をみて、お姉さんに強く勧められて、京都高等工芸学校の図案科（現在の京都工芸繊維大学）に入るわけです。在学中は、哲学者の戸坂潤[*27]なんかと一緒にマルティン・ハイデッガーを読んだり、西田幾多郎の哲学の授業ばかりに出ていて、あんまり学校には行かなかったと自分では言っているが、そこそこは行っていたみたいです。卒業後にドイツへ留学するのだけれど、問題はその留学資金をどうしたのかということなんです。近藤さんが出したのか。

磯崎　当時のドイツは意外にかなりレートが安かったから。

藤森　そうか、めちゃめちゃなインフレだったから。それでドイツに行ったのかな。戦後は建築家になるが、何で暮らしていけたかわからなかった。二川さんによると、普通の建築家がやらないようなことを施主や建設業者との間でやってお金を稼いでいたと言うんだけど。

磯崎　僕は一部分くらいしか知りませんから何とも言えないけれど、確かによくわから

＊27戸坂潤　とさか・じゅん（一九〇〇〜四五）哲学者・評論家。一九二四年、京都大学哲学科卒業。京都や神戸の専門学校、諸大学の教師を経て、三一年、法政大学教授。観念論哲学からマルクス主義哲学へ転じ、唯物論研究会を組織。三四年、法政大学を免職、三八年、治安維持法違反で検挙され獄死。著書に『科学論』『日本イデオロギー論』等。

ないですね。だけど、たとえば林芙美子の小説に出てくるように、白井さんは彼女がパリにいるときに恋人になったでしょ。白井さんには次々に恋人ができるわけですよ。この能力は、建築のデザイン能力なんか比じゃないですよ。

「浮雲」という旅館の名前は、恋人であった林芙美子さんとの関わりがあったんじゃないかという説が一つあり、さらに「浮雲」の旅館の女主人とも同じ関係にあったから、あの仕事ができたという説もあるんですね。もうこの話の時点で何人も女性の影があって、どんどん増えていくわけですよ。そういう人が後世になったらいちばん関心をもたれるんですよね。この能力というのは誰も説明していないですからね。

藤森　白井さんの風貌は独特ですよね。インテリ界の杉良太郎というか。梅沢富美男というか。

磯崎　髭を生やしてからは、それらしく振る舞うところで人を惹きつけることに作用していると思いますけれど、戦前の若い頃はなかったと思います。

藤森　オーラは確かにある。天性でそうなったのか、それともやっているうちにそうなったのかわかりませんが。白井さんの名作の一つに「呉羽の舎《くれはしゃ》」（一九六五年竣工）があります。二十年くらい前、話を聞きに行ったら娘さんが居て、当時の白井さんがすごく印象深かったと話してくれた。「呉羽の舎」が建っているのは富山市の近郊の丘の上なんですが、雨の日に白井さんが突然やって来る。雨の中、傘もささず、レインコートを着て、フランス人と同じようにフランスパンをそのままポケットに突っ込んで、もう格好いいというか。そんな姿を見せられると、女の人は陶然として言う通りになる。フランスパンが濡れたらべちゃべちゃになっちゃいますから、きっと来るまでは傘をさしていたはずなんです。近くまで来たところで傘を置いて、ちょっと濡れて。そんなことは考えてもできるものじゃないですよ。

磯崎　同じような気分で白井さんを叙述しているのは林芙美子ですね。林さんの小説の中に友達の若い建築家というのが出てくるんですが、その後ろ姿が描かれている。パリで彼女と別れて駅に向かって行く。そのときに雨と書いてあったかどうかは覚えていないですけれど、その後ろ姿の描写が今、藤森さんの言った感じとそっくりなんですよ。

その様子は小説に書かれていただけで、白井さんは何も話していないんです。林芙美子のパリ日記が彼女の死後に出てきたんですが、その日記にはパリは何をやっても面白くない、そうしたら友達がやって来て下宿にこもって、パリ見物なんかやらずにおそらく今日風にいえば情事にふけり、しばらくしたら彼が出ていったということが書かれている。これが一週間だったのか一カ月だったのか、それははっきりしていないんですけれど。

藤森　ところで「秋ノ宮村役場」の建物は、現在、「浮雲」が引き取って移築している。

磯崎　そして旅館の名前が、林さんの小説「浮雲」のタイトルからきているということは、一般的に言う人はいるんです。だけど、真相はなかなかよくわからない。

藤森　誰が命名したかでわかりますね。名前で言うと、「歓帰荘」は、歓びが帰ると書きますよね。女将さんと二人のための名前だったんでしょう。白井さんの逗留中、女将さんは白井さんが泊まっている離れにしょっちゅう行くわけです。そのときは、疑われないようにいつも娘を連れて行ったそうだが、結局裁判に負けて追放されちゃう。

磯崎　この女性はかなり旅館経営者としては優秀だったんですね。

藤森　地元では伝説的な人です。彼女が追放されたとき、彼女を慕っていた大勢の女中さん達も一緒に出ていって、新しい旅館に移っている。

白井建築の初期の作品と晩年

藤森　建築界での白井さんには二度ピークがあるように思う。一つは「原爆堂計画」などで出てきた時期、もう一つは晩年になってからまた注目されて『白井晟一研究』が出た時期（七〇年代後半〜八〇年代前半）だと思います。磯崎さんは両方の時期を知っているわけだけど。

磯崎　一九六〇年前後で日本の状況も変わったし、白井さん自身も変わったんじゃないかと思うんです。その区切りになると僕が思っているのは、「仏教と寺　建築学生のために」[*28]という論文です。仏教が日本にいかに伝来して、どういう仏教の建物をつくっているかという内容の白井さんが書いたいちばん長いまともな論文なんですよ。誰も面白くないと言って真面目に読んでいないと思う。僕も初めは読まなかったのだけれど、

＊28「仏教と寺　建築学生のために」論文の初出は「仏教と建築」（『世界建築全集 12』、一九六〇年）、後に作品集『白井晟一の建築』（一九七四年）に再録されたとき「仏教と寺　建築学生のために」に改題された。

「善照寺本堂」を設計しているときにこの論文を書いたんじゃないかな。それと同時に、学生のためにという言葉をなぜタイトルにつけたのか。

僕は、白井さんが建築界の縄文論争とか、原爆堂とかメタボリズムとか、そういう論争を巻き起こしたジェネレーションに愛想をつかしたんじゃないかと思いました。これからの建築を、これからの世代にしかもう俺はしゃべらないよ、というくらいの気持ちでこの「学生のために」という言葉をつけて。定かではないけれど一九六〇年にこの論文を書いたんじゃないかと思いますね。日本の建築業界と縁を切るような気分があったような感じがしますね。

藤森　短文がほとんどだった白井さんにしては、この論文は長いですね。

磯崎　長いでしょ。延々と仏教がインドからいかに伝来したかを書いていて、それがなかなか面白い。僕が感心したのは、仏教寺院の空間の中で、礼拝堂、神道での拝殿の部分にあたる部分について、一向宗[*29]以降説教を聞く人間を全部建物の中に入れるので、そのために伽藍《がらん》が大きくなると説いたこと。あの空間のつくられ方が日本独特だという見方をしているんですね。要するに、ヨーロッパの伽藍に近くなっているわけ。日本の寺院はそうやっているけれど、中国も韓国も他所はみんな分棟じゃないですか。外でやるというのもあるけれど。

「善照寺本堂」も奥に祭壇があって、お葬式なんかではヨーロッパのチャペルのように参列者が中に入れるようにスペースをとっている。その信者を集める空間を伽藍の中

＊29 一向宗　いっこうしゅう
浄土真宗。ひたすらに阿弥陀念仏を念ずる宗派という意の通称。

に入れてきたということを言いたかったんじゃないかと思う。歴史家が言っていない歴史を俺はやっているんだよと。だけど建築学会はそんな理屈はだめと見たんじゃないかというのが、僕の見立てです。

これは白井さんの、さっき言った不思議なシュルレアリスムの複合体とは違う部分です。モダニズムがねらいをつけてきた透明なものとは違うマニエリズムに到達したんじゃないかと、僕は思いました。それで僕が当てずっぽうにマニエリスト白井晟一というような呼び方をした(『新建築』[*30]一九六八年二月号)ので、その後、白井さんから逆にお前ちょっと出て来いと呼びだされたことがあって、それが以後の付き合いに繋がっていったんです。

藤森 確かに独自の視点があるんだな。

磯崎 そして、戦前のものでは、僕は中央公論社の社長の家が燃えたという伝説だけは知っています。僕は中央公論社の人からいろいろ話を聞いたんですが、家のオープンのときに暖炉に火をつけたら建物まで全部燃えちゃった。これは白井さんがいかに素人かっていう証明だよ、というんですね。

藤森 暖炉の火が茅葺きに移ったんだ。軽井沢にあって、写真だけが残っている。竣工後すぐだったとは知らなかった。

磯崎 白井さんと中央公論社の社長との繋がりは、近藤浩一路系のコネクションからだと思います。

＊30
磯崎新「凍結した時間のさなかに裸形の観念とむかい合いながら一瞬の選択に全存在を賭けることによって組み立てられた《晟一好み》の成立と現代建築のなかでのマニエリスト的発想の意味」(『新建築』一九六八年二月号)。

藤森　図案科出身で優秀で、卒業設計が『新建築』に載っているんですよ。白井さんは図案科出身と書くのが嫌だった。一高に行きたかったのに、行けなかったという経緯があったらしいです。

磯崎　ベルリンでは、建築は一度やめて哲学をやったということになっていますね。

藤森　当時は図案科でもちょこちょこっと建築の授業があった。やっぱりドイツで哲学をやりたかったのだと思いますよ。それで帰ってきてから、「歓帰荘」をつくる前に近藤さんが手がけた住宅を手伝えって言われてちょっとやっていたんです。それもチューダー様式ですが、大したものではない。その後で、「歓帰荘」を本格的にやることができた。

磯崎　もう一つの人脈として、親和銀行の頭取である、北村徳太郎という人がいます。この人がなぜ白井さんに頼んだかという話が一つあるわけですね。銀座にあった東京支店が始まりで、それから長崎の大波止《おおはと》支店（一九六三年竣工）。

藤森　その後、例の佐世保の本店を設計したんですね。

磯崎　この人は戦前の左翼系の知識人の中でも政治的にも大物だったらしい。近藤さんも左翼寄りだったわけだけれども。白井さんが一年間モスクワにいて、ロシアに帰化する手続きをしたけれども、ついにできなくて引き上げたという話を聞くと、片山潜[*31]がモスクワにいたわけだから、その流れとコネクションというのがどこかにあったのでしょうね。満州鉄道とかもそこらへんはみんな繋がっていたはずですから。それから、戦争

＊31 片山潜　かたやま・せん（一八五九～一九三三）社会運動家。一八八四年に渡米し、イェール大学を卒業。在学中、キリスト教に入信し、労働・社会問題に関心をもつ。帰国後、労働組合運動・社会主義運動を指導。一九一二年、東京市電争議の指導により検挙、投獄される。出獄後、一四年に再度渡米。ロシア革命後は共産主義者となり、二二年にソ連へ渡りコミンテルンの執行委員となる。モスクワにて客死。著者に『日本の労働運動』『我社会主義』等。

直後に開拓村といって、引揚者が千葉の三里塚で開拓する村の計画を白井さんがやっている。

藤森　千葉の開拓村。引揚者の開拓の計画ですか。

磯崎　三里塚農場計画（一九四六年）はおそらく引揚者が農村コミューン、一種の理想コミュニティをつくるということだったんでしょうね。白井さんはそういうことを考えていた人ですよ。一九三三年頃、ヨーロッパから帰国した直後は山谷の労働者街に住み込んだり、山小屋みたいなところでグループ生活をしたりしていて、あげくに義兄（近藤浩一路）の東京移転の際に独学で建築の設計を始める。さきほど話した中央公論社の社長の邸宅などで戦前の仕事が記録され始めるけど、それ以上細かい政治運動レベルのことはわからない。本人もそういうことをしゃべっても仕様がない、わかるやつはいないと思っていたと思うんですけれど。

藤森　当時のパリ、ベルリン、モスクワの「反帝ライン」ですね。

磯崎　そう、そのコネクションですね。だけど、事実そのコネクションで彼が動いていることは確かです。林芙美子さんとの関係は大したことはない、余興みたいなもので、当時モスクワのコミンテルンに日本代表として滞在していた片山潜の秘書をやることになったフランス共産党員、勝野金政《かつのきんまさ》という人と一緒に、白井さんはモスクワへ行っています。この人は反スターリニストとして捕まって、シベリア送りになる。何とか牢獄から脱出して、シベリア鉄道で帰ったという人みたいで、帰国後すぐにスターリンを告発する手記を書いている。だから完全に反共産党になっているんです。その手記が復刻されているはずです。これを昔、井上房一郎さんの関係で僕は見た記憶があります。井上房一郎のパリ滞在中の知人で帰国後も何かと付き合っていた人だと聞いています。そのときには白井さんの名前は出てきていなかった。白井さんの名前は知っていたから、どこかに書いていれば必ず見つけていたと思うけれどなかったですね。それは政治的に巻き込んだらいけないということで、そういう配慮がされたのだと思いますけどね。

だけどこういう状況の中で、すれすれで捕まらずに逃げてきているというのが、また面白いですね。

藤森 ソヴィエトに行った日本共産党員は、自分が生き残るために、ありもしないことを密告した。そういう密告社会の中を生きているから、ソヴィエトに入った白井さんも何か負い目があったのかな。

磯崎 それは当然なければ生き延びられない時代だったからね。でも転向したわけでもないでしょ。

藤森 ベルリン時代に日本共産党のメンバーであれば、帰国後、治安維持法で捕まって、転向するかどうかの問題が起こりますが、白井さんはどうだったんでしょう。

日本の闇を語り合える友

藤森　白井さんは、前川さんや坂倉さんとかだいたい同じ生まれですよね。白井さんもパリに行っているわけだから坂倉さんとは会ったんだろうか。みんなあっちに行っているときは左翼だったし。

磯崎　前川さんとの関わりで言うと、前川さんは白井さんが亡くなったときに追悼の文章を書いたんですよ。これはかなり、白井さんのことを深く考えている、とてもシンパセティックな文章ですけれど、これを見ると知り合いになったのはおそらく、箱根の国際公開コンペの審査員になったときでしょう。

前川さんが白井さんを審査員にしたんですね（対談『花に秘す』白井晟一、前川國男、ワキ大江宏〈『風声』七号、一九七九年七月〉）。前川さんはこの人しか頼りにならないと考えたのかもしれません。前川さんは、設計施工分離というような、建築家の自立のための運動をずっとやっていたんです。その相手は日本の官僚ですよ。いろいろ仕組みがあって、だから僕は先の新国立競技場問題もそのあたりに繋がっていると思います。

前川さんはこの追悼の文章の中で、細かいことは書いていないけれど、本当に腹を割って話せるのは白井だけだったと言っています。そしていちばん最後に、「日本の闇を語り合える友を失った」という言葉を書いています。僕はこれは前川さんのいちばんいい文章だと思います。この言葉は前川さんの論集にも出ているんですけれどね。この感じで前川さんも建築家協会というものをつくりながら、建築家協会がいいかげんで中途半端になっていたと猛烈にイライラしてどうにも仕様がなくなっていた。その相手がゼネコンなのか、官僚なのか、システムなのか、その全部がわからないし、もう坂倉さんは亡くなった頃ですから。そこでどう扱っていいか。前川さんは社会的に丹下さん以下の世代は信用してなかったと思うんです。それは丹下さんが日本国家建築家になっちゃったからです。

一方の前川さんは相変わらず民間の一建築家ですよ。宮内嘉久さんが惚れ込むのはわかるし、僕もわかるんだけれど、僕はやっぱり丹下さん側なんだ。前川さんのデザインが下手なところは下手と言うべきだ。それだけのことなんですけど、前川さんの社会的なこういった問題への視点は、遥かにしっかりしていたと思いますね。そのときに、白井さんを相談役あるいは話ができる唯一の人間という感じに前川さんが見ていたということが、これを読んでわかった。ああ、やっぱりそうだったのかという印象なんですよ。

もう一つ、これは個人的なレベルになるんですけれど、亡くなる前の二、三の対談の中で、白井さんは、今、徒党を組まずに設計を、建築をきちんとやるような建築家に[*32]「つくばセンタービル」はやらせなきゃいけないとかねがね主張してきたら、それにあたるような若い建築家が選ばれたようだ、と言っていたそうです。

藤森　ああ、それが磯崎さんだ。

＊32 つくばセンタービル
筑波研究学園都市の中核施設で、同都市のランドマークとなっている。ローマのカンピドリオ広場を流用した広場や鋸状の柱が特徴。一九八三年竣工。磯崎新設計。当時ポストモダンの集大成といわれ世界的にも注目された。

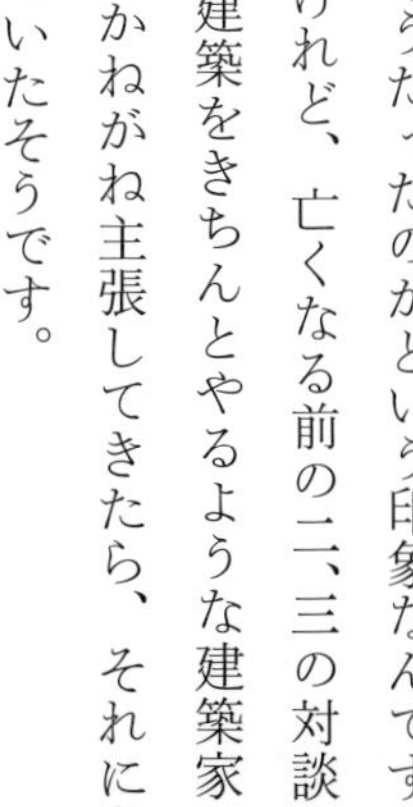

（石元泰博撮影、©Kochi Prefecture, Ishimoto Yasuhiro Photo Center）

磯崎　そうやって考えてみたら、「つくばセンタービル」のプレゼンテーションのときに、確かに白井晟一さんがいたわけですよ。白井さんは僕に何も言ってないし、僕はたまたまプレゼンテーションに行ったら白井さんがいて。でも俺が磯崎に決めたんだと白井さんは思われていると思います。

藤森　審査員長は誰だったんですか。

磯崎　日本住宅公団の設計部門のトップだった本城和彦さんです。本城さんが段取りをして、新しいデザインでいけということを、白井さんの意見を聞いたうえでセレクトしたんじゃなかろうかと思います。これはプロポーザルですから、僕の案は、おそらく十くらいあったうちの一つであって、それで偶然選ばれたと思っていたんですが、裏ではそういうように白井さんは見ていたんだ。

僕は「つくばセンタービル」で石をたくさん使いました。白井さんと付き合っていて、マニエリスムのときもそうですけれど、白井さんが石をどこから探してくるかをわかっていたから、僕も使おうと思ったんだけれど、公共建築で石を大々的に使うのはもってのほかだとか言われていたんですよ。そうしたら、あるとき、白井さんが、石をちゃんと使わせろとか言ってくれたらしいんです。だから、ああいう予算の中でやっと石が使えた。この住宅公団はもうあれが最後で、破産して解体されるわけです。

藤森　確かにポスト・モダン期の磯崎さんの作品でいろんな要素を混ぜるのは、白井さんのシュルレアリスム的な設計法と通じるところがありますね。

磯崎　この雰囲気は、まさに佐世保の親和銀行（第一期）です。白井さんは十年以上前に発表した「原爆堂計画」にこだわっていたと思います。これは街の中だからものすごく条件の悪いところですよ。銀天街があって、それに面していないといけないというような非常に不利な条件の中で、原爆堂風のファサードがあって、その中は古いクラシック様式のディテールがいたる所に入っている。これについて文章を書けと言われて『新建築』[*33]に、無茶苦茶長いタイトルの文章を発表したんです。この頃はまだ白井さんと親密に付き合っていなかったんですが、それから後、今度は白井さん本人からあいつに書かせろとかと言ってくれて、そういうかたちでまた増築の部分なんかも書かせてもらったということがあります。そういうように世話になってきたわけです。

日本の建築界の言説として、一つ「縄文・弥生論」が組み立てられたということがありますが、その背後には、丹下健三やら川添登のプロデュース論やらがあって、その中に白井さんが入っています。日本の建築界では丹下さんを含め建築家たちは真面目に受け取って縄文風に自分のデザインを変えていくんだけど、白井さんは変えていない。最初からもうこのスタイルだった。

藤森　縄文のような縄文でないような。

磯崎　これは藤森さんなら縄文と読むけれども、普通の人はそうは読まない。これは非常に不思議なシュルレアリスム的な感じの部分ですよね。

これもシュールな話ですが、プリッカー賞の立ち上がりの審査員を僕はやっていまし

＊33
『新建築』一九六八年二月号一八六頁参照。

た。P・ジョンソン、ルイス・バラガンと続いて、次の回の段取りをやっていたとき、事務局から連絡があり、今度は白井晟一に決めたいがどう思うと打診されたんです。エッ！　白井さんは先月亡くなりました……。P・ジョンソンは丹下さんにやりたくなかったんですね。というより、ジョンソン、バラガン、白井と続いたら、時代はデコン（デコンストラクティヴィズム）[*34]に流れずに、ブリコラージュへと動いたかもしれません。

＊34 デコンストラクティヴィズム Deconstructivism
フランスの哲学者デリダの用語「脱構築」からきている。一九八八年にフィリップ・ジョンソンの呼びかけによって開かれた「デコンストラクティヴィスト・アーキテクチュア展」は、デリダの思想（西欧の思想に潜む構築性の概念を批判解体する）に影響を受けた、フランク・O・ゲーリー、ダニエル・リベスキンド、レム・コールハース、ザハ・ハディドなどの建築家達が出品した。

戦前のバウハウスの代表者、山口文象

藤森　次に、白井さんと同じ頃に、ドイツにいた山口文象さんを取り上げたいと思います。山口さんは、教科書的には一九三四年の「日本歯科医専附属医院」[*35]を設計した建築家です。バウハウスの事務所で働き、一九三二年にドイツから帰国して、すぐの時期ですね。

磯崎　実は、僕は個人的にその建物をよく知っています。飯田橋駅を出て九段下のほうに下っていった右側にある建物ですよね。その反対側に教会があって、その隣の仕立て屋の二階に下宿していたんです。だから、あの建物はわりとよく見に行っていました。僕が見たのは学生のときで、一九五三年か五四年頃だったと思います。本郷の菊坂に引越す前はそこに住んでいたんです。だから、山口さんのあの建物は、こっそり階段から上がって中を見て回った記憶があります。その頃は、モダニズムのデザインがまだかなり明瞭に残っていました。

藤森　僕も見に行きましたが、そのときには、斜めのキャノピーくらいしか面影がなくて、かなり増改築されていました。

山口さんの代表作というと、もう一つは「黒部川第二発電所・ダム」[*36]（一九三八年竣

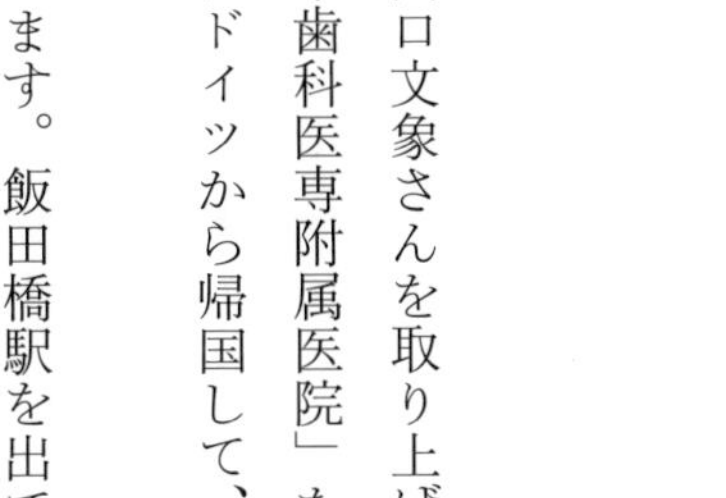

＊35　日本歯科医専附属医院（山口文象設計、一九三四年竣工）

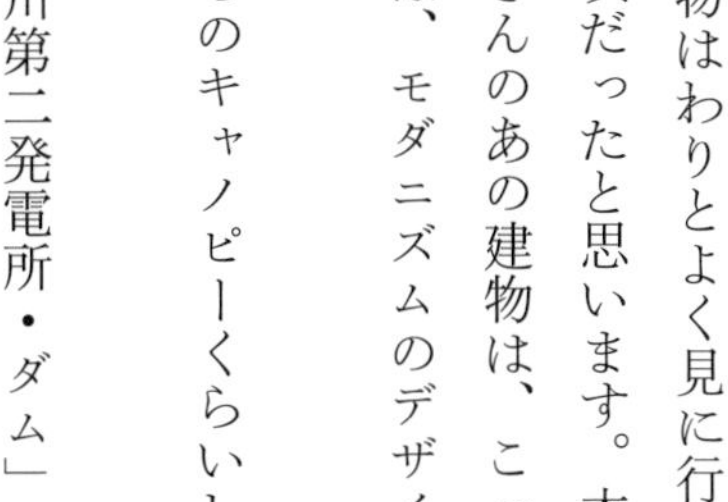

＊36　黒部川第二発電所・ダム（山口文象設計、一九三八年竣工）

工）が挙げられますね。この二つの建物をほとんど同時に設計しているんですが、ダムだから「日本歯科医専附属医院」とは規模や工事にかかる期間がまったく異なる。ダム本体も設計していますから。本体と発電所の両方を設計して、黒部の山の中で工事をするわけですから、だいぶ時間がかかったと思います。この二つで、山口さんは日本建築史に、戦前のバウハウス派の代表者ということで名を残した。

　今日のテーマとして挙げたいのは、バウハウスのことを論ずるときに忘れられがちなのが、バウハウスとマルクス主義が深く繋がっていた事実だということです。

　バウハウスを支えた思想的三本柱というのは、合理主義とヒューマニズムとマルクス主義だった。その証拠に、バウハウスの二代目の校長だったハンネス・マイヤー*37は、優れたデザイナーだったけれども、マルクス主義者だったために校長を解雇されて、ソヴィエトに亡命しています。ソヴィエト連邦で活動を始めるけれど、既にスターリンが力をもっていて、ロシア構成主義の華やかな時代が終わっていたんです。スターリンの美学は、民族性がないと許さない。その結果、マイヤーは一切仕事ができなかった。戦後にドイツに戻るんだけれども、腑《ふ》抜けのようになってしまっていた。

磯崎　マイヤーはソヴィエト連邦へ行ったものの完全に仕事を干されて、メキシコに亡命しているんですよね。メキシコは、メキシコ大学のように、一九四〇年代まではかなり左翼でもあったんですね。

藤森　そうか、スターリンに追われて亡命してきたレフ・トロツキーを受け入れたんで

*37 ハンネス・マイヤー（一八八九〜一九五四）スイスの建築家、都市計画家。一九二四年、ハンス・ヴィトヴァーとともに事務所を設立し、「国際連盟本部」等を設計した。二八年から三〇年まで、バウハウスの二代目学長を務める。その後モスクワへ亡命。以後メキシコ、スイスで活動。

*38 ダビッド・アルファロ・シケイロス（一八九六〜一九七四）メキシコの画家。サン・カルロス美術学校等で学ぶ。一九一三年、メキシコ革命に参

すからね。

磯崎　トロツキーはメキシコで暗殺されるんですが、暗殺したグループの中に＊38ダビッド・アルファロ・シケイロスがいた。

藤森　暗殺した側にですか。

磯崎　そうです。スターリンの指令で動いた暗殺隊がいたわけですね。シケイロスはその末端でした。日本の大森で起こった赤色ギャング事件の＊39今泉善一さんと同じような具合で、末端のチンピラの絵描きだったシケイロスが動くわけです。そして、その後どうなったかはわからないんですが、シケイロスは左翼として残った。もうちょっと先走って言うと、一九五五年に日本で「メキシコ美術展」があったでしょ。そのときに、丹下研が会場設計を担当したんです。展示は、ずっと古いアステカやマヤの時代のものから始まって、いちばん最後が現代美術の部屋でした。最後の部屋には、有名な＊40ディエゴ・リベラなどの絵画があって、そのいちばん若手としてシケイロスの絵画も来ていたんです。シケイロスのいちばん有名な作品で、民衆を描いたものがあるじゃないですか、げんこつ立てて（*New Democracy*）。この作品が出展されていました。だから、僕は岡本太郎的な縄文論は、このメキシコ美術展がきっかけで始まったんじゃないかと思うんです。

藤森　それは面白いですね。そのときに＊41フリーダ・カーロの作品は来ていましたか。

磯崎　どうだったでしょうか。カーロの旦那のディエゴ・リベラの作品は来ていました。

加。一九〜二二年、渡欧。帰国後、美術家の組合を率いて国民芸術を主張。また、世界各地を訪れ芸術活動とともに政治活動に携わった。トロツキズムの側に立つディエゴ・リベラと対立。四〇年、トロツキー暗殺に加わる。主な作品に、壁画『新たな民主制』等。

＊39 今泉善一
第二章・注釈8（八四頁）参照。

＊40 ディエゴ・リベラ
（一八八六〜一九五七）メキシコの画家サン・カルロス美術学校に学ぶ。一九〇七年、渡欧。キュビスムに影響される。二一年の帰国後は、民衆の芸術と社会主義リアリズムを追究。主な作品に、壁画『社会主義と資本主義の岐路にある男』等。

＊41 フリーダ・カーロ
（一九〇七〜五四）メキシコの画家。一九二二年、国立予科高等学校に入学。一九二九年に画家ディエゴ・リベラと結婚。三九年に離婚するも、翌年リベラと再婚。三六年、スペイン内戦にともない、共和主義者のための国外委員会メンバーとなる。トロツキー創設の第四インターナショナルに加盟。強い原色の自画像で知られる。主な作品に『二人のフリーダ』等。

藤森　確かにカーロは、社会主義的民衆を描いたわけじゃなく、極私的世界を描いた画家だから、戦後の民主主義時代の展覧会のテーマにはそぐわなかったのかもしれない。

磯崎　ニューヨークのロックフェラー・センターの壁画を描いたのが、そのリベラですよね。後でこの壁画は消されているんです。だから当時、メキシコは、アメリカの左翼、ニューディール後期の左傾化したアーティスト達の一つの憧れの場所だったと思います。

藤森　イサム・ノグチ*42も岡本太郎もメキシコに渡って政治性、社会性の強い作品を制作していますよね。

磯崎　まずはイサムさんがメキシコに行って、カーロと恋仲になるわけじゃないですか。二人でしけ込んでいるときにリベラに踏み込まれて、イサムさんが二階の屋根から飛び降りて逃げたとかいう有名な話がありますよね。

*42 イサム・ノグチ
第一章・注釈71（五七頁）参照。

バウハウスと左翼思想

藤森　当時の世界に目を向けると、バウハウスはマルクス主義とヒューマニズムと合理主義の三本で成り立っていて、マルクス主義を理由にヒットラーによって潰されます。この出来事への反応には、世界的には温度差があるんです。日本政府は、日独防共協定を結んでいながらバウハウスに対して興味がない。バウハウス留学組は、バウハウスの閉鎖後、銀座にバウハウスを手本にしたデザイン学校をつくります。そこで、ナチスがバウハウスを潰したというポスターを発表しても、日本の当局は興味がないんですよ。一方で、メキシコは一生懸命左翼であり続けた。

磯崎　むしろ政治的になる。

藤森　それは、スターリニズムになってもまったく変わらず、相変わらずマルクス主義への夢を見続けている。真実とは遠い話を信じていた。当時は、スターリニズムは批判されていなくて、批判されるのは、戦後になってからです。日本ではそういう事情がわからないままに、左翼運動も建築運動もバウハウスに絡んでくるわけです。

磯崎　日本の左翼は、よりバウハウス系ですよね。

藤森　そうです。いつ日本の建築運動が始まるかというと、一九二〇年に分離派建築会[*43]ができてからです。分離派がモダニズムを通して現代に繋がり続けるということは、様式的に考えると変なんです。世界的な流れで言うと、アール・ヌーヴォーやマッキントッシュ[*44]から始まる。だけど、アール・ヌーヴォーは、日本では武田五一[*45]さんはじめ大勢の歴史主義建築家が手がけ、分離派には繋がらない。日本のアール・ヌーヴォーは歴史主義の最後というように僕は捉えている。

磯崎　ムーブメントというものを手がかりに組み立てるのが、近代モダニズムの歴史です。アール・ヌーヴォーなどから入ってきた人達は、運動する概念がそもそもなかったんですね。

藤森　流行現象ですね。分離派ができたときから完全にヨーロッパと同調し始める。そ

＊43 分離派建築会
日本近代建築運動の先駆的グループ。一九二〇年、東京帝国大学工学部建築学科の学生である石本喜久治、滝沢真弓、堀口捨己、森田慶一、矢田茂、山田守が、卒業直前の二月に大学構内で同人習作展を開いたのに始まる。同人に浜岡（藤田）周忠、大内秀一郎、岡村蚊象（山口文象）、会友に他七人が加わる。明治の様式建築やその亜流からの分離と、建築実利主義の克服を目指した。主な作品に「平和博覧会第二会場」（堀口捨己）、「東京中央電信局」（山田守）、「朝日新聞社東京本社」（石本喜久治）等。

＊44 チャールズ・レニー・マッキントッシュ
第一章・注釈56（四二頁）参照。

＊45 武田五一
第一章・注釈67（五四頁）参照。

の同調が、流行を受け入れるという同調ではなく、自ら積極的に海外に出ていくし、直接的な交渉が始まる。それで、向こうの連中も、彼らを通して日本の情報を取り込んでいく。アール・ヌーヴォーに取り入れられた日本の美術の情報は、よく知られているように、渡来した日本の包み紙や葛飾北斎の浮世絵から伝わったんです。

磯崎　ジャポニスムのさまざまな骨董の流出に伴ってですね。

藤森　堀口捨己[*46]さんや山口さんが渡欧した一九二〇年代の初めから三〇年代にかけて、ヨーロッパと日本の前衛は同調し始める。

磯崎　同時代的に動いていくんですね。

藤森　そうです。それは、ヨーロッパ側にはない観点なんです。なぜなら、欧米だけでやってると思っているから。

磯崎　アメリカの場合は、一九二五年のパリのアール・デコ展のときに、アメリカは、まだそういう場所に出すほどまだ成熟していないという理由で参加していないんですよ。そのときはロシア構成主義のコンスタンティン・メルニコフ[*47]とかアレクサンドル・ロドチェンコ[*48]なんかが出てきて、家具などを出し始めた頃ですね。そういうかたちでロシアは構成主義（コンストラクティヴィズム）を打ち出してきた。一方で、フランスはすべてアール・デコで打ち出して。このときに、コルビュジエも「レスプリ・ヌーヴォー館」を設計して参加しているわけです。

藤森　アメリカは大調査団を送ってますね。我々は遅れているから、アール・デコを学

＊46 堀口捨己
第一章・注釈68（五五頁）参照。

＊47 コンスタンティン・メルニコフ
（一八九〇〜一九七四）ソヴィエトの建築家。一九二九年に設計した自邸で知られる。

＊48 アレクサンドル・ロドチェンコ
（一八九一〜一九五六）ソヴィエトの画家、デザイナー、写真家。劇場の小道具係の家庭に生まれ、一九一〇〜一四年、カザンの美術学校に学ぶ。革命後は、詩人マヤコフスキーと親交を結び、構成主義運動に参加。舞台装置、ポスター、インダストリアル・デザイン、装幀、フォトモンタージュ等各方面で活躍。主な作品に『黒の上に黒』等。

ばなくてはということですね。ところが面白いことに、ニューヨークには当時既に後にアール・デコと呼ばれる超高層が出現していたんですよ。

磯崎 シカゴ・トリビューン社の「トリビューン・タワー」のコンペがあったのもその頃、一九二二年かな。そのコンペでは、グロピウスが落とされたんです。一等になったのは、ゴシック調からすぐにアール・デコになって、のちに「ロックフェラー・センター」も設計するレイモンド・マシューソン・フッドで、エーロ・サーリネン[*49]の父親であるゴットリーブ・エリエル・サーリネンが二等だった。

そして、アメリカは、十年間でいわゆるネオ・ゴシックからアール・デコを介してモダニズムまで一気に単独で走っていくんです。それが超高層ブームの中で起こるわけですけれど。そういう流れがあるのだけれども、アメリカは世界的に見ると、モダニズムのデザインとしては、立ち遅れているというように見えていた。一方の日本は意識的でしたね。

バウハウスへ渡った日本人建築家達

磯崎 五十殿《おむか》利治さんの『「帝国」と美術』という本を読んだら、藤田嗣治[*50]（レオナール・フジタ）は一九一三年にフランスへ渡って、第一次世界大戦をパリで経験しているらしい。自分は戦争に行く立場ではないけれど、かといって何かやらないといけないと

*49 エーロ・サーリネン（一九一〇〜六一）フィンランド生まれの、アメリカの建築家。一九三四年、エール大学卒業。父の事務所で働き、五〇年に自立。主な作品に「ニューヨーク・ケネディ空港TWAビル」「エール大学学生寮」等。

*50 藤田嗣治 ふじた・つぐはる（一八八六〜一九六八）洋画家。一九一〇年、東京美術学校西洋学科を卒業。一三年、渡仏。乳白色の絵肌に線描する独自の作風を生み出し、エコール・ド・パリにて脚光を浴びる。二九年に一時帰国、再びパリを中心に制作。日本国内では二科会会員、帝国芸術院会員となる他、戦争画も描いて朝日文化賞を受賞。五五年、フランスに帰化。五九年に洗礼をうけ、レオナール・フジタと改名。主な作品に『五人の裸婦』等。

いうことで赤十字かなんかに入ったそうです。藤田の親父は軍医なんです。

藤森　それじゃあ、医療の知識があったんですね。

磯崎　そして戦後は、エコール・ド・パリのスターになる。日本のアーティストの何人かは、完全にそのときからフランスの動きと同調していた。堀口捨己さんがパリに行った時期は、そこから時代が十年ほど遅れていますからヨーロッパに行ったときに既に同じ意識をもっていたことは確かだと思いますね。

藤森　分離派はまず一九二三年に石本喜久治[*51]さんがバウハウスへ行っています。デッサウに移転する前のワイマールのバウハウスです。

そして翌年、堀口さんが訪れ、校長室を見せられる。デッサウの校舎の原型になるグロピウスが初めてモダニズムをちゃんとやった部屋です。それは直接的に堀口さんの「岡田邸」の洋間に影響を与えています。「岡田邸」の洋間には、蛍光ランプによる洒落た照明がついていたんですが、それはバウハウス校長室の有名な照明です。それくらい堀口さん達は、バウハウスの動きに早くから反応していた。日本の学生が行くのは、バウハウスが一九二五年にデッサウに移ってから二年後で、水谷武彦[*52]さんが最初に入学しました。東京美術学校（現・東京藝術大学）出身です。

当時は三年制か四年制で、水谷さんはバウハウス卒業後に帰国して、東京美術学校の助教授になった。ところが彼はバウハウスの素晴らしいデザインに感動して、もち帰るわけだけれど、同時にマルクスももってきちゃう。それで、学校を追放されてしまう。

＊51 石本喜久治　いしもと・きくじ（一八九四～一九六三）建築家。一九二〇年、東京帝国大学工学部卒業。同級生だった堀口捨己らと分離派建築会を結成。同年、竹中工務店入社し二七年に退社。片岡石本建築事務所開設。三一年、石本建築事務所開設。代表作に「山口銀行東京支店」「朝日新聞社東京本社」等。

＊52 水谷武彦　みずたに・たけひこ（一八九八～一九六九）美術教育者、建築教育者。一九二一年、東京美術学校図案科第二部卒業。一九二七～二九年にかけて文部省給付留学生として、日本で初めてバウハウスへ留学。帰国後その教育を実践した。

＊53 山脇巌　やまわき・いわお（一八九八～一九八七）建築家・写真家。一九二六年、東京美術学校建築科卒業後、横河工務所に入所。写真撮影をはじめる。三〇年、妻の道子とドイツに渡り、夫婦でバウハウスに入学。同校で建築を学ぶが、写真部門に転向。三二年、バウハウス閉鎖により帰国。主な建築作品に「ケヤキハウス」、フォトモンタージュ作品に『バウハウスへの打撃』等。

＊54 川喜田煉七郎　かわきた・れんしちろう（一九〇二～七五）建築家。一九二四

水谷さんは仕様がなしに、山脇巌[*53]さんや山口文象やバウハウス系の仲間と一緒に銀座にバウハウスを開いたんです。バウハウスでは誰もわからないから、新建築工芸学院と名前をつけた。山口さんが校舎を設計し、校長は東京高等工業学校（現・東京工業大学）出身の川喜田煉七郎[*54]でした。桑沢洋子[*55]、原弘[*56]、亀倉雄策[*57]、勅使河原蒼風[*58]は、この新建築工芸学院で学んでいる。

僕はその校舎のあった三ツ喜ビルを見ているんです。銀座の中央通りから少し入った資生堂本社の近くにあって、二階建ての木造で、モダンというより少し表現派がかった建物でした。建築探偵団を始めた頃で、明治や大正の建築を、一生懸命探していたから、その校舎を見ても「おお、あれは山口さんだ」なんて言って写真は撮るんだけど、ちゃんと調査はしなかった。

磯崎　最近、『下山事件』のノンフィクションをこの当事者の孫にあたる人が調査しながら書いていますが、暗殺組織の秘密基地なんかが日本橋付近にあったりして、レトロな建物で残っていましたね。この本にも出てくる三浦義一《ぎいち》らしい人物の事務所は三井本館にあったので、大分県立図書館の打ち合わせで、僕はこの付近をうろついたりしましたが、藤森さんのように観察してない。もう記憶がかすんでいます。

藤森　今にして思うと、三ツ喜ビルをちゃんと調査しておけばよかったが、他のことが忙しくてやれなかった。

水谷さんは銀座にバウハウスを開き、その水谷さんに影響を受けた山脇巌さんは、奥

年、東京高等工業学校附設工業教員養成所建築科卒業。一九三〇年、ウクライナ・ハリコフ劇場の国際設計コンペにて、コルビュジエ、グロピウスらと伍し四席を獲得し注目を集める。三二年、新建築工芸学院を開設し、機関誌『アイ・シー・オール』を発行。デザインの分野に影響を及ぼした。六一年、店舗設計家初代会長就任。

＊55 桑沢洋子　くわさわ・ようこ（一九一〇〜七七）ファッションデザイナー。三二年に女子美術学校（現・女子美術大学）卒業。翌年に新建築工芸学院へ入学しバウハウスの思想に触れる。三七年に婦人画報社（現・ハースト婦人画報社）東京社へ入社。四二年に東京社を退職し桑沢服飾工房を設立。五四年桑沢デザイン研究所設立。六六年、東京造形大学を設立し学長に就任。

＊56 原弘　はら・ひろむ（一九〇三〜八六）グラフィックデザイナー。一九二一年東京府立工芸学校印刷科卒業。四一年東方社に入社。三七年のパリ万博博覧会日本館、三九年のニューヨーク万博日本修交室写真壁画、六四年の東京オリンピック関連デザインを担当。五一年、日本宣伝美術協会創立に参加。五二〜七〇年、武蔵野美術大学教授。日

さんの道子さんと一緒に留学する。そのときの費用は奥さんの実家で浅草の大地主だった山脇家が出したそうです。

道子さんに話を聞いたときに、バウハウスと日本の若手が同調しているという実感をもったんですよ。カンディンスキーのデッサンの授業の話が面白くて、校内から自転車を拾って来てアトリエに積み上げ、それをスケッチしていたそうです。まさにカンディンスキーの抽象画の線が飛ぶような感じですよね。道子さんはお茶をやっていたので、その延長でバウハウスを理解できたそうです。そういう話を聞くと、ああ同調していたんだなということがよくわかります。道子さん達がいるときに既にバウハウスはおかしくなりだして。校内によくわからない役人みたいな人が入り込んできて調べている姿を見かけたり、噂が流れたりして。

磯崎　バウハウスの学生達は共産党活動をずっとやっていた。芸術至上主義の初代ヴァン・デ・ベルグに代わって、社会民主主義的なグロピウスがモダニズムでまとめようとしても、過激化した学生は手に負えない。ハンネス・マイヤーは外部の圧力と内部の突き上げを収める人として期待されていたけど、追放される。火中の栗を拾う役はミース・ファン・デルローエですね。結局ナチの極右政策で立場がなくなり、シカゴへ移住。アメリカはミースを介して日本はコルビュジエを介して、モダニズムを受容することになります。それは一九五〇年代になってから明らかに区別が見えてきたけど、三〇年代、四〇年代は政治的なものが圧倒的に優位に立っています。

本グラフィックデザインの先駆者。

＊57 亀倉雄策　かめくら・ゆうさく（一九一五〜九七）グラフィックデザイナー。新建築工芸学院にて学んだ後、日本工房入社。一九六〇年日本デザインセンター設立に参画の後、六二年亀倉デザイン研究室を設立。七八年日本グラフィックデザイナー協会（JAGDA）設立に参画、初代会長となる。

＊58 勅使河原蒼風　てしがはら・そうふう（一九〇〇〜七九）華道家。勅使河原久次の長男。一九二七年草月流を創始。五〇〜七〇年代にかけて、欧米各地で展覧会やデモンストレーションを精力的に行い、いけばなを世界的に広める。いけばなの他に彫刻、絵画、書など幅広い創作活動を続けた。

分離派建築会入会と創宇社建築会の創設

藤森　山口さんはグロピウスのところに行く前にどういう思想的状態だったかというと、一九二三年に分離派に準員として入ると同時に創宇社建築会[*59]をつくる。分離派の山田守[*60]が率いる逓信省の雇員、今で言う下級技師者達が集まって始まった。創宇社の創設には二つ説があって、既に社会性に目覚めていたから自分達は、帝国大学出の芸術至上主義的エリート主義の分離派とは別のグループをつくったと言うメンバーもいる。山口さんは自分も芸術至上主義だったと言っている。

磯崎　そのあたりの具体的なディテールが面白いね。

藤森　彼は芸術至上主義からスタートして、自分の出身階級に目覚めていく。浅草の大工の子ですから。一九二九年に「新建築における唯物史観」（『アトリエ』一九二九年九月号）という文章を書いています。

　そのときの彼のいちばんの煩悶《はんもん》は、唯物論と美の関係です。次に「機械論的美術論批判」という文章も書き始める。ドイツ工作連盟の中での、ヘルマン・ムテジウス[*61]とベーレンス[*62]の間の理論的対立が山口の中で煩悶として起こる。

磯崎　ジェネレーションと、建築観、思想的な部分が、やはり世代的に、そして階級的に分離していくんですよね。

＊59 創宇社建築会　そううしゃけんちくかい　一九二三年に設立された建築運動グループ。岡村蚊象（山口文象）を中心に逓信省営繕課の技手達が結成した。岡村のほかに小川光三、梅田穣、専徒栄紀、広木亀吉、竹村新太郎等。分離派建築会の影響を受けて展覧会や講演会等の活動を展開した。

＊60 山田守　やまだ・まもる　（一八九四～一九六六）建築家。一九二〇年、東京帝国大学建築学科卒業。堀口捨己、滝沢真弓、森田慶一らと分離派建築会を起こす。逓信省技師となり、四五年の退官まで逓信省関係の諸建築を手がける。四九年、山田守建築事務所開設、五一年、東海大学理事、建設工学科主任教授。主な作品に「東京中央電信局」「東京厚生年金病院」「日本武道館」等。

＊61 ヘルマン・ムテジウス　第一章・注釈23（二五頁）参照。

＊62 ペーター・ベーレンス　第一章・注釈22（二五頁）参照。

藤森　ヨーロッパの前衛の問題意識が、日本の青年建築家の中にも生まれている。このへんから山口さんはマルクス主義の影響を受け始めた。そして一九三〇年に新興建築家連盟[*63]が結成される。これが戦前の最も純度の高い建築マルクス主義運動です。山口さんが中心になってつくるんですが、そこに分離派の建築家や帝大での分離派の後輩が流れ込む。ただ、分離派でも堀口さんと石本さんは入らない。石本さんは、これは危ないとわかっていたんだと思います。堀口さんは別の意味でわかっていた。自分の芸術主義とは違う。結果的に、分離派の中でも右端と左端は入らない。だけど、山田守さんは入る。

磯崎　まあ、同じ逓信省ですからね。

藤森　そうですね。もう一つ重要なことは、分離派の後輩であるモダニストの中心部分が入っていることです。前川さん、谷口さん[*64]、土浦さん[*65]、そういう人達ですね。名簿を見ると、堀口さんと石本さんを除くスター建築家が全員います。結成時の宣言文を読むと百パーセント、マルクス主義なんですね。

磯崎　その宣言文は誰が書いたんですか。

藤森　宣言文は山口さんが書いたか、あるいはバックにいた人か。当時、共産党は非合法になっていたんですが、文化運動は合法だった。

研究することは罪に問われなかった。大内兵衛《ひょうえ》さんなどが最後までマルクス主義経済の研究をできたのはそのためです。そこで地下化した共産党が何を考えたかというと、隠れ蓑としての芸術運動をコントロールしようとした。そのために、NAPF[*66]（ナップ。

＊63 新興建築家連盟
第二章・注釈15（八八頁）参照。

＊64 谷口吉郎
第二章・注釈16（八八頁）参照。

＊65 土浦亀城
第一章・注釈46（三三頁）参照。

＊66 NAPF　ナップ
（全日本無産者芸術団体協議会）
Nippona Artista Proleta Federacio（エスペラント）の略。一九二八年三月、分裂してきたプロレタリア文学運動を統一すべく、共産主義的主張をもつ部分を統合した「全日本無産者芸術連盟」が発足。同年十二月に全日本無産者芸術団体協議会と改称。機関誌『ナップ』を刊行。昭和初期のプロレタリア運動の主導的立場をとる。弾圧が厳しくなった三一年に解散。

全日本無産者芸術団体協議会）という有名な組織をつくる。その協議会に、東大新人会出身の内藤佐久郎がいます。東大新人会は、全員左傾化しているのだけど、最も左傾化していた人達が共産党に入った。そういった人達がＮＡＰＦをつくって、新興建築家連盟結成のバックにいた。それを潰したのは佐野利器です。この第一回大会の直後、『読売新聞』に「建築会に赤の洗礼」といって大きく載る。それで佐野さんが動いて一気に潰れちゃう。そのあたりの事情を知っていたのは岸田日出刀さんですが最後まで語らなかった。

磯崎　佐野利器はもともとアメリカ資本主義系でもあったわけだから。

リベラル左派と銀行ギャング

藤森　佐野さんの立場に立つと、佐野さんは、内務省の中で、内田祥三に託して同潤会をつくり、貧しい人達の住宅を供給している。俺のやっている方法が正しく、お前らの革命をやろうってのは間違っていると思っている。新興建築家連盟が潰れて何が起こったかと言うと、今泉、梅田（穣）の創宇社系は、地下に潜っていく。帝国大学系の山田、谷口、土浦、前川などは、社会主義路線を捨てて、リベラル左派に変わり、バウハウスを範に日本工作文化連盟[*67]を結成する。この流れの遠い果てに磯崎さんや私なんかは続くわけです。左右両側から見ると、イデオロギー的には中途半端な連中になる。

＊67 日本工作文化連盟　第二章・注釈18（八九頁）参照。

さて地下化した旧創宇社、新興建築家連盟の中心メンバーは何を起こすかと言うと、いちばん有名なのが今泉善一さんが共産党の資金集めのため、銀行ギャングをやった事件ですね。それが一九三二年です。

磯崎　当時は、「跳ね上がり」という言い方で呼ばれていましたね。

藤森　この跳ね上がりというのは、西山さん[*68]が言い始めた。今泉さんのことを聞くと、「左翼小児病」と説明した。でも今泉さんが建築界の思想性を守る。銀行ギャングをやって捕まるけど、共産党員としては非転向なんです。十三年間収監された。

治安維持法は銀行ギャングや銃器不法所持を対象にしないんです。治安維持法は思想犯しか裁判しない。だから、ギャングの件は対象外で裁判記録にも残されていない。

磯崎　なるほど、ただの強盗事件ということなんですね。

藤森　ただの粗暴犯なんです。当時の特別高等警察というのはエリート中のエリートで、彼らの関心は天皇制をどう守るかだった。それを壊そうとする連中を取り締まることが自分たちの任務だと考えているから、ギャングの話なんてまったく聞かないんだそうです。共産党との関係だけを聞いてくる。そのときは拷問なんてまだなかったそうです。

今泉さんは警察にはギャングのことをしゃべる必要がなかった。僕には教えてくれたけど、スパイM（飯塚盈延）という、共産党の中に入り込んでいた有名なスパイに騙され、資金稼ぎのため銀行ギャングをやった。今泉さんの担当は、地下共産党のアジト（隠れ家）を設定するのと、『赤旗』を刷るための秘密の印刷所をつくるということだっ

＊68 西山夘三
第二章・注釈89（一三三頁）参照。

た。十三年間、小菅でつとめて、敗戦直前に出てきた今泉さんを、前川さんが事務所に入れる。

磯崎　それが前川さんの偉いところですよ。

藤森　建築界で有名な事件ですから、前川さんも事情をよく知ったうえで雇ったんです。日本の建築界で治安維持法で捕まったのは、今泉さんの他に、東京都の建築局にいた梅田穣という人がいます。彼は微罪で収監はされていない。そのまま都に勤めています。

磯崎　要するに、思想犯でなかったら大丈夫なんですね。

藤森　ここで重要なのは、思想の取り締りをやっている国の側に、表現としての建築への興味がなかったことです。軍国主義日本は、美術、演劇、映画、演芸、文学、音楽、運動の七つの分野の表現者を連れて第二次世界大戦の思想戦、文化戦を戦った。そこに建築は入っていなかった。

磯崎　それは、すごく重要なポイントだね。建築は、芸術じゃないということだ。ゼロ戦の設計みたいなものを指してエンジニアリングだと思われていたということですね。

藤森　思想の取り締まりは内務省がやって。内務省に最も影響力があった建築家は佐野利器さんで、彼は建築は表現ではないと言った可能性がある。それで思想戦、文化戦の対象にならなかったのかもしれない。

ただ、佐野さんは一貫性のある人です。明治四三年（一九一〇年）に「我国将来の建築様式を如何にすべき哉」について、辰野金吾[*69]が議長で討論会を開いたときに、二人だ

＊69 辰野金吾　たつの・きんご（一八五四〜一九一九）建築家。工部大学校（現・東京大学工学部）卒業。コンドルに師事。一八九八年、東京帝国大学工科大学学長就任。伊東忠太、武田五一等多くの後進を育てた。工手学校（現・工学院大学）の創立を推進。代表作に「日本銀行本店」「中央停車場（現・東京駅）」「大阪市中央公会堂」等。

け面白いことを言った。その一人が横河民輔[*70]で、我が国の将来の建築様式をどうするかという馬鹿げたテーマは止めにしろ、と。彼はアメリカ流の合理主義者でしたから、様式なんてどうでもよかった。もう一人が佐野さんで、様式ではなく力学を表現してほしいと言った。モダニズムの本筋を、もう言っているんです。

磯崎　近代国家としての日本の都市をつくるとしたら耐震不燃しかない。このつくり方はアメリカの商業主義的建築の開発方式である。これだけのことを大正の初めくらいの頃にもう言っているんですね。震災復興をポリシーとして、日本の近代都市の方針が政策的に組み立てられて、法制化して、都市計画法や建築基準法などができたもとをつくったのは、佐野利器ですね。それを内田祥三に継がせた。

藤森　山口さんは新興建築家連盟が佐野利器に潰された直後、ドイツに渡る。逃げたのかもしれない。バウハウスに入ろうとするがグロピウスは校長を辞めており、グロピウスの事務所に入る。その段階では山口さんはすでに地下化した共産党のメンバーだった。自分のベルリン入りには二つの任務があったと言っています。

一つは、水力発電所のダムの最下端が水の流れで掘られないようにする曲線をドイツの学者が開発していて、それを学びに行くため日本電力からお金が出ていた。

もう一つは、日本共産党の資金調達について、ベルリンの共産党と連絡するためと山口さんは言っています。当時、ソヴィエト以外の世界の共産党の中で、いちばん豊かなのはベルリン共産党です。そこへ行って、向こうのお金を日本に入れる方法は相当複雑

＊70 横河民輔　よこがわ・たみすけ（一八六四〜一九四五）建築家、実業家。一八九〇年、帝国大学工科大学造家学科卒業後、単独で建築事務所を開設。九五年、三井元方に迎えられ、翌年アメリカ出張。九七年帰国。一九〇二年、三井本館を完成させ、翌年退社。横河工務所を開設。同年、東京帝国大学講師として最初の鉄骨構造の講座を担当。横河橋梁製作所、横河電機製作所等、数多くの事業を興す。主な作品に「帝国劇場」「三越」「東京銀行集会所」等。

＊71 エーリヒ・メンデルゾーン（一八八七〜一九五三）ドイツ、アメリカで活躍したユダヤ系建築家。表現主義運動に関心をもち、ポツダムの「アインシュタイン塔」を設計する。以後水平線の強調されたデザイ

で、香港かどこかを通って複雑な経由で送るというルートがあったそうです。

山口文象のベルリン時代

藤森　山口さんは努力家で、大工の子として蔵前の職工徒弟学校に学び、完璧な大工の技術を身につけ、かつ後にグロピウスのもとでモダニズムを学んできた。その一方、浅草育ちの江戸っ子なんです。息子さんから聞いた話ですが、山口さんが着流しで歩いているとき、不良少年達にガンをつけられた。山口さんはつかつかと寄って行って、人目につかない通りの奥へ少年達を連れて行って下駄でボコボコにし、平然と何もなかったような様子をして帰ってくる。そういう江戸っ子の美学をもっていた。

市販されていない山口さんの作品集『新編 山口文象人と作品』がありますが、貴重なベルリン時代の日記が出てきます。その日記が興味深くて、当時グロピウス、メンデルゾーン、タウトが国際建築博をベルリンで開いた。それがどうも面白くない。グロピウス、メンデルゾーン、タウトは、モダニズムの中の芸術派のエリートです。それに対抗し自分達はプロレタリア建築展覧会[*72]というのを開いた。模型とかをまったくつくらずに、ひたすら紙を出した。エルンスト・マイ[*73]とか左翼がかった連中と一緒に開いた。

磯崎　エルンスト・マイはドイツ工作連盟的なモダニストで、タウトをちょっと近代化した感じの人ですね。

ンへと転向。一九三三年、ナチスに追われ渡英。三四年頃からパレスチナで活動。四一年サンフランシスコに定住。主な作品に「コミュニティ・センター」(セントルイス市)等。

＊72 プロレタリア建築展覧会(一九三一年)

＊73 エルンスト・マイ(一八八六〜一九七〇)ドイツの建築家、都市計画家。多くのジードルンク(郊外住宅団地)を建設する。一九二七年建築誌『ノイエ・フランクフルト』創刊。三〇〜三四年、モスクワの全体計画を担当。その後ナイロビ、ダルエスサラームにて農地計画に従事し、五三年ドイツへ帰国。ハンブルクにて都市復興にあたる。

藤森　そして、山口さんはグロピウスに怒られた。それは校長を辞めたとはいえ、グロピウスもバウハウスの中に左翼問題を抱えていた時期だったんですよね。

磯崎　グロピウスにしてみれば、困ったもんだという感じでしょう。おさめきれなくなって。

藤森　その通りです。山口さんがグロピウスの所員のときに「ソヴィエト・パレス」のコンペを事務所で出しているんです。そのときの話がこの本にあるんです。一週間目にカール・フィーガーが八案、ドウスマンが五案。山口が十一案、合計二十四案を出した中で、グロピウスがどれにしようかと検討していたとあります。このコンペには日本から川喜田煉七郎が参加して、グロピウスをおさえ、二等に入っています。

磯崎　つまり、この頃になるとヨーロッパと日本の建築家の間に落差がなくなっている。

山口さんがベルリンへ資金集めに行ったのは共産党の秘密指令ですか。

藤森　そうでしょう。山口さんは二つの顔をもっていて、一つは日本を代表する若き建築家の一人であり、もう一つは地下共産党のメンバー。

磯崎　日本共産党に入党しているとか、そういう証拠はあるんですか。

藤森　共産党は戦前についてもメンバーのことは発表しません。でもその筋の人に聞くとわかる。最後までメンバーだったそうです。

奥さんが誰だと思いますか。一九三四年に結婚した奥さんは、日本画家の前田青邨[*74]の美人で有名だった娘なんです。だから、山口さんが設計した作品には、画家の家とか文

*74 前田青邨　まえだ・せいそん（一八八五～一九七七）日本画家。一九一四年に再興した日本美術院にて、小林古径、安田靫彦らとともに中心的作家となる。帝室技芸員、東京藝術大学教授を歴任。得意とする武者絵等、歴史画の他、静物画や風景画等を洗練された画風で描いた。主な作品に『京名所八題』『西遊記』『風神雷神』等。

学者の家がある。山口さんは表と裏を警察にも世間に気づかれずに生きることに成功したんです。

磯崎　もう一つ、その絡みで言うと、山口さんは戦後になって、河原崎長十郎[*75]さん達が創設した劇団「前進座」の建物を、舞台から宿舎まで全部やっていますね。

藤森　山口さんは「築地小劇場」と関係してますから。山口さんと共産党の関係を直接的に示す作品は、「築地小劇場」と「前進座」と「朝鮮大学校[*76]」の仕事の三つです。

山口さんは、戦前のベルリン時代があったから、戦後、共産党系の仕事をやることができた。ベルリン反帝グループの中にどっぷりつかっていたからです。モスクワに白井晟一さんが行ったあの時代ですよ。

磯崎　白井さんとはどこかで接触があったはずですね。

藤森　二年間、重なってるから知っていたと思います。その時期に白井さんの恋人だった林芙美子とも知り合った可能性もある。だから、戦後、林芙美子邸の設計をしたのかもしれない。

彼が思い出の中で語った人では国崎定洞《ていどう》がいます。当時のベルリンの日本共産党の中心人物です。国崎は医者で東京帝国大学助教授だったんですが、東京帝国大学に戻ることをやめて、ロシアへ亡命し、結局、スパイ容疑で処刑されます。山口さんは回想の中で国崎さんクラスの大物について述べるが、建築家のことは触れない。山口さんはベルリン時代に付き合った人として、国崎、藤森成吉、佐野碩《せき》、勝本清一郎、三枝博音《ひろと》、島

*75 河原崎長十郎（二世）
かわらさき・ちょうじゅうろう
（一九〇二～八一）歌舞伎俳優。一九一三年に二世を襲名。二世市川左団次の一座に入る一方、新劇運動を興す。洋行後、三一年に中村翫右衛門らと劇団「前進座」創立。六七年、思想上の相違により脱退。

*76 朝鮮大学校（山口文象設計、一九五九年竣工）

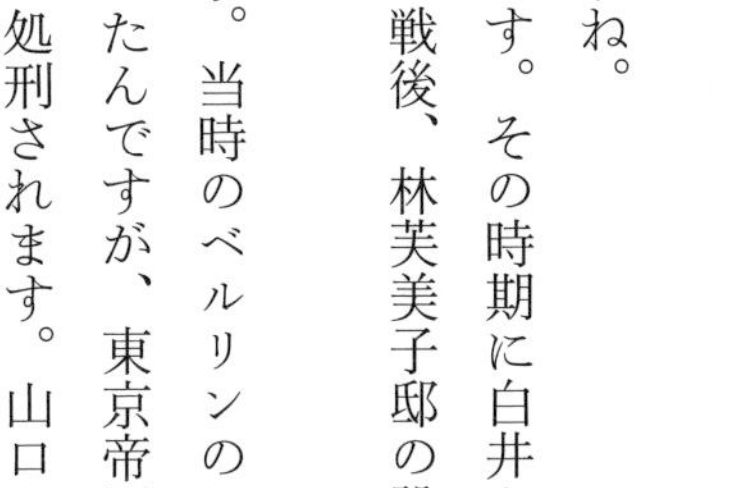

崎翁助《おうすけ》という戦後日本の文化をリードする人たちを挙げる。これは、回想録に出てきます。

磯崎　これは日本共産党史を読めば全部出てくるメンバーですね。

藤森　その通りです。帰国するにあたって、カールスルーエ工科大学のレーボック教授のところへ行きますが、ダムの曲面の特許を売ってくれないので、計算式だけはちゃんと覚えてきた。今でも黒部川第二ダムは問題を起こしてないので、成功したといえます。それからベルリンからの帰りに、パリへ寄って、坂倉さんの紹介でコルビュジエに会っている。

当時のコルビュジエの事務所は貧しくて、小汚いところにあるレンガの壁が剥き出しの部屋だった。そして帰路は、グロピウスと一緒に逃げたと山口さんは『新建築』での対談でこと細かにしゃべるわけです。ところが、コルビュジエに会ったのは日時も記録にも残っているけれど、ナチスに追われてグロピウス夫妻と逃げたというのは資料は何もなく、山口さんの脚色です。

山口帰国後の建築界

藤森　脚色の話でもう一つ。日本へ船で帰ってきたら、警察から連絡がいっていて神戸ですぐに捕まり、所持品などを全部取られて一ヵ月くらい拘束されたと山口さんは話しているけれども、これも脚色。

磯崎　建築のデザインもエンジニアリングのうちで、佐野利器は、テクノクラシーの日本の元締めみたいなコンセプトの人ですよね。建築というのは、テクノクラート側からの技術の理論の問題なんだから、思想犯としてのレベル、格が低かったんだと思いますね。

藤森　思想犯と見なされなかったからこそ、山口さんは帰ってきてすぐに「日本歯科医専附属医院」を設計することができた。すでに石本事務所がやっていた仕事で、それをとるようなかたちになってしまった。山口さんによるととったのではなくて、「日本歯科医専附属医院」の理事長が自分を評価してくれたから。それで石本さんと仲が悪くなっちゃう。以降、この「日本歯科医専附属医院」と「黒部川第二発電所・ダム」の二つでバウハウス帰りとして燦然と輝くんですが、それ以外は目立つ仕事はない。

帰国後も共産党の地下メンバーであることがばれない。たとえば、ベルリンで一緒になった三枝博音はマルクス主義者ですから、帰国して唯物論研究会というのをつくる。その後、唯研が挙げられ三枝さんや戸坂潤が捕まり戸坂潤は獄死します。三枝さんが当時のことを晩年に語っているんです。唯研時代集まる場所がなくて困っていたときに、山口さんが貸してくれて、安全に研究会が開けたって。

磯崎　そうすると、シンパだったんですね。

藤森　シンパのように見せ続けることに成功したんですね。共産党が地下に潜り左翼が建築界の表面から消えた頃、次の世代が出てくる。それが京大の西山夘三であり、磯崎さんが親しかった東大の高山英華[*77]です。

磯崎　僕は高山英華さんから随分と話を聞きました。高山さんはその左翼的なさまざまな動きについてはよく知っていて、俺もやればやれていたんだけどな、と言っていました。まあこれも高山さんの微妙なところで、どこまでが本当のことなのかはわからないんですよ。

藤森　一九三三年になると、山口さんの次の世代の、高山英華や西山夘三が「青年建築家クラブ」を結成する。中でも一番左だったのは西山さんの京大での同級生の藤井左内です。石本事務所の所員だった西山さんが一九三四年に徴兵されて入隊すると、その直後、特高に踏み込まれて「青年建築家クラブ」は潰れ、入隊した西山さんは軍法会議に召喚される。同年に入隊した藤井左内と共産党との関係を調べるためです。何と証言したか知りませんが、部隊に戻ったその夜、隊務日記という、上官がチェックする日誌に、社会主義を捨てることを書く。思想犯は、転向を表明すれば無罪です。

西山さんは帝国大学出ですから、中尉という高い位になって退役し、住宅営団に入り、かの有名な「食寝分離論」を打ち立てる。そうする一方、ヒットラーの親衛隊を手本に住宅営団親衛隊をつくったりしている。京都大学に戻ると、退役中尉の軍装をして、サーベルを鳴らして授業をしています。一九四二年の丹下さんが一等になった「大東亜建設記念営造コンペ」には、橿原神宮を中心とした「大東亜聖地祝祭都市」の案を出し

＊77 高山英華　第一章・注釈13（一九頁）参照。

てる。どうしてその頃、右傾化したかをたずねると、「ついクラクラッとして」と答えてくれた。

戦後、西山さんは共産党に入り、建築関係グループの主導権を握る。その西山さんから見ると、今泉さんや山口さんのような戦前派の非転向のメンバーや秘密党員は、煙たい存在なんです。

建築をイデオロギーの表現とみていない日本

藤森 左翼の問題をあれこれ考えてきたが、日本とヨーロッパを比較するときに注意しなければいけないのは、日本という国が建築を表現だと見なしていない問題です。ヒットラーがモダニズムは許さないと言って、古代ギリシャ、ローマを基本にしろと言ったようなことを日本の政治家は考えない。だから、戦争が煮詰まった段階でも建築表現はまったく関係なかった。
磯崎 つまり、実用物で、イデオロギー（思想）とは無関係のテクノロジーの産物と見ていたというわけですね。国体だけが保持できれば、どんなデザインでも受け入れる。同じファシズム国家で、長い伝統をもっているイタリアでは、ムッソリーニ。ムッソリーニ自身は文化、芸術的な関心が少なかったけれど、彼の愛人がムッソリーニのイタリア・ファシズムの文化的なものをかなりバックアップしていたようです。

藤森　ムッソリーニと一緒に吊るされた人ですね。

磯崎　ある意味で言えば、ヒットラーとはまったく違う近代合理主義のファシズム建築というのができあがったわけですね。国家的な建築様式の問題は、イタリアではかなり議論が起こっていました。ヒットラーのドイツにもあったわけです。スターリンはいちばん関心があった。今日、全体主義建築問題として、あらためて注目されているところです。

一方で、日本では、建築デザインは趣味の問題と見られていて、建築家がそれを表現するという観点が社会的に成立していなかったわけですよ。たとえば僕が、帝冠様式[*78]はそれに対して、日本の左翼運動とモダニズム派とがお互いに組んで抵抗した様式だと言うと、井上章一さんはそういう証拠はないと反論します。日本政府がこれを日本国家様式として認めて、これをやれと言った記録の証拠がないんだから、帝冠様式を批判するわけにはいかないと彼は言います。証拠がないということと、関心がなかったということと、もちろん文書が残っていないわけだから。

東洋趣味、日本趣味という表示は上野の国立博物館で問題化されたけど、如何なるかたちであるのかとは政治的には何もふれられていない。だけど、その解答は現在の東博の屋根になっている。日本的な様式とか日本主義とか東洋主義などがあって、前川さんや堀口さんが攻撃したときがあるじゃないですか。それは一体何か。これは国家様式問題ではなくて、単純に建築界の派権争い問題にすぎないということになっちゃうんです

＊78 帝冠様式
昭和初期のナショナリズムを背景に主張された建築様式。鉄筋コンクリート造または鉄骨造の上に、伝統的な屋根を載せるのが特徴。一般的に一九三〇〜四〇年代のものを指す。この様式の建物に「神奈川県庁舎」「東京帝室博物館」等がある。

ね。その問題を政治家が国家までもち上げていないというところが、今言った話と通じるところではありますね。

藤森 そうなってしまう。ブルーノ・タウトがナチスに追われて日本に来たときも、彼はユダヤ人ではないし、モダニズムゆえに追われて来ても、日本の警察はちょっとチェックして、後はどうぞです。ちゃんと仕事もできる状態だった。

磯崎 タウトはユダヤ系ではなく政治亡命のはずなのだけれど、建築論については、日本は近代建築の創始者の一人として尊敬しているからね。文化論として日本主義的に伝統的建築を説明できた。亡命状態だったわけだから、自ら社会主義的ユートピアを語るわけにはいかなかったでしょう。

藤森 日本国が思想戦、文化戦の戦略に建築を入れなかったのは、佐野さんの、建築はそういうもんじゃないという一言があったのかもしれない。まったくの推測ですが。

磯崎 テクノクラートとしての硬派と軟派がいて、軟派はデザイナーです。僕はこの分類については、藤森さんの先生の村松貞次郎さんからお前は軟派だというように決めつけられたことがかつてあります。俺達みたいな硬派で建築を考える奴らには、もっての外の不届きしごくという感じですよ。村松さんはそういう人でしょ。ところがその弟子が軟派中の極め付き軟派なんだから、まあ世の中はいろいろ不思議ですよね。

藤森 佐野さんはさっきも言ったように一貫性が強い人で、一九一一年にドイツに行ったとき、留学中の本野精吾[*79]に案内してもらってペーター・ベーレンスの[*80]「ＡＥＧタービ

＊79 本野精吾 第一章・注釈21（二四頁）参照。

＊80 ＡＥＧタービン工場（ペーター・ベーレンス設計、一九一〇年竣工）

ン工場」を二度も見に行っている。彼は力学を表現にするにはどうしたらいいかわからない。まだモダニズムが出る前ですから。あの建築こそ力動的美学を世界で最初に表現している。ベーレンスこそムテジウスに対し単純な合理主義、機能主義だけじゃだめだって反論した張本人です。

磯崎 あの建物は力があるよね。

藤森 あれは名作です。本野さん自身も、機械時代の表現をどうするか悩んでいるわけです。ベーレンスはコルビュジエやバウハウス成立直前におけるヨーロッパの輝く星だった。だって、コルビュジエもミースもベーレンスのところで学んでいますから。

磯崎 山口さんはベーレンス的なものをどう見ていたのだろうか。

藤森 山口さんは時代的にはベーレンスが活躍した後で、既に中心がバウハウスに移ったときですから、関心はなかったでしょう。今、聞かれて思い出したけれど、「黒部川第二ダム」[*81]の発電所が今も綺麗に残っていますが、ガラス張りのバウハウス風の建物の中で発電機が回っている。つくられた電気を外に送り出す機械があって、その部屋はベーレンスが見たらうらやましくなるような力動的な光景でした。

磯崎 僕は戦後の「黒部ダム」は見に行ったけれども、詳しいことを知らなかったので、山口さんの「黒部ダム」があるはずだということで現地の人にいろいろと聞いたけれど、「あの先にあるあれかな? だけどあそこへ行くのは大変ですよ。今はトロッコか何かに乗らないと行けないから止めたほうがいいですよ」というふうに言われて、とうとう僕

*81 黒部川第二ダム 一九五頁参照。

は行き着けなかったんです。

藤森　確かに専用トロッコで行くしかない。山口さんはもう行ったきりで、そこに宿舎などもつくっています。山口さんは、こと建築デザインには、ダイナミズムはない。発電機のおかげでダイナミックに見えたし、静的なバウハウスデザインがすごく活性化します。ダム本体は流線形で、ダイナミックですが、これは山口さんのデザインというより、計算の結果です。コルビュジエがバウハウスデザインを途中で止めるのは、活力がないのが理由です。

磯崎　コルビュジエはダイナミズムと造形性を求めていた。

藤森　コルビュジエも、そういうものもデザインできるんだということで、チャンディガールの奥のほうに水力発電のダムの絵は描いているんですね。それに近いようなものはその場所にできているらしいけれど、どうもコルビュジエのスケッチはコルビュジエ風に描いているだけだから、エンジニアリングとしてやっているわけじゃないわけですね。ともかく、みんな関心はもっていたテーマだと思います。

藤森　浜口さんの卒業設計も発電所ですし、発電は十九世紀のスチームエンジンにとって代わる二十世紀のそれこそ原動力ですから。

バウハウスで一緒だった山脇巌

磯崎　藤森さんに一つ聞きたいのは、山口さんと同じく山脇巌さんもバウハウスにいたわけですよね。二人はお互いをどう見ていたんですか。山口さんの後に山脇さんが来たわけですね。

藤森　山脇さんがバウハウスにいたのは山口さんの翌年、一九三〇年のミースの校長時代です。山脇さんはナチスによるバウハウス閉鎖までいます。そして、帰国にあたり、ナチス批判の例のポスター[*82]をつくって、持ち帰り、日本で発表する。

磯崎　時期は重なっていますか。

藤森　一九三〇、三一、三二と重なってます。戦後、グロピウスが日本に来たとき、山口さんは山脇邸に一緒に訪れていますし、グロピウスを自分の作品に案内しています。けれど戦前、一九三〇年以後、二人がどの程度親しかったかはわからない。山脇さんは戦争が近づくと、海軍の広報活動に積極的に参加しているから。

磯崎　一方で、山口さんは左翼的だからね。そこで戦争の世紀になると、山口さんはダムをやっていた頃なのか何なのか、しばらく表には出てこない。ところが、一方の山脇さんは世界的にぽーんと登場する。

藤森　どんどん出てきます。日米の間を繋ぐべくニューヨークで大展示をやった。太平洋展、海軍展とか。今気づきましたが、戦時下の坂倉さん山脇さん前川さんの右傾化の仕事は、陸軍ではなく海軍がらみですね。陸軍より海軍のほうが、文化的だったからか。

磯崎　山脇さんは国が絡んでいるプロジェクトのデザイナーになっていくわけですね。そのときにグラフィックデザイナーの原弘さんと組んでいます。フォトモンタージュと

＊82　山脇巌『バウハウスへの打撃』（一九三二年）

いうバウハウスの一つの方法を山脇さんはかなり独特に捉えた。そして、写真壁画というものをメインに日本に帰ってきてやり始めた。そうすると、インテリアデザインなんだけれどディスプレイ的で、メキシコが壁画運動で壁画を描いたみたいに、二〇年代の万国博覧会の場合は写真壁画というのがかなり流行っていたんですよ。たとえば、パリ万国博覧会のときに、日本が出展するでしょ。有名なのはアルヴァ・アアルト[*83]のフィンランド館ですが、フィンランド館は内側がすべて写真壁画ですね。こういうものがどんどん一九三〇年代に流行り始めた。このバウハウスの流れ、彼が日本のインテリアとこれをどんどん繋いでいった。ニューヨーク万国博覧会[*84]の日本館の展示も山脇さんだと思います。

藤森 コルビュジエの「スイス学生会館」のインテリアに写真を貼った壁がありますよね。出来が悪いというか、印刷物だから日が当たると退色していって、それで寂しい感じになっちゃってる。

磯崎 超巨大写真をどうつくるかですね。どうプリントするかなんですよ。日本館のこの写真壁画はコンポジションですね。これは結構な大きさのものですよ。横に長くて高さは四メートルくらいはあるかな。今だったらジェットプリンターで簡単に伸ばせるけれど、僕が聞いた話では、昔は体育館のような広い場所にプールをつくって、暗室になるようにまわりをカバーして、そこに現像液を入れて現像したらしいです。おそらくパネルをいくつかに割って運んでいるんだと思います。

＊83 アルヴァ・アアルト
第二章・注釈106（一四三頁）参照。

＊84 山脇巌による写真壁画〈観光日本〉全景。ニューヨーク万国博覧会日本館に展示された。

それにしたって一個一個がでかいだろうからね。バウハウスの左翼イデオロギーとしてつくりだされたフォトモンタージュでした。そういうビジュアルの構成を山脇さんはもってきて、これが国策になってきたということが、当時の日本の状況として面白い。だから、山脇さんは追放にあって、戦後はしばらく引っ込んだんです。逆に山口さんは戦後そこでぼーんと出てくる。

藤森 確かに、山脇さんは戦後引っ込みますね。戦後の仕事としては日大でバウハウス流のデザインを教えていたことしか知らない。

磯崎 戦後は、戦前に比べてずいぶん引っ込んだっていうことは言われていましたね。

戦中を切り抜けたモダニスト達の手法

藤森 ところで、山脇さんがバウハウス脱出時につくったのもナチスがバウハウス校舎を踏みくだくフォトモンタージュで、一九四三年の敗戦直前もフォトモンタージュ。内容は正反対ですが。

磯崎 シュルレアリスムの技法にコラージュ（貼り合わせ）があります。エルンストやマン・レイがやっていました。一方、エイゼンシュタインの映画技法でモンタージュ（イメージの複合）がありました。バウハウスはこれをプロパガンダ・アートとしてポスターや壁画展示へと広げていきます。一九三〇年代のパブリックアートになったというべきでしょう。

意識的に藤田と似たようなポジションになっている。ヨーロッパに行ったモダニズムとしての藤田が日本へ帰ってくるとおかっぱ髪を切って丸坊主にして、最後には陸軍美術協会の会長になるわけですね。日本画は横山大観で、洋画は藤田嗣治。この二人しか日本の近代のオリジナルはいないわけですよ。だけどこの二人が両方とも戦争協力をやったときがいちばん自分らしいものが出た。これが日本の近代美術の日本画も洋画も不思議な部分ですね。

藤森 ちょうどその時期に、丹下さんは初めて自分らしい計画案を富士山のふもとで立てている。パースの左手の富士山は横山大観です。あれで岸田さんや前川さんを感動させ、戦後へと繋がる。

磯崎 やっぱりこの時期があったから、戦後の和風にしても何にしても、この時期を通った人じゃないとできない。僕はモダン和風をやる五〇年代に活躍した建築家達を、モダニズムを通過した、つまり抽象的操作をやれる人と、そのまま数寄屋をやっていた人とに分けて考えていました。最初、白井晟一をどちらに分類すべきか迷っていたのです。それが「親和銀行」の仕事を見て、モダニストとしての抽象をやる人ではなく、ブリコラージュをやっていると理解して、やっと彼を評価する手がかりを得たと感じたのです。

藤森 戦時下のモダニストは、抽象化とモンタージュ化の二つの方法で、二十世紀建築と日本の伝統の融合を本気で試行していた。そこに、若き日の丹下さんが加わっていた。それで、丹下さんは戦後ガーっと出てくる。それに対してアメリカの建築家達は、こういうモダニズムもあるのかと驚嘆する。

磯崎　僕はアメリカの場合は、そういう伝統的なものと組み合わせるとか、伝統的美学と重ねるという概念がなくて、テクノロジー一本だったんだと思います。だから、ミースがアメリカに行くと、ミースをテクノロジーとして整理し始めていますから。だけど美学はない。日本からジャポニカを入れたら、これが美学になる。アメリカが日本文化を戦利品として持ち帰る。そのジャポニカをアメリカに伝えるように媒介しているのは、やはり丹下・浜口理論じゃないかと僕は思いますね。

そうするとアメリカのいちばんいい時代、サーリネンの時代はテクノロジーと美学が唯一瞬間的に重なったときですよ。ルイス・カーンはそれを崩しちゃった人だから。ちょうど一九六〇年というのが、アメリカの切り替わりだし、日本も切り替わる節目があって、一九六〇年頃というのは、ある意味でそういう戦前を引きずった戦後のさまざまな建築デザインが並行していた時期ですね。それから、まったくそれと切れたかたちで、その後が出来上がる。

僕は、この切り替わりが一九六〇年じゃないかと考えています。丹下さんの「伊勢」という文章が発表されたのは一九六二年でしょ。「桂」も「伊勢」の本も出したのは一九六〇年代前半です。だけどあれは、一九五〇年代に書くべきものの出版が一九六〇年代になったというだけで、一九五〇年代の考えだと思います。

藤森 戦後すぐのアメリカが、丹下、浜口を通して美学を日本から輸入したというのはすごい解釈ですね。丹下さんが伝統に目覚めたのは戦中ですから。

磯崎 一九四〇年から一九六〇年の間ですね。この二十年間で丹下さんは自らの方法の全部をやってしまった。六〇年代にできあがった著作も実作もこのときまでの評価を具体的に実現したものです。田中角栄の「列島改造論」(直接関わらなかったとはいえ)とともに挫折します。商業主義建築家へと転身せざるを得なくなった。

藤森 理論としても、「機能的なものが美しいのではない、美しきもののみ機能的である」と一行で、グロピウスの向こうを張る。

磯崎 そういうことから言うと、やはりこれは戦争の影響なのか……。結果でしょうけれども、何か国家が組み立ててきたような一種のナショナル・イメージというか、こういう問題の議論があって、普通、我々はさっき言ったような山口さんや西山さんは戦前からやっているけれども、これが一九四五年の終戦を境に切り替わるじゃないですか。戦前にやっていた人は、戦犯になるかもしれないとか、そういう理由であまり表に出てこれなくなるわけです。けれど、デザインのコンセプトではずっと繋がって、そっくりそのまま変更はせずにきた。これは山口さんでも同じですよね。

藤森 建築家は同じことをやっているんだけど、ある方向から見ると時代と添い寝をしているように見える。別の方向から見ると、時代を肥やしにしているように見える。

磯崎　時代のほうは変わるけど、建築家はそう器用に変わらないわけですよ。

藤森　丹下さんは時代を肥やしにした。

磯崎　丹下さんは、建築家の主体的構想力に自覚的だった。それが先輩建築家達と決定的な違いです。初めて思想として建築デザインを思考した人です。

社会の要請と建築

磯崎　そこで今日の話の続きになるんですが、もう一つ、藤森さんに聞きたいことがあります。戦後のいろいろな建築の論争というのがありましたが、「縄文弥生論争」は戦前以来のモダニズムの日本的受容問題だったというのが僕の印象なんですけれど、その次に建築界で大きく取り上げたのは、巨大建築論争[*85]じゃないですか。林昌二[*86]さんがひと言述べた「社会が建築をつくる」というこの思想は、考えてみたら戦争中に、藤田も丹下さんもみんな国家が建築をつくる、国家が美術をつくる、というふうに一つ上位の超越的なレベルを目標にして組み立てた理論がある。それがたまたま国家の、というレベルで。林昌二さんのあの論争のときは、モダニズムに対して批判するわけじゃないですか。この批判を左翼のモダニズムのうちとして見て、社会がつくるんだというような呼び方に変えた。要するに建築は、要請に合わせて変えているじゃないですか。大きくてなぜ悪いということになっちゃう。

＊85 巨大建築論争
神代雄一郎の論考「巨大建築に抗議する」に端を発する論争。一九七四〜七六年に『新建築』誌上で展開された。資本主義、企業主義により建築が無批判に大規模化しているという神代の批判に対し、日建設計の池田武邦、林昌二らが反論を行う。参考図書に神代著『間・日本建築の意匠』等。

＊86 林昌二
第一章・注釈45（三三頁）参照。

そうすると、日本が表現してなぜ悪いというふうに言ったのと、構造は繋がっているんじゃないか。そういう印象が僕にはあるんですよ。どう説明していいのかわからないんですけれど、少なくとも、どちらの場合も建築プロパーの議論ではあるのだけれど、いつもその上にそれを判断して決めるときの建築を超えたもう一つ上位の、これは社会というよりは資本主義だと思うんですが、資本主義の要請に基づいてやっているからだと。それを林さんは社会と呼び変えたんだと思います。

それに対して、日本国家の日本的な、ナショナルのイメージというのは戦争中の一九三五年以降ずっと繋がっています。

国家的なレベルで議論されたのが、戦争中なんだけれども、戦後の「縄文論」は、それを民衆サイドというように呼び変えたに過ぎないし、丹下さんもそれに合わせたところがあるわけですね。ごついとか縄文的とかというのは、これはまた別問題として、どうもそこら近所で建築プロパーという、デザインプロパーという文化論に当たる部分と、この文化論の前にもう一つそういう政治社会、経済というような構造が重なっているときに、建築のつくられ方、スタンスが変わっていくわけじゃないですか。

そこの絡みが建築家によっても、建築家はみんな文化論と思ってやっているけれど、文化論に引きずられて上がっていく。そっちのほうが歴史としてはピークになって見えてくるという、こういう構造が見えるような気がしているんです。

藤森　林さんの〝社会が建築をつくる論〟を考える上で面白い現象があって、日本の近代建築史の中で何度か前衛的な若い建築家達が社会を捨てるときがあるんです。一つが分離派です。磯崎さんが言われた耐震・耐火によって都市を変えなくちゃならないと言って佐野利器さんが力を前面に押し出したときに、堀口さんは「建築の非都市的なるもの」を主張して、私的領分に閉じこもる。その象徴が茶室です。

磯崎 軟派に逃げた人ですね。

藤森 もう一つは、戦後の建築のうち、ピロティーとか開放的な窓などによって公共建築と住宅を社会に開いていく丹下さんを代表とする人達に対し自閉する連中がいます。我々野武士世代がそうで、先導したのは磯崎さんと原広司さんです。自閉住宅が出てくる。たとえば、窓もなく入口のわからない家を安藤忠雄さん、伊東豊雄さんがつくる。

磯崎 内向きにしちゃう。都市を拒絶しちゃう。

藤森 興味深いのは、次の時代の表現をつくった人達は一度閉じた人なんです。野武士に先がけて閉じたのが磯崎さんの「中山邸」*87と原広司さんの「伊藤邸」です。

磯崎 「伊藤邸」の窓はトップライトしかない。

藤森 「中山邸」も中から何も見えない。

磯崎 まわりはコンクリートで固めてしまっていて。

藤森 開いたほうだけ見ていれば、林昌二が言ったように建築と社会との関係はきれいに重なるけれど、次の時代の表現はそこからは出てこない。組織設計事務所とゼネコン設計部は、建築を社会の要請に従って実現するのが仕事ですが、それでは建築の進歩は

＊87 中山邸
磯崎新設計。一九六四年竣工。現存せず。九八年、秋吉台国際芸術村に復原された。

（鈴木久雄撮影）

ない。社会からズレたところから、次の時代の表現は芽を吹くからです。

（磯崎邸にて）

第四章　大江宏と吉阪隆正

戦後一九五〇年代初頭に渡航、
「国際建築」としてのモダニズムを介して
自己形成した二人

大江宏　おおえ・ひろし

（一九一三―八九）秋田県生まれ。父は明治神宮宝物殿の設計者、大江新太郎。一九三八年、東京帝国大学工学部建築学科卒業。文部省、三菱地所を経た後、四六年、大江新太郎建築事務所を継承。五〇年、法政大学工学部教授に就任。主な作品に「大和中宮寺厨子」（一九四〇）、「法政大学五五年館」（一九五五）、「乃木神社社殿」（一九六二）、「香川県文化会館」（一九六五）、「普連土学園」（一九六八）、「国立能楽堂」（一九八三）等。

吉阪隆正　よしざか・たかまさ

（一九一七―八〇）東京生まれ。一九三三年にジュネーブのエコール・アンテルナシオナルで学ぶ。四一年に早稲田大学建築学科卒業。五〇年、フランス政府給費留学生として渡仏し、ル・コルビュジエのアトリエに勤務する。五二年帰国。五四年、吉阪研究室創設。五九年、早稲田大学理工学部教授に就任。六四年、U研究室を設立。主な作品に「吉阪自邸」（一九五五）、「江津市庁舎」（一九六二）、「アテネ・フランセⅠ期」（一九六二）、「大学セミナーハウスⅠ期」（一九六五）、「大島元町復興計画」（一九六五―六七）等。

大江、浜口、丹下の卒業設計

磯崎　まず、大江さんについて、二〇一三年に法政大学で行われた大江宏さんの生誕百年記念事業のシンポジウムのときに、僕の提示した報告の話をしたいと思います。

このシンポジウムの最初に、大江宏、浜口隆一、丹下健三の三人の東京大学の卒業設計について、それぞれの元ネタと思われるパースと、さらにいろいろある日本の曼荼羅の中から、それぞれに近いと思われるものを選んで見せました。丹下さんは「富士曼荼羅図」、浜口さんは「那智山宮曼荼羅」、大江さんは「春日鹿曼荼羅」。まあ、そんな勝手な思いつきをみなさんにお話ししたんです。

卒業制作では三人同格の銅賞ですが、実は銅賞の中でも一、二、三位があったのではないかと僕は思っていて、このときに採点があったら、僕は大江、浜口、丹下の順序になるんじゃないかと思うんです。大江さんはモダニズムの読みが深いですよね。似たデザインをグンナール・アスプルンド[*1]が一九三〇年にストックホルム博覧会のメインエントランスで設計していた。万博会場ですから、半年ほどで消えた仮設的な建築なんですが、このデザインと大江さんの案がそっくりなんですよ。

ストックホルム博覧会では、主任建築家としてすべてのパビリオンをアスプルンドが

＊1グンナール・アスプルンド（一八八五〜一九四〇）スウェーデンの建築家。ストックホルム王立工業大学卒業、同校教授。スカンジナビアで初めて近代建築様式を確立。代表作に「エーテボリ市庁舎」、ストックホルムの森林墓地「スコーグスシュルコゴーデン」等。

一人で設計しています。使用したのは鉄とガラスだけです。アスプルンドは北欧古典主義からモダニズムへの移行を早くに成し遂げたのだけれど、結局早く亡くなりました。その後、似たようなシチュエーションでフィンランドのアルヴァ・アアルト[*2]が出てきます。今では彼のほうが北欧的な建築として有名になっていますが、僕はアスプルンドのほうが、コンセプトはすべて早かったと思います。

浜口さんはすべてに理屈が通っているから、やっぱりグロピウス、バウハウス的な構成ですよね。丹下さんは完全にコルビュジエのコピーです。

藤森 大江さんの卒業設計のパースを初めて見ましたが、磯崎さんに言われて見てみると、こんなに似てなくてもいいというくらいアスプルンドと似ていますね。当時、アスプルンドに着目するような若い建築家はいなかったですよ。

磯崎 誰もいなかったね。

藤森 アスプルンドの日本での評価だけど、村野藤吾や今井兼次などの一時代前の表現派の影響を受けた建築家達は好きだった。

磯崎 だけど、彼らはアスプルンドよりもラグナル・エストベリ[*3]のほうがもっと好きでしょ。

藤森 エストベリがいちばん好きだけど、アスプルンドも北欧グループとして、一応知っていた。だけど、東京帝国大学の若い連中は、コルビュジエ一点張りですから。そのコルビュジエもバウハウスと同調している時期のコルビュジエです。

＊2 アルヴァ・アアルト
第二章・注釈106（一四三頁）参照。

＊3 ラグナル・エストベリ
（一八六六〜一九四五）スウェーデンの建築家、舞台装置家、家具デザイナー、画家。すべての芸術をもってスウェーデンの歴史を賛美するという思想を貫く。代表作に「ストックホルム王立ホルム市庁舎」「ストックホルム王立特許局」「海洋史博物館」等。

グンナール・アスプルンド「ストックホルム博覧会」メインエントランス
Gunnar Asplund “Stockholm Exhibition, Main entrance” 1930, photo:Rosenberg,C.G.

ヴァルター・グロピウス「バウハウス」
Walter Gropius “Bauhaus” 1925-1926, Bauhaus-Archiv Berlin

ル・コルビュジエ「スイス学生会館」
Le Corbusier “Projet du Pavillon” 1930-1932,
©FLC/ADAGP, Paris&JASPAR, Tokyo, 2016 G0355

磯崎　僕はとりわけアスプルンドの初期の仕事に関心をもったんです。というのは、北欧の古典主義とモダニズムがどう重なるかということについてです。戦争中にモダニズムと日本的なものが重なるその一つのモデルじゃないかと考えてアスプルンドを調べているうちに、先ほどのパースに気がついたんです。

　つまり、この前後もアスプルンドは作品をつくっていて、博覧会以前はクラシックで、以降は彼の代表作でもある「森の墓場」[*4]など、もうちょっとアブストラクトした古典主義になっていく。この博覧会会場は、その間にちょこっと挟まるかたちになっていて、そこであのようなモダニズムの建築が生まれたのは、六カ月という限られた期間の博覧会の仮設建築だったせいだと思われます。

　それで、さっきのアスプルンドの博覧会会場の写真を法政のシンポジウムで見せたときに、会場におられた構造家の佐々木睦朗さんが、妹島和世さんの建築のようだと言ったんですよ。こんな細い柱がスラブに突き刺さっている構成は基本的には構造的に成立しないんですよと佐々木さんは言うわけです。実際にアスプルンドのはスラブに細い柱が突き刺さっていて、大江さんの卒計のパースも同じように柱が突き刺さっているでしょ。だから、大江さんはアスプルンドの案を参考にしていると思うんですね。

　もう一つ、柱の後ろにトラスがありますが、このトラスは後に丹下さんが岸記念体育会館のファサードで使っています。この裏側がダブルの副《そ》え柱になっている。これと同じものを大江さんはここに足した。おそらく構造家の武藤清[*5]さんなんかに、お前達は構

＊4 森の墓場（グンナール・アスプルンドとシーグルド・レヴェレンツの共同設計、一九四〇年竣工）

＊5 武藤清
第一章・注釈74（五九頁）参照。

大江宏「卒業制作パース」（東京大学大学院工学系研究科建築学専攻所蔵）

浜口隆一「卒業制作パース」（東京大学大学院工学系研究科建築学専攻所蔵）

丹下健三「卒業制作パース」（東京大学大学院工学系研究科建築学専攻所蔵）

造をわかっていない、絵を描いても構造が成り立たないじゃないかと、しょっちゅう言われていました。そこで大江さんはこのトラスを足して、それで何とかもっというかたちにした。このトラスもデザインだという理屈にしていますね。おそらくこれは、おおかた設計を終えた後で大急ぎで付け足したんじゃないかと僕は推測しています。図面をよくよく見てもその真偽は確かめられなかったんですけれど。

藤森 じゃあ、大江さんは雑誌か何かで、アスプルンドの博覧会会場の写真を見たんですね。

磯崎 それはわからないな。その当時、あの建築の情報がどのように日本に入ってきたかっていうのが問題ですが、実は大江さんの案は日本工作文化連盟本部[*6]という設定なんです。僕はこのテーマのアイデアはかなり時期を得たものだと思います。丹下さんの案は美術館で、浜口さんの案は発電所でしょ。大江さんの案のオリジナル図面が法政大学にあるので見たんですが、結構いいですよ。かなりプロフェッショナルなレベルまで図面を描いています。どこまで手伝いの学生が描いたのかと思って話を聞いたんですけど、どうも本人が全部描いたんじゃないかということでした。

藤森 結局大江さんは、この卒業設計の路線を生涯通しますね。この細身の柱から見てとれる彼の美学は変わっていない。

磯崎 大江、浜口、丹下の三人はこの卒業設計で、それぞれヨーロッパのモダニズム建築をセレクションしてモデルにしていると思われますが、僕はそのモデルのつくり方

＊6 日本工作文化連盟
第二章・注釈18（八九頁）参照。

「春日鹿曼荼羅」奈良国立博物館所蔵
（写真提供：奈良国立博物館）

「那智山宮曼荼羅」熊野那智大社所蔵

「絹本着色 富士曼荼羅図」富士山本宮浅間大社所蔵

を曼荼羅に当てはめてみようと考えました。自らの日本的感受性がわかります。それぞれ個性の異なる日本的な構造をもっている。

大江さんの「春日鹿曼荼羅」は、曼荼羅の中でいちばん洗練されたものです。手前に鹿がいて、その上に神鏡があって、奥に神体として春日山が描かれているというもので、非常にシンプルではっきりしていますね。次の「那智山宮曼荼羅」は、那智大社や那智滝から補陀洛渡海《ふだらくとかい》とかまで、物語がひと通りまとめて描かれている。これはどう見てもモダニズムをバウハウスが一種の物語に組み立てたことに通じていて、そういうところを浜口さんは知識として理解したのではなかろうかという感じがします。丹下さんは直感的に富士山へと軸線を伸ばしていく。「富士曼荼羅図」は浅間《せんげん》神社の曼荼羅ですから、すべて富士山に向かって軸が通っているわけです。これは大東亜建設記念営造物コンペのときの皇居から大東亜道路へ向かうコンセプトに近いのではないかと思います。勿論、それぞれの曼荼羅は、僕が勝手に喩えたに過ぎませんが、それぞれの個性がすでに表れていたと思えませんか。

そしてその後、大江さんは、「大和中宮寺厨子」[*7]（一九四〇年）をつくって、これがいちばんの若描きですよ。戦争中にこれをやったっていうのはすごいことですよ。このプロポーションは最後までいかにも大江さんらしいと思います。

藤森　屋根も大江好みですね。

磯崎　丹下さんの「岸記念体育会館」と大江さんのこの「大和中宮寺厨子」を、この時

＊7　大和中宮寺厨子（大江宏設計、一九四〇年）

（小松崎常夫撮影）

代の一つの好みとして比べてみるのも面白いんじゃないかと思います。

正統の建築家、大江宏

磯崎　大江さんの作品の中では、僕は「乃木神社」[*8]がいいと思っています。そして晩年につくられた伊勢神宮の「神宮美術館」と「国立能楽堂」。この三つがモダニズムから抜けたところにきていると思います。堀口（捨己）さんが非正統日本建築の正統のようなものをやっているのに対して、結局大江さんはお茶室をやっていません。能舞台のような日本建築の正統はやるけれど、茶室のようなはずれのものはやらない。

藤森　数寄屋もやらない。

磯崎　そういうスタンスが非常に徹底した人だったと思います。だから、レーモンド以来、前川さんなどいろいろな人達による木造和風のモダニズムというものをさまざまに展開した流れが一方でありましたが、それはわかるけれど、大江さんにしてみたら、お茶室も含めてそれらはすべてはずれているんだと思ったんでしょうね。正統はここにしかないよ、ということを、最後は非常にはっきりと意識されていたと僕は思います。我々から見たら、その当時は正統にいくということはありえないというように思っていました。つまり、大江さんみたいにモダニズムをはっきり理解したうえでやっている人から見ると、崩れてしまって救いがたいと思われたんじゃないですかね。

＊8 乃木神社拝殿側面（大江宏設計、一九六二年竣工）

（小松崎常夫撮影）

藤森　大江さんに、なぜ数寄屋をやらないのかと直接聞いたことがある。そしたら、あんなもの建築家がやるものじゃないって言われた。ただ、一つ、大江さんの事務所が入っていたビルの地下の料亭を数寄屋で設計しています。書院造では料亭は設計できないから仕方なくやったと言われた。神社や、書院造の設計はするけれど、数寄屋はやらないというところに、建築家として矜持《きょうじ》をもたれていたんではないかと思います。

岸田日出刀達、つまり大江さんの先生の世代が伝統に目覚めるわけです。伝統とモダンには接点があると。それで実際に丹下、大江世代はその中を生きる。みんな学生時代から伝統建築を見て回っていた。丹下さんの方法は明快で、伝統建築のかたちの真似はしないけれど、構成はどんどん学ぶという路線でいく。かたちについても、木造の柱梁を打ち放しコンクリートに読み変えることで大きな成果を挙げていく。それが大筋です。磯崎さん達は、その世代の尻に付いて始めるわけです。

磯崎　大江さんと丹下さんはしょっちゅう一緒にいましたね。僕はその二人とも付き合いがあって見ていたのですが、大江さんと丹下さんは、岸田さんが怖くて仕方がないという感じで、常に師の影から一歩、いや十歩は下がらないといけないというくらいの感じなんですよ。逆に僕らの世代は岸田さんが退官された頃に学生だったので、ちょっと飲みに行こうと誘われてお供をするような状態だったんです。

藤森　孫扱いですね。

磯崎　お酒の席ですから、僕らもいろいろと勝手な口をたたくわけですよ。それを見ていた大江さんは、何かの会のときに、お前らのジェネレーションはもってのほかだ、大先生に対する礼儀を知らない。でも僕らは学生で、岸田さんは僕らの先生の先生ですから、どうってことないという感じなんですよ。丹下さんは、そういうことは言わなかったんですが、大江さんにはしょうがないと叱られました。

藤森　先ほど磯崎さんが言われたように、大江さんの道は、当時の主流ではなかった。大江さんと丹下さんは、理論的にも感性も相当違ったけれど、実際にとても仲がよかった。法政大学の人に聞くと、大江さんは丹下さんの悪口を言っていたそうですが、それは陰口ではなく、同級生を批評するのと同じだった。丹下さんも、大江さんから電話がかかってくると、今日は出かけるぞと言ってそわそわし出して仕事にならなくなると、事務所の所員から聞いたことがあります。友人であり、同時にライバルだったんですよね。

磯崎　そうですね。ライバルということで言うと、丹下さんが「香川県庁舎」[*9]をやって、大江さんが「香川県文化会館」[*10]（一九六五年竣工）をやっているんですよね。大江さんは、大江さんらしい木造のスタイルがよく出ていて、丹下さんは丹下さんで特徴が出ている。そうやって見ると、金子正則知事は、文化的なものは大江さんに、県庁舎のような実用的な建物は丹下さんにやらせるというように仕向けたのではないかと思います。「国立能楽堂」に到達する大江さんの流れというのは、もうあの頃からあったんだと思いますね。

＊9 香川県庁舎
第一章・注釈42（三二頁）参照。

＊10 香川県文化会館（大江宏設計、一九六五年竣工）

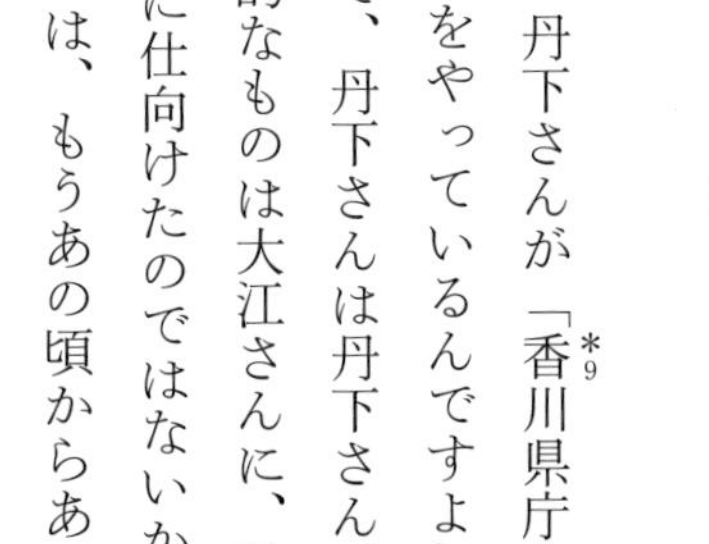

（小松崎常夫撮影）

藤森　それとも一つ、一般には知られていないけれども、大江家に残っている図面で僕が興味をもったのは、大江さんは入っていなかった日本工作文化連盟の時代のものです。内田祥三[*11]が文部省から相談された可能性がありますが、大江さんは卒業して文部省に入るんです。オリンピック、万国博覧会の計画が潰れた後に、文部省は「国史館」の計画を出した。日本工作文化連盟のメンバーは「国史館」をコンペでやろうと議論している。大江さんはそれを担当するために文部省へ入った。そして一九三九年につくられたこの案[*12]が不思議な案なんです。一応屋根はついて不思議な柱もあるし……。大江好みの繊細さは出していないんです。

大江さんが文部省に入ったのは、お父さんの関係でしょう。お父さんが大江新太郎[*13]ですからね。大江新太郎は、伊東忠太[*14]と一緒に内務省で神社をずっとつくり続け、晩年は、大江国風建築塾を家でやっていた。だから当然大江宏さんは、神社系の人達がお父さんと一緒に神社について勉強したり設計したりする様子を日常的に見ていたわけで。バウハウスでもコルビュジエでもない、当時としては、珍しい経歴です。この「国史館」の計画案では伝統とモダニズムを混ぜた不思議なイメージでやっている。

磯崎　丹下さんのデビューが一九四二年で、それ以前は前川さんの事務所の仕事しかないから。そうすると、「岸記念体育会館」とほぼ同じ時期ですね。

藤森　「岸記念」の前年です。この重たさというか、マッス（量塊）の扱いは、何となくコルビュジエっぽくもあるんです。もしかしたら、大江さんはコルビュジエ的なマッ

＊11 内田祥三
第一章・注釈12（一九頁）参照。

＊12「国史館」案
次頁参照。

＊13 大江新太郎
おおえ・しんたろう
（一八七六～一九三五）建築家。一九〇四年、東京帝国大学工科大学建築学科卒業。一九〇七年より日光社寺大修繕工事を指導。一六年より明治神宮造営に従事。神社建築の設計、後進の指導に務めた。東京帝国大学で庭園学を講義。代表作に「日光東照宮大修繕」「明治神宮宝物殿」等。

＊14 伊東忠太　いとう・ちゅうた
（一八六七～一九五四）建築家、建築史家。一八九二年、帝国大学工科大学造家学科卒業後、大学院に進み、九三年「法隆寺建築論」発表。一九〇五年東京帝国大学教授。中国山西省の雲崗石窟をはじめ、インド、トルコ等の仏教遺跡を調査。代表作に「平安神宮」「明治神宮」「大倉集古館」「築地本願寺」等。

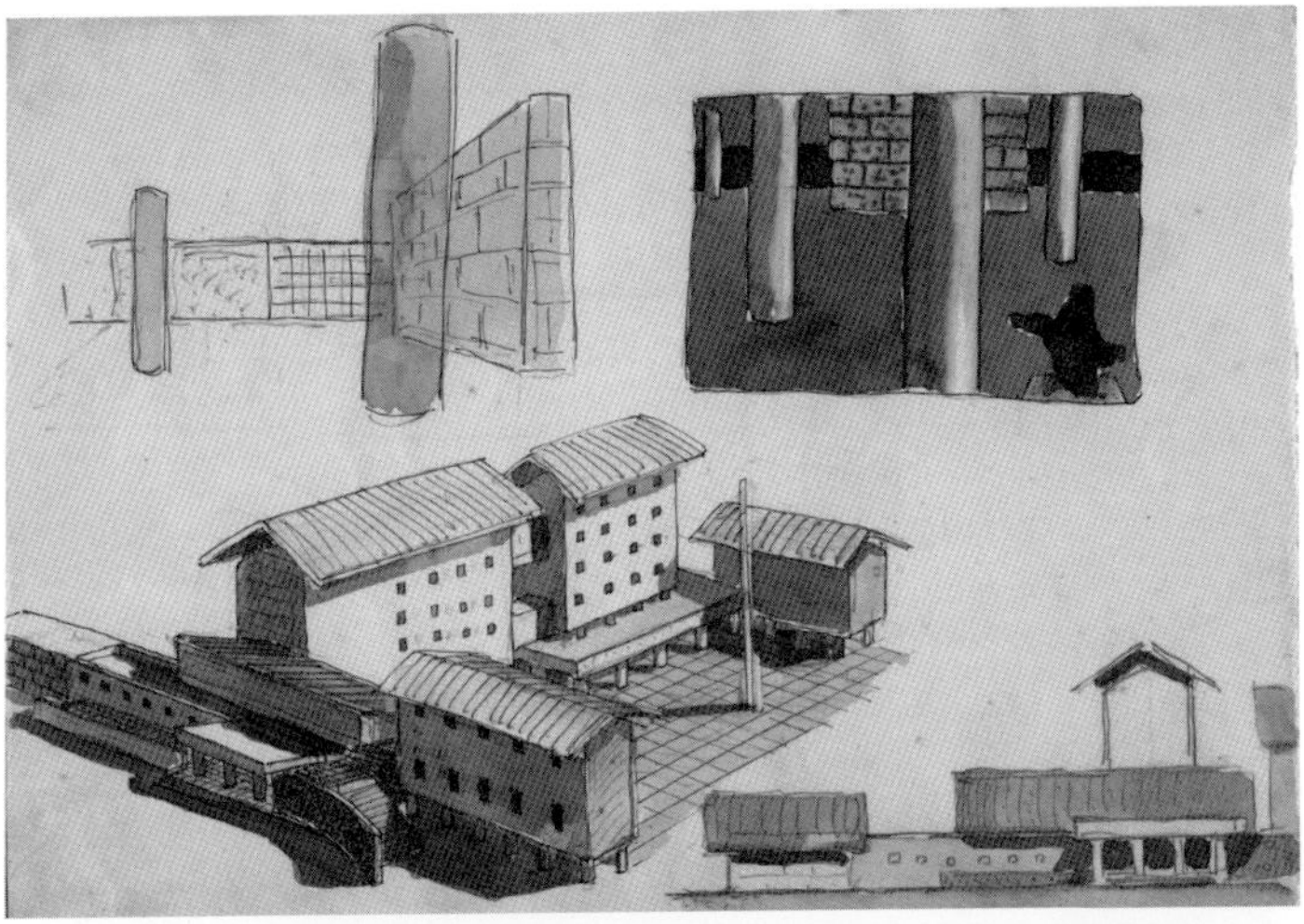

＊12　大江宏による国史館案第一案（上）と第二案（下）（一九三九年）（大江新所蔵）

ス と伝統との接点を探していた。

磯崎　第一案と第二案で屋根を変えているんだね。

藤森　よりモダンにしているんですよ。大江さんは、一方にがーんとヨーロッパのモダニズムからの影響があって、もう一方で伝統にも目覚め、その二つをどう料理しようかと思案している時期かもしれない。

大江さんは第一案でコルビュジエ的マッスと伝統との接点を求めたものの馴染めないものを感じたんじゃないかな。第二案では屋根をはずしている。

イタリアのモダニズム建築との繋がり

磯崎　一九三九年というと、イタリアのファシズム建築、ラショナリズム建築と同時期で、これはほとんど石がメインの近代建築ですね。ジュゼッペ・テラーニ[*15]のダンテウム計画案が最後だけれど、あれも同じ頃ですね。例のローマ郊外のニュータウン、EURが典型的です。

藤森　ちょっとモダンだけど、何か妙にクラシックなデザインですね。この時期に、生田勉[*16]さんがアダルベルト・リベラ[*17]などの動きに敏感に反応していて、思い出を書き残しているんです。特に面白いのは、ローマ万国博覧会（一九四二年）の「海上の門」というアーチの門があって、コルビュジエの「ソヴィエト・パレス」のまぼろしのアーチを

＊15 ジュゼッペ・テラーニ（一九〇四〜四三）イタリアの建築家。一九二六年、ミラノ工業大学卒業。多くの作品をP・リンジェリとともに設計する。イタリア合理主義建築運動（通称MIAR）の団体「コマスコ」創立委員。幾何学的造形の中から独自の機能主義を追究した。主な作品に「カサ・デル・ファッショ」「コモの幼稚園」等。

＊16 生田勉　第二章・注釈25（九二頁）参照。

＊17 アダルベルト・リベラ（一九〇三〜六三）イタリアの建築家。一九二五年にパルマ大学、二八年にローマの建築専門学校卒業。在学中からイタリア合理主義建築運動（通称MIAR）の設立に関わり、後にその書記を務める。ファシズム体制崩壊後は批判にさらされるが、数年後活動を再開。主な作品に「EUR会場」「マルモラータ通りの郵便局」「カリアーリの集合住宅」等。

引き継いでいるんです。丹下さんも引き継いでいる。丹下さんは、広島のコンペ案についてオスカー・ニーマイヤー[*18]のアーチ（西部への門）と一緒にするな、俺はあれには学んでいないいって言っていますが、「ソヴィエト・パレス」と「海上の門」の案から影響を受けた。

磯崎 丹下さんはリベラ自体は知っていたのかな。

藤森 もちろん知っていたと思います。生田さんは知っていて、生田さんが丹下さんのヨーロッパ情報の窓口でした。あの時代、イタリアのモダニズムの様子は伝わってきていた。ドイツのモダニズムはヒットラーのせいで潰されてしまっていた。

磯崎 イタリアの建築雑誌の『カザベラ』[*19]は、戦争中も全巻日本に来ていましたよ。米国系、英国の雑誌は一九四〇年で完全にストップしています。だけど、それから後もドイツとイタリアの雑誌や情報は入ってきていた。

藤森 今磯崎さんが言われたように、日本の建築界とドイツのモダニズムとの関係はよく知られているけれど、イタリアのモダニズムとの関係も細々とはあった。

磯崎 一九二〇年代末から一九四〇年代初めくらいまでの十数年間がイタリアのファシズム建築のラショナル（rational）。この間がテラーニが活躍した時代ですね。

藤森 先ほどおっしゃった、屋根がなく、柱だけが並ぶテラーニのダンテウムなどですね。支えるものがないのに、柱だけ立っているという不思議な空間です。

磯崎 ダンテウムのインテリアはそういう雰囲気なんですよ。太い柱が黄金比のフィボ

＊18 オスカー・ニーマイヤー 第二章・注釈46（一一二頁）参照。

＊19『カザベラ』*CASABELLA* イタリアの建築雑誌。一九二八年創刊。現在に続く。

ナッチ級数で増えていく。この筋書きで、いちばん最後はガラスのチューブの柱が百本ある「百柱の間」という案を考えていて、もしこれができていたら、驚天動地の作品ですよね。

藤森 それと有名なローマ万博の会議場がありますね。屋根部を少し浮かせてた。

磯崎 「EUR会議場」ですね。僕も中を見たことがある。これは空間的に迫力がありますよ。

藤森 外観もいいです。

磯崎 クロス・ヴォールト[*20]ですよ。

藤森 上から見ると、真四角のように綺麗なかたちで、プロポーションがよくできているんですよね。

磯崎 ちょっとネタを明かすと、ホテル棟の立方体（キューブ）にそのクロス・ヴォールトを載せると、僕の「つくばセンタービル」[*21]になります。小さい立方体にクロス・ヴォールト。当時も言われましたね。友人のジョセフ・リクワートから、リベラと繋がっているんじゃないかと。僕はただクロス・ヴォールトをやっただけなんです。

藤森 磯崎さんの湯布院の駅もそうですね。あの辺を、丹下、大江世代は同時代のものとして知っているんです。

磯崎 そうですね。大江さんの「国史館」のマッシブな扱いはやっぱりイタリアですよ。アルベルト・シュペーア[*22]みたいに純粋にクラシックに戻っていないから、完全にモダニ

＊20 クロス・ヴォールト
同じ形状の二つの筒型ヴォールトを直行させた形状のヴォールト

＊21 つくばセンタービル
第三章・注釈32（一九一頁）参照。

＊22 アルベルト・シュペーア
第二章・注釈37（一〇七頁）参照。

ズムの流れで、それがモニュメンタルになっているという感じですね。ある意味で日本はかなりイタリアの影響を受けたんだという気がします。

藤森　当時の『カザベラ』について書いているのは生田さんで、戦後にイタリアに行ったときに、懐かしそうに書いているんですね。かなり勉強していた。丹下さんの広島のアーチは「ＥＵＲ」の「海上の門」もあるけど、基本的には直接、「ソヴィエト・パレス」案からきている。意外と、イタリアのモダンに惹かれていたのは大江さんかもしれない。「国史館」案は磯崎さんが指摘したように、その証拠になる。大江さんが戦後にスペインのアルハンブラ宮殿列柱を自身の作品に取り入れるんです。たとえば一九六八年に竣工した「普連土学園」[*23]は、二本柱で明らかにアルハンブラ宮殿を意識しています。地中海の伝統建築に惹かれていくんです。

日本のサバイバル建築とリバイバル建築

藤森　結局、大江さんはアスプルンドから始まって「乃木神社」などの神社にまでいくわけですが、考えてみれば日本の伝統建築って、法隆寺以来サバイバルをして今までずっと生き延びている。今でも、神社の関係者や宮大工が伝えてつくっている。

一方で、日本の伝統建築で、近代になって、サバイバルでなくリバイバルしたものは意外と少ない。リバイバルとは、一度消えたものをまったく新しい観点でもう一度学ん

＊23　普連土学園（大江宏設計、一九六八年竣工）

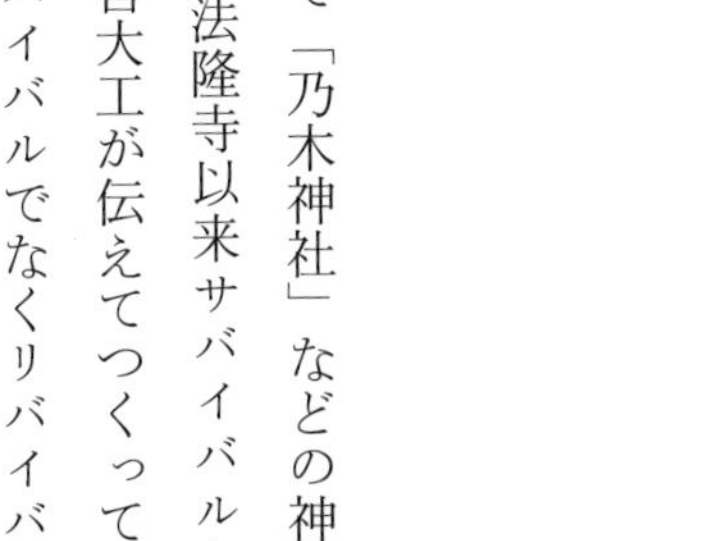

（小松崎常夫撮影）

でそれを再生することです。ルネサンスの時代にもサバイバルしているものはある。たとえば、英国のゴシックはずっとサバイバルしていて、田舎へ行くとゴシック的な建築を今でもつくり続けているんです。日本の建築家で、伝統のリバイバルをやったのは、大江さんだけかもしれない。ちゃんとモダンも知りながら、自分の好みや同時代の動きを知っていて、でも俺は神社をちゃんとやるぞというのが大江さんです。リバイバルの人だからサバイバルと違う。だから意識的に数寄屋と茶室はやらない。俺は社寺と住宅では書院造という正統だけをやるというわけです。

逆に言うと、建築家達が伝統建築とどう付き合うかは大問題で、丹下さんなんかがそうです。木の柱、梁の構造をコンクリート打ち放しに置き換えるとか、法隆寺の左右非対称で軸線の先には目立つものはないというのが丹下さんの構成。そういう「本質を学ぶ」というやり方はリバイバルでもサバイバルでもない。もう一つ別の論理がある。磯崎さんもそうだし、僕もそうです。伝統や民家も好きだけど、あれから直接もってくるのは嫌だ。

磯崎　とりわけ日本はそうなんだけれども、たとえば建築家が戦争中に大東亜の朝鮮神社、台湾神社などのアジアのさまざまな神社をつくるじゃないですか。そうするとだいたい、靖国神社のスタイルなんです。明治神宮もそうで、あれは伊東忠太さんがやり始めたんですよね。伊東さんの理解で、いわば神社建築のモダニズムのかたちみたいなものが出来上がった。それが一九三〇年代、四〇年代に流行ったけれども、戦後、がたっ

＊24 木子清敬　きご・きよよし（一八四五～一九〇七）建築家。内裏の修理造営に携わる棟梁の名家に生まれる。一八九〇年より宮内省内匠

と崩れて、後は仕方がないから、このていのリバイバルではなくて、修復したり、屋根を葺き替えたり、新築したりしているけれど、すべて権現造とかそこら辺の様式でしょ。徳川の時代までに成立したものを今、再現しているというだけで、藤森さんがおっしゃるように新しいモダニストが神社を設計していないわけですよ。そんな中で大江さんはこれをやったということに、僕は関心があります。

藤森　やっぱりリバイバルは、大江さんが初めてやったんですよ。伊東さんは歴史的様式の建築をやるけれども、あの人の歴史主義はサバイバルなんです。たとえば「平安神宮」や「明治神宮」。「平安神宮」は、御所の棟梁の家柄の木子清敬[*24]さんと一緒にやった。木子さんはサバイバルの代表者です。

磯崎　だけど、「平安神宮」はもともと大極殿を摸したものだから、神社建築じゃなかった。それを神社にしちゃったという由来がありますね。

藤森　大江さんとお父さん（大江新太郎）の関係という問題がある。お父さんは伊東忠太の跡を継ぐ。それで日本の神社建築の多くをやる。お父さんは基本的にはサバイバル的にやってきている。もちろん大江新太郎さんのものを見ると虹梁[*25]の中に蟇股[*26]を二つくっつけたりする。「武田神社」（一九一九年竣工）は大江新太郎さんの名作だけれど、明らかにヨーロッパ建築のプロポーションと骨組みを意識してやったということがわかります。それがいちばんわかりやすいのが、彼の代表作で、石で校倉造をやった「明治神宮[*27]の宝物殿」です。木ではなくてコンクリートと石でつくられています。あれは各地の寺

寮技師として皇室関係の営繕に携わった。八九年より帝国大学で初めて日本建築学の講義を行い、それまでの西洋建築一辺倒の教育に和風建築を導入した。代表作に「明治宮殿」等。

＊25 虹梁　こうりょう　社寺建築に用いられる梁の一種。やや反りがある。

＊26 蟇股　かえるまた　社寺建築で梁の上、桁との間に置かれ、上部構造を支える材。カエルがまたを広げた形をしている。

＊27 明治神宮宝物殿（大江新太郎設計、一九二一年竣工）

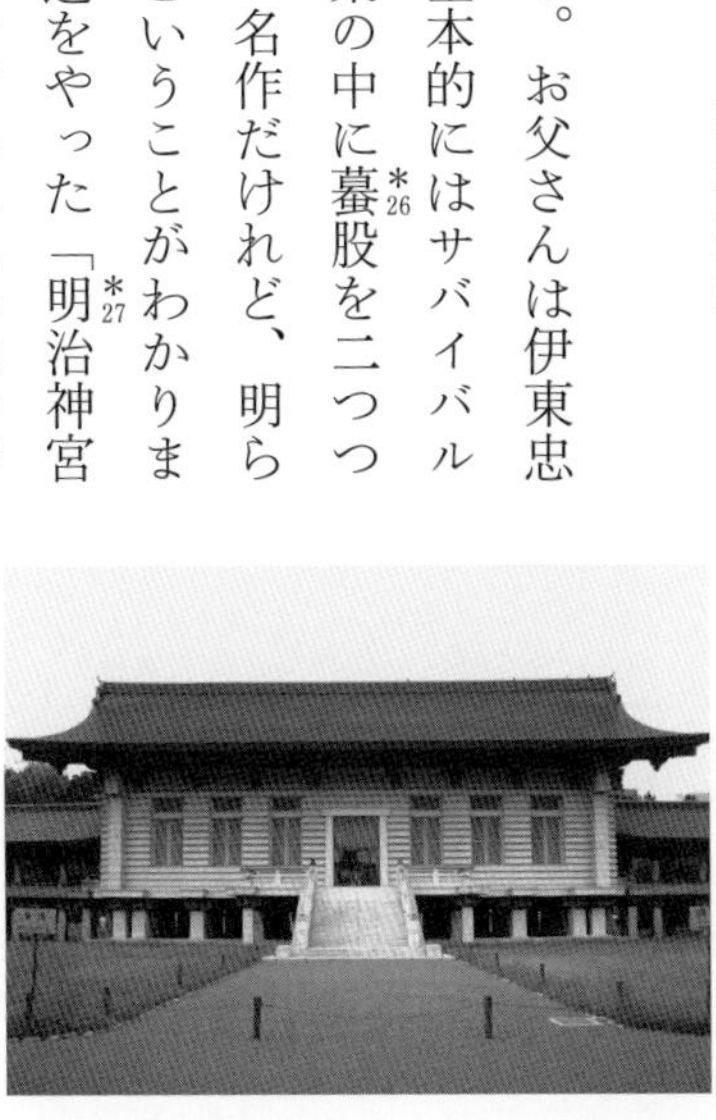

（大江新撮影）

社で宝庫をつくらないといけないということで、全部コンクリートでつくるんですね。スタイルとしてはやっぱりサバイバルだったと思います。もしかしたら、大江宏さんはお父さんのサバイバルをずっと見ていて、自分はああいうかたちではやらないぞってはっきり意識していたのかもしれない。

磯崎　そこは非常に問題なんですよ。問題というよりも、大江さんはかなり悩んだと僕は思いますね。まわりの同僚はみんなモダニズムにいくわけじゃないですか。自分も同じことをやろうと思えばできたわけですから、これを引き受けるという決心が面白いと思うんだな。

藤森　大江さんは、卒業設計のこの延長で名作の法政大学の「五五・五八年館」[*28]をガラスでつくっている。丹下さんもミースの影響を受けて、同時期にガラス張りの「清水市庁舎」を手がけていますが、「五五・五八年館」のほうがずっといいです。

丹下さんは具体的には熱環境の問題でガラス張り建築に失敗するんだけど、美学的にもどうもこれは自分の資質と違うという思いがあって、ガラス張りをやらなくなった。一方で大江さんはアスプルンド的なことをやって、さらにガラスの建築の、当時では最高のものをつくった。そうしながらも、ずっと伝統問題を抱えていて、その伝統をサバイバルではなく、どう表現するか悩んだと思います。それは、リバイバルとサバイバルは同じに見えてしまい、なかなか社会的に理解されない。それは、社会一般の人達にとって、隈研吾と伊東豊雄の国立競技場コンペ案が同じに見えるのと同じですね。

＊28 法政大学の五五・五八年館（一九五五年、五八年竣工）

＊29 神宮美術館
一九九三年の第六十一回式年遷宮を記念して創設された。

モダンでありつつ正統を貫く

磯崎　それから「神宮美術館」[*29]の入口の屋根のカーブのつけ方は、最初の頃の厨子と似ているなと僕は思ったんです。中は普通の博物館ですけれど。

藤森　屋根のカーブはサバイバルじゃない。

磯崎　僕は、「能楽堂」[*30]については大江さんに細かく聞いたことがあるんです。木造はもうこのあたりの時代からこのプロポーションでできていて、いちばんいいと思っているんです。ほとんど直線でできているんだけれどカーブも入っていて、そのカーブのディテールをどうつくったか、いろいろと問いただしているうちに、大江さんが実はこうなんだよって言うわけね。大きな屋根があって、その屋根が微妙に反っている。普通のコンクリートで屋根をつくって、さらにその上に銅板の大屋根を載せているんです。ちょっとずつ反りが出るように、屋根の上にもう一枚屋根を架けているんですね。表の屋根は雨を受けていなくて、雨水は一度通り抜けて外へ出て行く仕組みになっています。その仕組みは外から見てもわからないんですよ。

中を見ると、二つカーブがあって、それをどうデザインしたかということを考えました。一つは蟇股です。僕自身はうまくできないと思っているんですけれど、大江さんに「能楽堂」の蟇股はどこまで自分でやったのかと聞いたんです。「能楽堂」には蟇股が三

（大江建築アトリエ所蔵）

＊30 国立能楽堂（一九八三年竣工）

（小松崎常夫撮影）

ヵ所くらいあるんですよ。本舞台の他に練習場に一つと、途中にもう一ヵ所と。だけど、大江さんははっきり答えずに誤魔化していましたね。本舞台のよりも稽古場の蟇股のほうが僕はいいと思うんですよ。本舞台の蟇股はバランスとしては完璧に納まっているのだけれど、稽古場のほうはもうちょっと素朴で、天井が低かったりするので納め方が違うわけですね。僕は稽古場のほうはどうも本人がやったんじゃないかと思っています。大江さん本人はあんまり出来がいいと思っていないから誤摩化したのかもしれないけれど、僕は面白くて好きです。

それともう一つは、この入口のホワイエのコーナーに虹梁が架かっているんですが、なぜあそこに虹梁を入れたかと聞くと、大江さんは気がついたか、と言われたんです。密かにただ納めただけではなく、どこか違うというふうに見せているんですね。ちょうどプランがコーナーから斜めに入っていくようなかたちになっていて、このコーナーの上の虹梁というのは、いちばん本人が考えていたところではないかと思います。普通は神社だと虹梁はこちら側にあるじゃないですか。大江さんは、そうじゃなくて、これを真正面のファサードにやっている。

藤森　わかる人にはわかると……。

磯崎　そういうことじゃないかと思いましたね。古い建築をちゃんと勉強して、全体としてモダンだけれども正統をやっていると思います。

それから、上演するときの明かりのつけ方が、僕はあまり成功していないと思って大江さんにいろいろ食い下がったので、これはハイヴィジョンカメラがまだ未熟のときで、高いルックスが与件になっていたので仕方なかったと思うんですが、話はそちらにそれちゃったんです。大江さんはこの建物のためにさまざまな研究をしている気配がありましたね。世阿弥の『花伝書』なんかも読みこなしていました。そのときに聞いたのは、大江さん自身が気に入っているのが「乃木神社」だということです。

藤森　「乃木神社」は名作ですね。僕も「乃木神社」の拝殿は明らかに伝統とは違うと思います。ヒノキの丸柱を使っていて、一見サバイバルのように見える。けれど、我々から見ると、微妙なプロポーションなどから伝統建築とは空間の質の違いを感じます。

磯崎　そうですね。京都の宇治上《うじがみ》神社に近い感じですね。それに上賀茂神社の橋廊まわりが重なっている。非常に単純なのだけれど、いい建築ですよ。

藤森　スケールが小さくて、身体感覚があっていいです。内外の空間の繋がり方もいい。

磯崎　神社というのは権現様系統とか、住吉神社系統とか、系統がある。その系統でつくるから、型も江戸時代には決まってしまったんですね。「乃木神社」は明治時代にできた新しい神社だから、古くからの神社の系統にあてはまらない。「明治神宮」と似たようなものですね。それを新しくデザインするということでしたから。

藤森　新しいことが、わりとやりやすかったんでしょうね。もう一つ、大江さんがよく言っていたらしいけれど、蟇股などのように、日本建築の中には、大工の腕前まかせでつくるしかない部分があるんですよね。たとえば窓でいうと、猪目[*31]という数寄屋で好まれる窓がある。これも型が決まっていなくてまったく自由につくることができる。逆に言えば、自分でデザインするしかない。大江さんは、ここを見るとそいつの腕前がわかるって言っていました。その気で見ると、近代の蟇股は江戸時代のものとは大分違う。

磯崎　蟇股は無数にあるけれど、藤森さんはどこの蟇股がいいと思う。

藤森　いや。特別に。磯崎さんはありますか。

磯崎　僕は個人的に蟇股がちょっと気になっていて、いくつか意識的に見ていたんだけれど、宇治上神社拝殿の蟇股がいいですね。平等院の向かい側にあるこの神社の拝殿は、鎌倉時代前期の寝殿造を移築して手を入れたものなんですが、そこの蟇股は絶妙という感じで、何とも言えないいんですよ。異様に扁平で細いんですね。だから、木造の軽みがあって。時代的には、おそらく平安末期くらいのものだと思うんですけれど。それが、江戸時代くらいになるとデコラティブになって、鬼の顔のようなデザインになっちゃうわけですよ。神社にはもともと蟇股はなかったですね。

藤森　そうですね。もともと神社にはなくて、お寺でいちばん有名なものでは、法隆寺の人字形《にんじけい》の割束《わりづか》がありますね。この人字形を、「明治神宮」では二重にしています。

磯崎　下手がこんなことをやると腕の悪さがバレちゃう。

藤森　たとえば、村野藤吾さんと黒川紀章[*32]さんの猪目を比べると、村野さんがどれくらい自由曲線をちゃんと描ける人かということがわかります。黒川さんは下手です。結局、

＊31 猪目　いのめ
日本の伝統的なハート形の模様。古来より建築物や器物の装飾に用いられる。

＊32 黒川紀章
第三章・注釈25（一七八頁）参照。

二十世紀の建築教育って歴史主義とは違って、幾何学的構成はやっても自由曲線についてはトレーニングしないんですよ。自由曲線はその人の腕だけで原理がないうえ、訓練もしていない。一方で歴史主義の建築家達は、建築全体が自由曲線で成り立っているようなもので、村野さんは渡辺節[*33]さんに鍛えられた。大江さんと村野さんとで神社をやりあったら面白い対決になっていたでしょうね。

磯崎　大きなところまでは、大工はみんなつくれるけれど、やはり腕によってちょっとずつ違いが出てくる。それはお茶室の好みみたいなものですよ。僕は建築家としてこうしたカーブをつくらなければならないというのは、大問題だと思ったんです。幾何学曲線ならいいけれど、自由曲線は昔は雲形定規を使って描いていた。僕がモンローカーブ[*34]をつくったのは、建築家が手で自由曲線をデザインするということを回避したわけです。だけどその前の時代にはこういうのがあって、歴史の人はみんな蟇股がどうだとかいろいろと言うわけじゃないですか。稲垣栄三[*35]さんの世代でも蟇股のことを言っていましたから。自分では何も描いたりしないけれど、やっぱり言うときには判断はしないといけない。ついでに最近は佐々木睦郎さんと一緒にスプレーンとかフラックスなどの構造的曲線を開発して、ときどき使っていますが、これもモンローカーブと同じく、手の痕跡を残さないまま自動生成させるシステムです。

＊33 渡辺節　わたなべ・せつ（一八八四〜一九六七）建築家。一九〇八年、東京帝国大学工科大学建築学科卒業後、鉄道院に勤務。一九一六年に大阪に設計事務所開設。アメリカ流の合理性と過去の様式との折衷を目指した。代表作に「大阪ビルヂング」「綿業会館」等。関西を中心とした商業ビルを多く設計した。

＊34 モンローカーブ
第一章・注釈53（三八頁）参照。

＊35 稲垣栄三　いながき・えいぞう（一九二六〜二〇〇一）建築史家。東京大学工学部卒業。太田博太郎、堀口捨己に師事。日本住宅史、近代建築史をはじめ、茶室史、神社史、都市史等の分野で、先駆的かつ包括的な業績を遺した。

日本建築はプランと屋根のダブルシステム

藤森　もう一つすごいと思ったことがあります。大江さんは、日本建築の構成は、平面を考えるときに必ず屋根を一緒に考えていないといけないと言っています。そうしないと、屋根が出たり入ったりする部分がめちゃくちゃ入り組んでしまう。簡単に言うと、屋根のいちばん高いところから低いほうに向かって雨を流すので、日本建築の全体配置を決めているのは屋根だということなんですね。つまり、屋根の美しくないものは平面に問題がある。そう言われても、プランを描きながら同時に屋根を考えるって僕にはできない。頭の中の二つの図像をどう関係付ければいいかわからない。

磯崎　書院造までは棟ごとに屋根を架けるから単純だけど、数寄屋になると屋根が複雑に組み合わさっていくから納めるのは本当に難しい。屋根の間に谷ができると雨がそこに溜まってしまう。

藤森　村野さんはそれができた。村野さんは早稲田大学出身だから、大学では和風は教わっていないはずなんです。学生時代は表現派とかモダンな建築が好きで、渡辺節さんの事務所へ入ってヨーロッパの歴史主義を描かされたときには、毎日、翌日はやめようかと思っていたらしい。朝から晩まで曲線を描かされて、直されて。だけど結果的に、そこでの経験で彼はヨーロッパの歴史主義がもっていた、材料を使い分けるとか、曲線と直線を組み合わすといったことを身につけた。だけど、和風を村野さんがどこで体得したのかはわからない。大江さんもそういったことをどこで覚えたのか。

磯崎　我々が最初に伝統的な木造をやるときには、まず間取りをどう設計するかというのを学ぶのが普通で、間取りのプランができてから、じゃあ屋根は、となる。民家の場合は大きな屋根から割り算で考えればいいけれど、数寄屋は足し算で、大中小の屋根を足すから大変なんですよ。

つまり日本建築はプランと屋根のダブルのシステムなんだな。しかも中国渡来の屋根を受け継ぐ書院造までの正統の伝統的な建築だったら、柱の位置は均等スパンで屋根から決まってくるけれども、数寄屋の場合は、柱の位置は四隅に合わせて、中には柱を立てたらいけない。

藤森　日本の木造はダブルのシステムなんだ。日本以外にも木造はあるけれど、全部単純なシステムなんですよね。長方形のプランの上に単純に屋根を架けるだけ。

磯崎　中国は全部そうです。四合院[*36]の場合も分棟で、上にただ屋根を置くだけでいい。

藤森　さらに日本建築では、二カ所でダブルシステムが可能になる。一つは前に磯崎さんが言われた、天井面で上と下を切ってしまう。天井で上下の空間を水平に切ることで、書院造が完了した。その次は数寄屋で、プランと屋根をダブルで考える。そうすることで、天井より下の空間は上の構造を忘れてつくっていける。逆に、下の空間とは別の問題として屋根をつくることができる。「プランと屋根は一緒に考えなければならない」

＊36 四合院　しごういん
中国北方地方の伝統的な家屋建築。四は東西南北、合は取り囲むという意味で、方形の中庭を囲むように四つの家屋が並ぶ。北京の胡同に多く見られる。

「空間は屋根の構造と切って考えていい」この二つのダブルシステムで、世界の木造建築と違うものを生み出した。

磯崎　そういう意味で、いわゆる正統派の木造、宮大工系統は屋根と柱のシステムがはっきり決まっている。ところが、数寄屋はこのシステムを崩しちゃったから、僕の考えでは、外観はつくった後でしかわからなくて、それが偶然よくなるものと酷いものが出てくる。結局、数寄屋はインテリア、内部と庭のデザインなんですね。渡り廊下、坪庭などを含めたインテリアの水平連続に屋根がどう架かるかというときに、中庭があれば何とかデザインとしてもつんだな。そこにうまく雨が落ちればいいんだけれど。

藤森　数寄屋の成立に先行して、書院造が雁行《がんこう》配置をやる。寝殿造が基本的に対称配置だったのに対して雁行したときにどういうことが起こるかというと、一応正面は全部南側の平側なんだけれど、人は東か西の妻側から入っていくという矛盾というか混乱が起こる。ヨーロッパでも中国でも建物の真正面から入ってそのまま直進すると奥に大事なものがある。さらに書院造ではそれを雁行して繋ぐでしょ。でも、まだ数寄屋ではないから、屋根は単純なものが架かっている。書院造が寝殿造から進化するときに面白いことが起こって、光浄院客殿[*37]なんかに行くとわかるが、主玄関が書院の棟の角に唐突に付いていて、その空間があいまいで、面白い。

磯崎　そうですね。普通は書院造の場合は正面から入る。光浄院客殿は階段のある、少し隅に寄った入口から入る。だから、この隅の入口はまったくの特殊解ですね。

＊37 光浄院客殿
こうじょういんきゃくでん
滋賀県大津市園城寺町にある、典型的な初期の書院造の客殿。一六〇一年に建造され、江戸時代初頭の木割書『匠明』に記された「主殿の図」と類似するといわれている。吉村順三は一九五四年、ニューヨーク近代美術館の中庭に光浄院客殿をモチーフとした展示用の住宅「松風荘」を設計した。

藤森　要するに方向性がない。普通は主玄関からは人を入れない。ちゃんとした人しか入れない。ものすごく変な空間なんですよね。近代でいちばんにここに着目したのは吉村順三さんで、この客殿の写しをニューヨーク近代美術館（MoMA）で展示した。正面と妻側からの動線が直行しているのに、それを場当たりで納めているような自由な感じがするんです。一つの建築の中で、二つの軸が直交するという世界にもまれな全体構成が、日本の木造の自由な空間を生んだ。

磯崎　さっきの蟇股のデザインを空間でやるような感じですね。

藤森　モダンと言えばモダンですよね。点と線の間を人が動く、ミース[*38]みたいなものです。点と僅かな壁と隙間の空け方で絶妙に構成している。この光浄院客殿の主玄関の美学を現代建築でやっている人はまだいないですよね。　何だか訳のわからない不思議な、方向性のないという……。

磯崎　適当にやっているうちにたまたまできちゃったというのはたくさんあるけれども、それが成功しているとは全然言えない。意図的にそういうことが出てくるように組み合わせるという点では、吉村（順三）さんはよくわかっていて、それを立体化しているわけです。

吉村さんの「軽井沢の山荘」は、玄関の前のデッキがピロティになっていて、中に入って階段を上がって二階のリビングに行く。さらに上がった中二階から見下ろすという、この一つの空間に対する軸線の取り方がいくつも重なって、ちょうど階段の上がり

＊38 ミース・ファン・デル・ローエ　第一章・注釈32（二八頁）参照。

はなのところがいわば光浄院客殿のような感じになっていますね。そこにキッチンがあって、女中さんもいなければならない。お茶室を中二階につくる、それで居間がこっちというように、一つの空間をいろいろと分けている。この空間構成は非常にうまくできています。そういう点では、今おっしゃっていることはまさに光浄院客殿の空間問題をさらに立体的に解いている一つの例だと思います。窓の開け方や、隠し戸など、そういうものの組み合わせが全部一応この筋書きからきていると思います。

丹下さんにはこれはできない。丹下さんは、軸線があって、線上に富士山が見えないといけないんですよ。

藤森　ヨーロッパの建築とは違う、左右に対比的な形を置いて非対物にすることはやれたけれど、二つの軸をどうするかは丹下さんはやっていない。ミース的なやり方をすると、軸は消えて自由な広場のような空間になる。だけど、日本の伝統を知ると、軸のずれに魅力を感じてしまう。

磯崎　その通りですね。一般的に光浄院客殿なんかの場合は、ちょっとステップがあったり、縁側にちょっと段差があったり、この微妙なレベル差で空間的にも変化が出ていますね。西本願寺の白書院の入口のあたりが、これに近いんですよ。こちら側に能舞台があって、雁行して北の能舞台がある。この辺はなかなか面白い。前回の本（『茶席建築談義』）の対談の際に藤森さんと行った曼殊院はちょっとそれに近いですね。

藤森　光浄院客殿[*37]を今度は主庭と直交した側から見ると、変なことが起きていて、屋根

＊37（二六二頁参照）光浄院客殿。主庭と直交した側から見る。

に小さい唐破風《からはふ》がついている。この入口の位置が中心からちょっとずれ、何だか訳のわからないものになっている。二つの軸を重ねたときに起こる平面上の問題と外観上の問題は、いろいろ不思議な表現を生む。

木造だからできたことだし、さっき言ったように天井面で一度上下を切ってしまうシステムがあったおかげで、屋根を平面と関係なく付けることができたということが大きい。それともう一つの発明は、全体の秩序に捉われないということです。唐破風は変なもので、どこへ付けてもいいようなもんなんです。

磯崎　だから、玄関脇にそういうキャノピーが要るわけで、しかもそれを庇《ひさし》の一部にしているという始末の仕方はなかなか絶妙です。

藤森　そういうふうにして、木造の大江さんのリバイバルとは違うやり方を、誰か現代の人が受け継いでくれたらいいんですけどね。

磯崎　問題はシチュエーションですよ。神社というような建物をつくる機会がないですからね。そういう意味では、いちばん近いのは藤森さんじゃないですか。

藤森　僕の神社観は原始的すぎて、だめですよ。

磯崎　誰かはやらないといけない。

リバイバルのあるべき姿

藤森　「京都迎賓館」[*39]が新しくつくられました。一度見せてもらったけれど、和風でつくってはいるものの、サバイバルでもリバイバルでもなくて、伝統との関係が、よくわからなかった。

磯崎　あれは大阪の料亭ですよ。日建設計の設計ですね。

藤森　ものすごくお金がかかっているんですよね。全体としては寝殿造風だけど、平気で武家風が入っていたりしていて。材料は最高で、工芸は京都の最高の職人を総動員してつくっているから、初めて見ると感動する。だけど、後で思い返すと、バラバラのものが集まったような印象が残る。

磯崎　要するに、今のままでいくと、田舎大工のデザインみたいな、いわゆるダサいものになっていってしまいますよね。それが国家を代表する建築となると困りますね。

ずいぶん昔に、日本料理屋のインテリアが米国で流行ったことがあったけれど、これは全部入口のドアの高さが高いわけです。実際に行ってみたけれど、まったく落ち着かない。なぜかなと思っているうちにわかってきたのは、彼らは写真なんかを見て和風を真似ているけれど、和風建築の空間感覚はもっていないんですね。プロポーションが本来の和風建築とは違う。要するに長押《なげし》がない空間なんです。現代建築というのはみんな

＊39 京都迎賓館
きょうとげいひんかん
京都市の京都御苑内に設立された迎賓館。内閣府設置。二〇〇五年開館。東京の迎賓館赤坂離宮が洋風建築であることをふまえ、和風建築となっている。国公賓客の接遇に使用される。

それでいっているんだけど、現代建築は現代建築でやりようがあるわけ。だけど、その現代建築感覚のままのプロポーションで、和風建築風の木組みの建築をつくったりすると、それはもう酷いものですよ。でもそういうものは、ものすごくたくさんありますね。そういうところをどういうふうに始末していくのか心配ですし、それを崩したモダニズムの内部空間には緊迫感に欠けたものが多い。だけど、崩した別のもので、近い空間ができるはずだと思ってはいるんですけどね。そういうことを大江さんはちゃんと心得ていた人だと言えます。

藤森　大江さんは細い丸柱を使い、太いどっしりとした法隆寺のような柱はやらない。かといって、数寄屋のいかにも細い柱も嫌で、どこかぴんとした緊張感のあるものでないとだめなんですよね。

磯崎　大江さんの「国立能楽堂」では、壁から一歩手前に独立柱を出していて、これは今言われたような柱に近いですね。本体のつくりは鉄筋コンクリート造だけれどそれを感じさせなくて、木造の空間として扱われている。数寄屋とはまったく違う彼特有の絶妙な空間ですね。

藤森　大江さんは自身が考えている柱と同じものをアルハンブラ宮殿で見たんですよ。それを「普連土学園」でやっている。

磯崎　確かに、「普連土学園」のあの柱の扱い方は、ちょっとアルハンブラ宮殿的ですね。あれはああいう形式が出来上がって、その形式をさまざまなプロポーションで変えながら展開して、最後はいちばん派手に細いデコレーションした柱で、ばーっとやっていますね。空間とディテールがだんだん細かくなって、粒子が空間の中にうごめくようなところまでやっている。これは大変な建築だと思うんですね。西洋建築のクラシシズムにはないですよ。

藤森 イスラム建築の美学のおかげですね。大江さんが晩年に言っていた、異質なものが混ざって一緒に生きている「混在併存」を大江さんが初めて意識したのは、アルハンブラ宮殿じゃないかと思います。

磯崎 内側から分節されないまま膨張していくような空間のつくられ方がイスラム建築の特性で、大江さんは西欧とは異なる文化的空間を見出して、それを地理的な空間特性として捉え直そうとしたのではないでしょうか。「歴史地図」[*40]はそんなまったく新しい思考の始まりだったのでしょうが、誰もきちんと解読はしていない。

藤森 完成したわけではないんですか。

磯崎 これは大江さん自身が地図をトレースして、山脈を境に文化空間がどういうように偏在して発生しているかということを調べようとしたんじゃないかと言われています。コーカサス山脈とか、ウラル山脈とかを描き込んでいて、他にも山脈はあるんだけれど、これだけが描かれているんですよ。地図を見ながら、文化の発生の仕方の位置が逸れていると、どこかに何か法則があるんじゃないかというのを思いながらつくっているんだと思うんですけれど、描かれたものも少ないから、詳細はわかりません。

*40 大江宏「歴史地図」

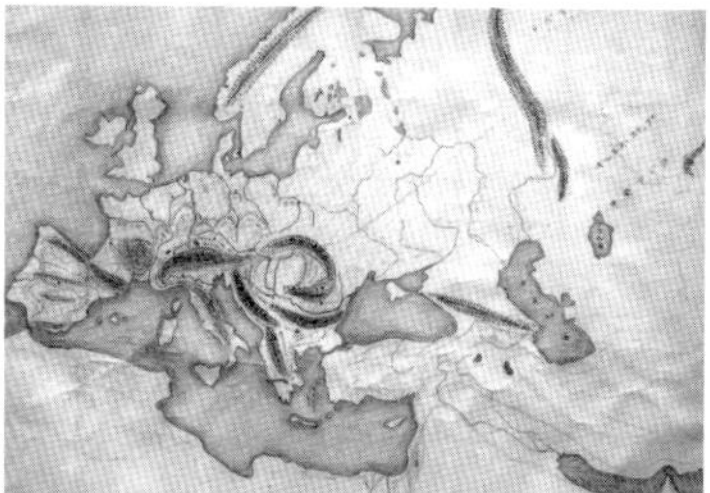

（大江新所蔵）

藤森　いろいろな異質なものが重なりながら、なおかつちゃんとしたものになるところから、大江さんはモダンと伝統をどうするかを考えていた。一方で丹下さんは「代々木の競技場」（一九六四年竣工）までで、以後は放棄して、伝統は考えない。一生懸命に伝統に取り組むのは若いときだけです。だけど大江さんは最後まで、ずっとやっていた。

磯崎　一九八〇年代までね。「歴史地図」は大江さんがヨーロッパへ行った、一九七〇年代じゃないかという気がします。当時、高山建築学校というものがありましたよね。

藤森　法政大学が中心のグループです。

磯崎　石山修武さんや鈴木博之[*41]さんが丹下さんの対抗軸をつくろうと、大江さんを引っ張り出した。僕はそれを始めた最初の数年は付き合ったんですが、忙しくなっちゃってからは、だんだんと離れた覚えがあるんです。大江さんがそういう活動に参加しているのはわかったんだけれど、僕は大江さんの後期の作品のほうが大江さんらしいと思っていて、「乃木神社」以降、「国立能楽堂」などの一九八〇年代にできたものに僕は特に関心をもっていたんです。

要するに、彼らが大江さんの才能を引き出したというのは、僕から見るとちょっとおかしいんですよ。大江さんは正統のはずなんです。ところが、石山さん達が、反正統をやろうと大江さんを担ごうとする。混在は混在でいいんですけれど、大江さんの場合は、空間のつくり方や、建築のディテールの処理が、アルハンブラ宮殿も日本も同じだと見ているわけじゃないですか。そうなると、これをポスト・モダン風に対抗軸としてつく

＊41　鈴木博之　二章・注釈66（一二一頁）参照。

ろうとしていたという筋書きは間違っていたということになる。

「堂」はお寺、「祠《ほこら》」は神社、居は書院や寝殿造を指していますが、そういう言葉があるということは、大江さんから聞きました。そして、「堂《どう》・祠《し》・居《きょ》」というのを、きちんとやらないといけませんということを、僕はその頃に聞いた記憶があります。大江さんは正統をやろうとする人なんじゃないかと思っていましたが、まさにそうだったと思います。

藤森 大江さんが、卒業設計、アルハンブラ、乃木神社、そして能楽堂と、柱の立つ空間を、それも細身の柱の立つ空間を考え続けていたとするなら、まさしく平安時代以後の日本の伝統の正統と取り組んでいたことになりますね。

さまざまな伝説が生まれた吉阪自邸

藤森　では、次に吉阪さんの話に移りましょう。磯崎さんが最初に吉阪さんを意識したのはどういう事情からですか。

磯崎　最初はワックスマンゼミ[*42]ですね。どういうメンバーが参加していたかというのはいろいろと記録に残っていると思いますが、このゼミには、七つの大学の建築学科から数人ずつ学生を出したんです。東京大学からは坪井研究室の川口衞、それから、東京藝術大学から丹下研に来た茂木計一郎と、僕の三人が参加して、早稲田大学からは川添登さんの弟がいて、吉阪研から来ていた女の子（平田晴子）がいました。彼女が丹下邸で結婚式をやった僕の最初の結婚相手なんです。と言っても、早稲田大学を出ているのではなくて、青山学院大学を出ている人です。だから、一応文学系だな。なぜか吉阪さんのところに行っていて、だから図面が引けるというよりも言葉のほうで、英語を勉強していたという感じですね。そういう具合でいろいろな人が集まっていて、僕はそこら辺を通じて個人的に吉阪さんのところによく遊びに行っていたんですよ。そのときが一九五五年で、まだ「吉阪邸」[*43]は骨組みしかできてないような状態で、完成していない頃です。

＊42 コンラッド・ワックスマン　第一章・注釈52（三七頁）参照。

藤森　その状態の家に吉阪さんは住んでおられたんですか。

磯崎　もう住んでいましたね。まだできてない部分もたくさんあったというときでした。その直後くらいに、南極探検隊の話があったのかな。開発中のストーブはこれだという話をこの頃に聞いたのを覚えています。展覧会[*44]の図録を見ると、吉阪研の事務所部分が既にできているけれど、当時はこういう建物は何もなくて、その二年くらい前は吉阪邸のそれぞれの部分も骨組みだけで、そこでいろいろな伝説が生まれたわけですよ。まだ、研究室のかたちをはっきり成してなかったような状態だったけれど、「ヴェネチア・ビエンナーレ日本館」の設計をそろそろ始めた頃じゃないかな。骨組みができた段階で、お金がないというのでストップしていた。それまでは防空壕のようなところに住んでいたというのは聞いていたんです。

平田晴子が行ったときは、レンガがやっとまわりにできたくらいのときで、床もコンクリートのままの状態でした。バラックに住むというよりは、骨組みができたという状態で、夏はマットの上にゴザを敷いて蚊帳を吊って寝ていたそうです。いわばコルビュジエのいう床と柱だけのドミノ・システムを実行して、それに最初に住み込んだということになるわけですね。吉阪家には男の子が二人いて、彼らもその蚊帳の中に住んでいたのだけれど、骨組みだけでまだトイレがなかったから、コンクリートのスラブの上から立ち小便をさせていたそうです。そうしたら、家が完成した後も、子どもが寝ぼけるとその場所へ行って立ち小便をするようになってしまった。癖がついちゃったんですね。

＊44
『みなでつくる方法　吉阪隆正＋U研究室の建築』（国立近現代建築資料館、二〇一五年）

＊43 吉阪自邸（吉阪隆正設計、一九五五年竣工）（photo: Eiji Kitada）

藤森　吉阪さんに初めて会ったときに、東京大学にはいないタイプの人だと思いましたか。

磯崎　後にはホーチミンのような顎鬚の風貌になったけれども、後年の突拍子もない発想というのはまだでした。ただ、いろいろなことを発想する人だというのはわかっていた。そのときに僕の記憶にあるのは、吉阪さんの奥さんの富久子さんが読んでいた、きだみのる*45の本。きだみのるは『気違い部落周游紀行』が有名ですが、他にジュネーブやパリの時代の小説があり、これは面白いからというので、借りて読みました。戦前のフランスの国際連盟に、最初は柳田国男が行ったり、いろいろな人が行っていますが、そこら辺の日本の知識人がジュネーブのまわりでうろうろして、その人間関係がもつれているという物語の本です。

　同時期に向こうに行っていた吉阪さんの親父さんがこの小説を読んだら、自分も出ているわけだ。それで、仮名で書かれていた登場人物を一人一人本名に書き換えていた。僕はこれを借りたわけです。もう中身は覚えていないんですが、吉阪さんの親父さんは面白い人だっていうのは、そのときにまず思いました。

　吉阪さんはその息子で、年譜で見ると一九五〇年にフランスのコルビュジエのもとに行きます。そしてコルビュジエの事務所でいちばん最初にやらされたのが、コルビュジエが壁画を描いたというので事件になった、アイリーン・グレイ*46が手がけた住宅の背後の開発計画です。これについては、僕の『栖十二』*47で取り上げたことがあります。「大

*45 きだみのる
第二章・注釈78（一二七頁）参照。

*46 アイリーン・グレイ
第二章・注釈105（一四三頁）参照。

*47『栖十二』　すみかじゅうに
一九九九年、住まいの図書館出版局より刊行。十二の住宅について、書簡形式で綴ったエッセイ集。

*48 ヴォールト屋根
かまぼこ型の天井様式の屋根。

*49 カタラン・ヴォールト
スペインカタルーニャ地方の伝統的なレンガ積み重ね工法の一つ。

*50 CIAM　シアム
Congrès Internationaux d'Architecture Moderne（近代建築国際会議）の略。一九二八年に第一回会議開催。コルビュジエ、ギーディオン、グロピウスらが中心となり、建築を社会的、経済的局面において捉えようとした。第四回には、都市計画の原則を定めた「アテネ憲章」をまとめる。五六年の第十回会議にて、存続の是非が問われ、五九年に解散した。

学セミナーハウス」に、ヴォールト[*48]屋根の住棟が並んでいます（コルビュジエの作品集にも載っています）が、この住宅は、吉阪さん（TAKA）担当で宅地開発をコンクリートでやったものです。後のコルビュジエの作品にあるようなコンクリート・スラブを回し付けて、カタラン・ヴォールト[*49]を載せるというやつですね。これはコルビュジエが晩年過ごした小屋の上の崖をうずめるというプランでした。

丹下さんは一九五一年にロンドンのCIAM[*50]の大会に出ていますが、帰途に吉阪さんを訪ねて、マルセイユの「ユニテ・ダビタシオン」[*51]に一緒に行っている。丹下さんが行ったときはまだ建築中で、ピロティーだけの状態だった。そのピロティーを見て「広島平和記念資料館本館」の設計変更をしたそうです。

藤森　最初は楕円形の細い柱だったが、力強い今の形になった。

磯崎　そうですね。そして、ユニテ・ダビダシオンについて丹下さんがコルビュジエ批判じゃないけれど、いろいろ言っているのがあります。そのときに、吉阪さんがあそこにいたということは確かですね。屋根や天井をコンクリート打ち放しにした「ロンシャンの礼拝堂」[*52]がその頃にできていますが、屋根をコンクリート打ち放しでつくるというのは、あの時代ではもってのほかの表現だった。他の部分にはプラスター吹付けを使っているけれど、誰も考えたことがないことをコルビュジエはやっちゃった。

それで、吉阪さんともう一人事務所の所員が現場に行って、コンクリートが打ち上がるところを見ていた。そして打ち上がって次をつくろうとしたら、エッジがずれて納

＊51　ユニテ・ダビタシオン　ル・コルビュジエ設計の一連の集合住宅。フランスのマルセイユ、ルゼ、ブリエ・アン・フォレ、ベルリン、フィルミニにある。マルセイユのものが特に有名で、約千六百人を収容できるメゾネット型住戸。七、八階に商店、最上階に幼稚園、屋上に庭園と子供用プールがある。

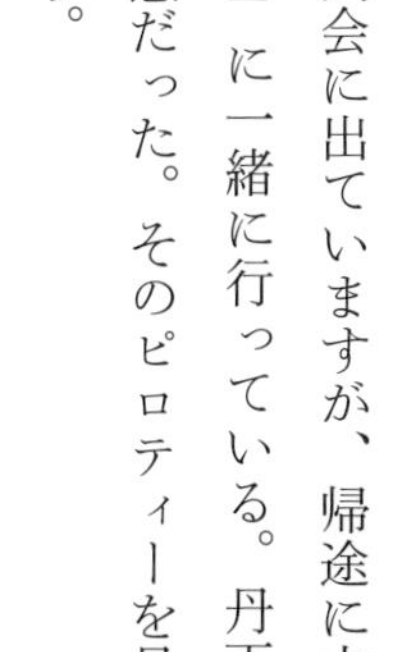

＊52　ロンシャンの礼拝堂（ル・コルビュジエ設計、一九五五年竣工）

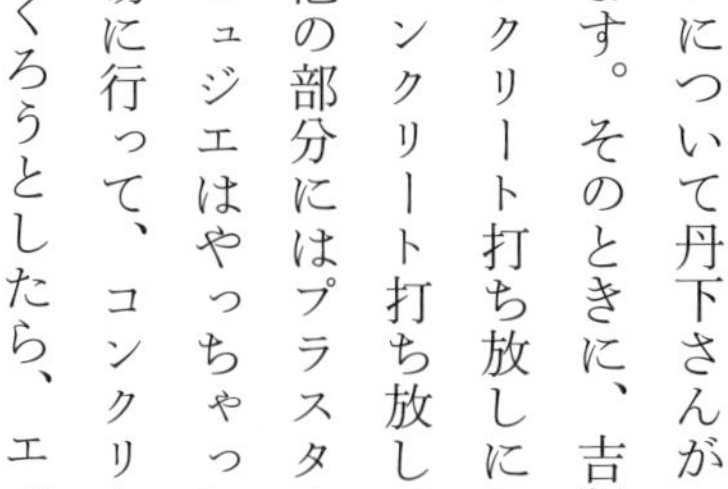

まっていない部分を発見した。つまり施工の墨出しの失敗ですよね。コルビュジエの作品集にもそこの部分の写真が出ています。ところが、コルビュジエはそれを見て、これでいいじゃないかとひと言現場で言った、というエピソードを吉阪さんが日本に伝えたわけ。それを我々は聞いて、コンクリート打ち放しというのは墨出しを失敗すると修復不能な状態になるけれど、この失敗は美しいというふうにコルビュジエ自身も言っているというのはやっぱり大きかったです。当時、コルビュジエは日本の建築家にとって神様みたいな人だったから。

藤森　日本だと絶対に許されないような失敗を、神様はよいと言った。

磯崎　そういうみんなから尊敬されている人でさえ失敗をするもので、しかし、それをいいと認めるという、この度量の大きさを知って、何だかよくわからないけれど、いいものはいいんだと気楽になったんです。まあ、非常に単純なことなんですけれどね。あの時代の日本は、ヨーロッパに対してもこの程度の情報と学び方だったんですね。一方では何年か前に浜口さんが、ミリ単位でぴたっと合っているミースの現場、建物を見ているわけですね。そして、これはテクノロジーとしては最高だという話をしている頃ですよ。このコルビュジエやミースの流れが、ちょうど一九五二、五三年頃のことで、僕は学生で、丹下さんがまだ助教授ですからね。まだ工事中の建物を目ざとく見つけて、アメリカのテクノロジーとヨーロッパの職人芸の粗雑さを比較しながら、日本的な施工の精度を確かめる。吉阪さんのコルビュジエ建築の現場体験は、発想を根底から変える程のものでした。

ちょうど、岡本太郎が「縄文土器論—四次元との対話」(『みづゑ』、一九五二年)を書いていた頃で、白井晟一さんはまだ「縄文的なるもの」を書いていない時期です。つまり、コルビュジエをどう理解するか、ミースをどう理解するかを考えていた時期ですよ。そうこうしているうちに、僕の記憶では一九五四年にグロピウスが来日しています。このときに、「桂」というか京都からコルビュジエに手紙を書いているんです。この手紙には、「我々がこれだけかけて新しい建築空間を探してきたのだけれど、日本には二千年前からこういうものがあった。お前もぜひ日本に来い」と書かれていました。後にこの手紙が、コルビュジエ財団の手紙の中に残っていたのをフランチェスコ・ダル・コーが見つけて、それがきっかけで、新しい桂離宮のエレクタ版の書籍 ***Katsura : imperial villa***(二〇一一年刊行)ができたんです。手紙には二千年って書いてある。始まりの時から建築的空間は西欧とは異なっており、近代建築空間はそれこそを捜してきたのだと読めますね。一九五〇年代にはコルビュジエがポピュラーなレベルで受容され始める。ミースがSOM的なものとして入ってきた。そしてグロピウスは、その頃に「桂」を見ているけど、それを日本的建築美学として理解しようとしている。コルビュジエ本人は、この翌年くらいにやっと日本に来るわけです。

僕はグロピウスが来たときに、彼のレクチャーを聞きました。そして、そのときに都市開発についても質問もしたんだな。

藤森　グロピウスの講演の話を聞くのは初めてなんですが、どういう話をされたんですか。

磯崎　グロピウスのやり方は、コルビュジエみたいな作家主義的なデザイン、つまりアーティスティックなデザインではなくて、数式、あるいは集団で設計をする、TAC（The Architects Collaborative）で設計するというのがそのやり方でした。

U研究室の集団設計という仕事の仕方がありますが、つまりその原型をTACがやり始めたということなんです。そのコンセプトをつくったリーダーがグロピウスだった。グロピウスに対していろいろと期待をしてこういう設計手法をとった。それは前川さんの「ミド同人」*53というのが同じ理屈ですね。こういう理屈でいこうとしているというのをグロピウスから引き出された。そして、そういう希望が若い連中にあった。

　このレクチャーに僕が出席したときに林昌二さんも一緒だったんですが、林昌二さん本人が質問したかどうか覚えていないんですけど、帰りに僕に向かって、グロピウスといえども資本主義の理屈に合わせて設計しているだけだっていうことがわかったって言ったんです。あの林昌二のその後の「社会が建築をつくる」というロジックは、日建設計の前身にいたわけですから、密かに思っていたことで、やっぱりそれなんだと実感したんでしょう。これは当時進行中だった「総評会館」の集団設計の理論じゃなくて、資本主義の論理に従ってやっているということですね。それを林昌二は理解したというふうに僕は理解しています。

*53 ミド同人　みどどうじん
ミドとはMayekawa Institute of Design（前川設計研究所）の略。一九四七年に結成された、前川國男と志を同じくする建築家の集団。代表作に大高正人の「福島県教育会館」。

*54 リチャード・ノイトラ（一八九二〜一九七〇）オーストリアのユダヤ系ドイツ人の建築家。一九〇九年、ウィーン工科大学に入学しアドルフ・ロース、オットー・ワーグナーに師事。その後、E・メンデルゾーンのスタジオに在籍。一九二三年にアメリカに渡り、後帰化。F・Lライトのもとで働いたのち、独立。代表作に「ロヴェル邸」「カウフマン邸」「ムーア邸」等。

この頃は、一九五五年にコルビュジエが日本に来たということで、大家がみんな日本に顔を見せに来てくれたという時期でしたね。ノイトラ[*54]も来ました。

藤森　ノイトラは、戦前に一度来て、講演もしている。土浦亀城[*55]がライトの事務所で一緒だったからです。

磯崎　それからライトの息子のロイド・ライトも来たと思います。ライトがまだ生きていた頃だけれど、息子のほうが来た。当時学生だった僕は、毎回そういうレクチャーを聞きに行っていた記憶はありますね。それで、コルビュジエという大家のもとに、戦前、前川さん、坂倉さんが行って、戦後に吉阪さんが行って、それぞれどういう違いを受け取ってきたかということが、何とはなしにわかってきた。

コルビュジエ自身は今で言うとアンフォルメル、要するに戦争によって破壊されて形が崩れた状態、フォーマルにならない、崩れていくという状態の立ち位置です。たとえばフォートリエ[*56]やデビュッフェ[*57]といった人達がフランスで絵を描き始めた。日本でも僕が見るところ、関西の具体（具体美術協会）はそういう実験を意図的に考えた人達ですけれど、たとえば九州派[*58]は、このアンフォルメルそのものを日本に土着の材料のない状態でアスファルトだけでつくっていたりしていました。そのときにコルビュジエのインドでやるような建築が、ある程度それを裏付けるかたちになっていった。ただ、インドの建物の情報は、一九五〇年代の末から六〇年代初めくらいにやっと入ってきたのであって、五〇年代半ば頃までは、入ってきていた情報といえば「ロンシャン」と「マル

＊55 土浦亀城
第一章・注釈46（三三頁）参照。

＊56 ジャン・フォートリエ
（一八九八〜一九六四）フランスの画家。ロンドンのロイヤル・アカデミーとスレード・アカデミーに学ぶ。第一次大戦後パリに定住。第二次大戦中に制作された連作『人質』により、アンフォルメル（非定形主義）の先駆者となる。一九六〇年、ベネチア・ビエンナーレ大賞。

＊57 ジャン・デュビュッフェ
（一九〇一〜八五）フランスの画家、彫刻家。砂やガラス等を絵の具に混ぜ、素材の物質性をもつ作品を制作。教養主義、文明化された芸術を否定し、アール・ブリュット（生の芸術）を主張。アンフォルメルの先駆者の一人とされる。

＊58 九州派
前衛美術集団。桜井孝身、オチ・オサム、菊畑茂久馬、働正らを中心に、東京と九州で活動する。一九五七年に正式結成。読売アンデパンダン展等に出品。作品にコールタールや縄等日常品を取り入れる。初期はアンフォルメル絵画が主流であったが、次第に「反芸術的」オブジェ、パフォーマンスへ展開。六八年のグループ展を最後に、ほぼ解体した。

セイユ」くらいでした。「ロンシャン」ができたときに、前川さんは我が師が狂ったんじゃないかというくらいに思ったというのが正直な感想だったそうです。前川さんは真面目なタイプの人だったですからね。

藤森　磯崎さん達はどうでしたか。

磯崎　「ロンシャン」は僕らが学んでいる理論と違うと、単純にそう思いましたね。だけど既にニーマイヤーなんかの仕事は日本でも紹介されていましたから、コルビュジエも似たようなことをやっているみたいだと思っていました。だけど、ニーマイヤーが手抜きでやっている一方で、コルビュジエはきちんとディテールまでやっているという感じはありましたね。

吉阪さんの言葉に触発される

藤森　僕は吉阪さんのことを今和次郎[*59]さんのお弟子として知っていましたが、変わった人だなくらいにしか思ってなかった。しかし、四十五歳で初めて設計をしたとき、歴史主義でも、モダニズムでもやるわけにもいかない。完全に行き詰まったときに、吉阪さんが学生時代に満州方面へ行ったときの文章を読んで、救われました。

僕の場合、歴史家としてやると歴史主義的になるし、批評家としてやると下手な現代建築になる。それだけは嫌だった。吉阪さんの言葉に触発されて、建築界の目とか、い

＊59今和次郎　こん・わじろう（一八八八～一九七三）建築学者、民俗学研究者。一九一二年、東京美術学校図案科卒業後、早稲田大学建築学科助手、助教授を経て、二〇年、教授に就任。人間の生活全体をありのまま観察し、民家論、考現学、生活学等の学問を提唱する。日本生活学会初代会長。主な著書に『日本の民家』、『今和次郎集』全九巻等。

＊60 吉阪隆正「土の住居スケッチ「コンクリートの家」より」（一九七一年）

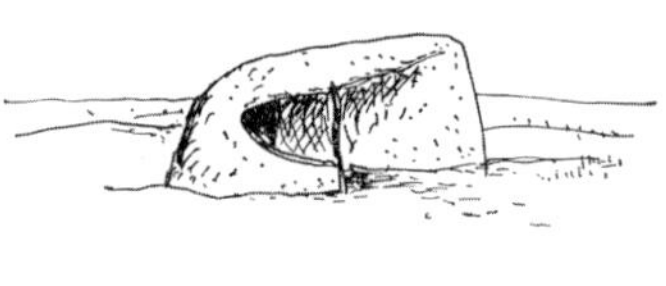

（アルキテクト提供）

ろいろ考えずに自分がやりたいものをやりなさい、というふうに文章が読めたんです。でも、そのときはまだ、あのスケッチ[*60]は見ていなかった。泥の家の入口に棒が立って、布がドア代わりというスケッチです。吉阪さんの文章から泥の家を想像し、棒を立て、屋根を架けてというふうにして「神長官守矢史料館[*61]」ができた。後でスケッチを知って、あんなに扁平だとは思わなかった。

吉阪さんは、コルビュジエの行きついた「ロンシャン礼拝堂」から歩み始めたともいえる。彼はもちろんコルビュジエのオーソドックスから設計を始めていますけど、最初から原始主義があって、僕はそれにいちばん影響を受けたのかなと思っています。それと世界の二十世紀の建築家の中でまっとうな建築家は原始主義を言わない。コルビュジエが荒々しくて原始的だけれど、あれだけの完成度でやるでしょ。吉阪さんは初期の作を見ても、二十世紀とは違うところに目がいっている感じがあります。磯崎さんが言われた、「そこで立ち小便すればいい」という、原始性と始原性を肯定する建築家はいない。それが僕にとって、いちばんの興味です。彼は自邸の段階ではまだ、コルビュジエのピロティーとフレームでちゃんとやることを守っているんだけど、それがどんどん変になっていきます。変というか、独特の世界へいく。

磯崎　それがさっき話したようなラディカルという、自滅に向かう法則の一部を吉阪さんもやっていたんですね。

藤森　磯崎さんが若い頃、一歩間違えばそっちへいったかもしれないネオダダの人達は、

*61 神長官守矢史料館
じんちょうかんもりやしりょうかん
長野県茅野市にある史料館。諏訪神社上社の神官であった守矢家の史料を収蔵、展示する。一九九一年竣工。藤森照信が建築家として初めて手がけた作品である。

破滅的方向へと突き進む。世界中で芸術を否定する運動が起こっていた。とにかく二十世紀の欧米のアーティストは芸術を否定するんだけど、自分自身のことは否定しない。芸術を否定する自分、というのは最後まで保持して、成功すると偉い芸術家になる。

ところが日本の前衛は、芸術の否定と自己破滅が一緒になる。*62 フォンタナは画面に穴を開ける。そうやって生涯穴を開け続けて、美術史に作家として名を残した。だけど磯崎さんが先ほど言われたネオダダのグループは、トタン板に硫酸をかけて斧で穴を開けて自滅していくわけです。

磯崎　そしてゴミになって残らない。

藤森　僕は吉阪さんにもその要素があると思った。コルビュジエはヨーロッパの美術家と同じで、ぎりぎりで止まるし、集団なんてことは考えない。あくまでも自分が神様で、自分の筆が神の筆。ところが、吉阪さんはそこまでいかなかったけれど、吉阪さんのグループはどんどんそっちへいく。建築家は実務があるから自滅はしないんだけれど、想像力としては相当危険な崖っぷちから飛んでしまいますよね。

磯崎　その通り。飛ぶんですよ。

藤森　崖で止まらない。吉阪さんは戦災後のバラックに住んでいて、その後自邸をつくり始め、骨組みの状態で蚊帳を吊って住んでいた。結局僕にとっては、そういう吉阪さんの姿勢が救いだった。たとえば僕が設計を始めたときには、歴史的なことはやっちゃいけないとわかっていた。かといってモダンなことは他の建築家達がやり尽くしている。

*62 ルーチョ・フォンタナ（一八九九～一九六八）イタリアの画家、彫刻家。アルゼンチン出身。ミラノのブレラ美術学校で彫刻を学ぶ。一九四六年、マニフェスト「白の宣言」を発表。空間を視覚の対象にし、五感に訴える「空間派」を結成。ネオン管をぶら下げたり、カンバスを刃物で切り裂いた作品等で知られる。

おまけに磯崎さんなんか、建築の消滅みたいなことを言う。伊東豊雄さんなんかは今でもこのことについては怒るからね。建築は終わるって本気で思ったって。自分が建築をさあやろうとしているときに、兄貴がもうお前らこの領域は終わりだぞって言うんだからね。

本当にどうしていいかわからなかったときに、吉阪さんの、底だと思ったところの下にもう一つの世界があるという感じがすごく救いだった。

磯崎 ちょうどこれが一九五〇年代中頃で、ヨーロッパで考えると、一九五五年前後というのはクロード・レヴィ＝ストロース*63の『悲しき熱帯』が出た頃です。これは、それまでのヨーロッパ的なモダニズムの思考を、文化人類学研究といえども、とことん覆した。もともと若い頃にブラジルに行って少数民族の人類学研究をしていて、戦争中に亡命したかたちで向こうで研究していたものを総まとめしたのが『悲しき熱帯』です。これが爆発的に全世界に影響を与えた。だから、一九五五年段階の、こういう状況を平行現象として見ると、大きな意味での思考変革が起こって、今、藤森さんの言う『野生の思考』（一九六二年）が、そのときに近代を超える一つの手がかりになるという具合に理解されるような状態だったと思います。

藤森 世界の建築界でそれに呼応できたのは吉阪さんだけですね。

磯崎 それを理屈で言ってたのは岡本太郎さんです。丹下さんも太郎さんを通じて理解していた。吉阪さんは自らの思考そのものですよ。早稲田の流れとして見たら、ガウ

＊63 レヴィ・ストロース
第三章・注釈23（一七五頁）参照。

ディをやっていた今井兼次さんなんかがちょっと近いところにいるように見えましたが、むしろ今和次郎の直系というべきでしょうね。吉阪隆正の特異性は際立っています。

今和次郎とバラック建築

藤森 吉阪さんが今さんの影響を受け、尊敬していたのは確かで、象設計の重村力さんによると、今さんが来ると、吉阪さんはぴっと立ち上がって、椅子を下げて、本当に敬愛している様子だったそうです。

なぜかというと、レヴィ＝ストロースなんかもそうだけど、吉阪さんも人類が表現をするその原型にいちばん興味があるわけです。建築史でいうとピラミッド以降にちゃんとした形式ができてくるんですが、それ以前に関心がある。

満州方面の土の住居を見て声を上げて叫び出したっていうことにも表れているように、もとがやっぱり今和次郎に繋がっている。今さんは民家の研究者で知られているけど、それだけじゃなくて、世界の建築家で最初にバラックに本気で興味をもった人です。何もない焼け野原で、あり合わせのものを運んで来て、人が家をつくるという、その原始状態への関心なんです。

たとえば、震災直後のバラックを見て、

「焼けトタンの家は大抵真赤な重い粉を吹いた色をしている。それがこの頃はその色がだんだん淡くなりオレンジ色にかがやいて来ている。コールタールを手に入れることの出来た人は、トタンの面の上へ黒々と塗り付けて、その缶一個だけの分量の模様付けをそれらの家々の衣裳付のためにやる。新しく下らねばならぬ心の斜面よ。その軽き重き不思議なる心の斜面へと辷（すべ）らねばならぬ。黒き、赤き、青きトタンの家よ。」

（今和次郎「焼トタンの家」『中央建築』一九二四年一月号）

焼けトタンの家に自分の心を重ねたところまではよかったが、次に、「バラック装飾社」を絵描き仲間と結成して、銀座のバラック商店の壁に「野蛮人の装飾をダダイズムでやった」ような絵と模様をペンキで描いた。理論も、「人生や、世相などを含んだ複雑なるもののリズミカルな表現を空間でやる」とか「感情飛躍の亢奮からの偶然の結果が空間に跡付けられる」とかちゃんと書いていた。

磯崎　何といっても僕はテクノクラート養成大学東大の卒業で、焼跡派ではあっても、近代化の原理をモダニズムとして学んだわけですから、バラックを超えなきゃいけないという「小住宅設計バンザイ」の側でした。僕はあんまり詳しく今和次郎は読んでいなかったけれど、面白いですね。それまでの啓蒙的な理論を全面否定するやり方です。

藤森　今さんは後藤慶二[*64]さん達と仲がよく、大正期のモダン派の人だった。だから分離

＊64 後藤慶二　ごとう・けいじ（一八八三〜一九一九）建築家。一九〇九年、東京帝国大学工科大学建築学科卒業。司法省に入り「豊多摩監獄」を設計。モダンデザインの先駆けとして、分離派建築会、村野藤吾、今井兼次らに影響を与える。著書に『日本劇場史』等。

派の連中から見ると、自分の兄貴分の仲間が突然気が狂ったように見えて論争が始まる。分離派の瀧澤眞弓[*65]さんなんかは、あまりに腹が立ったから、今さんの家まで論戦を挑みに行ったと話してくれた。今さんの感覚は分離派の人達にはわけがわからない。今さんは以降建築界を離れていくんですね。

今さんは自分のことを「湿地をばかり選んで匍《は》い歩くカタツブリのように妙なアンテナが発達し、角《つの》の先端指の先きに眼の玉が出来」と自己規定し、分離派や大正派の文化人に向かって、「陽当りに闊歩している読者はどうか私のようなみっともない運命に堕ちないように、立派な公認文化のうちに生活をば築いて」、と今さん一流のタンカを切って、去る。（今和次郎「郊外住居工芸」『住宅』第十一巻第一号、一九二六年一月号）

磯崎　その離れ方が、歴史家藤森照信が正統的モダニズムの歴史学からずれていった、その契機とどう重なっていくか。路上観察の活動はゴミ拾いと同じですね。ゴミは美じゃない。それを拾ってきて、これを美と言う。これは一九八〇年代の日本の建築的、都市的思考に大きなインパクトを与えたわけですよ。これが今さんの大正時代の回心というか、明治以降の国家的近代化路線を回転するようないろいろなものと繋がっているのか。これは本人に聞いても仕様がないから、僕が観察しないといけない立場でしょう。

藤森　僕は、今さんのバラック装飾社や、バラック建築の絵と文を知って、こんな日本人がいたのかとびっくりした。だって、今さんは民家の人かと思っていたから。

＊65 瀧澤眞弓　たきざわ・まゆみ（一八九六〜一九八三）　建築家。東京帝国大学工学部建築学科の卒業を控えた一九二〇年に堀口捨己、石本喜久治らと分離派建築会を結成。

磯崎　今さんがバラックに興味をもち始めたのは震災の前ですか、後ですか。

藤森　町の中のヘンなモノに気づいたのは震災の直前ですが、活動を始めたのは直後です。このことに関連して残念だと思ったのは、東日本大震災と阪神大震災があったけれど、それが新しい創造力を生み出すことには繋がらなかった。現在はそういうことは許されない。だって、震災後の町を見て興奮して、いっぱいスケッチを描いて、写真を撮って、それを発表した。町の人達も救助なんか誰も待っていない。焼け残りの材料を拾い集めてつくったバラックで、焼け跡から缶詰を掘り出し並べて、翌日から商売を始める。そういう中での創造力の発揮を今さんが世界で最初にやる。

今さんについてもう一つ大事なことがある。二十世紀の建築理論は、生産と工場を基本にする。コルビュジエも住宅を住むための機械と言った。二十世紀の生産と工場は大量生産、大量消費。バウハウスも生産工場の論理です。世界中の建築界の誰も気づかなかったんだけど、物を百つくったら、百売らないといけない。それで、売るときの空間が生産・工場の空間では売れないんです。それでは社会主義の商店になってしまう。まったく反対の原理でストリートの空間をつくらないといけない。多種で賑やかで、チャラチャラしないといけない、でも、そこは誰も考えなかった。

磯崎　それは一九二〇年代の大正の頃の話ですね。

藤森　そうです。分離派の人は相変わらず生産の原理で考えていたけれど、今さんは消費の原理に注目していた。つくるほうと売るほうとの都市的原理が反対であるということとに今さん以外気づいていない。今さんは普通に人が暮らしている町の問題に初めて興味をもった。そればかりでなく、今さんは柳田國男[*66]に連れられて民間調査に最初に行くんだけど、そのときのスケッチを見ると、肥溜めをちゃんと描いている。柳田國男の民家調査は、日本人の心の底に溜まっている考え方を探ろうとしていた。今さんは肥溜めとか、さりげなくみんながつくったようなものにも関心をもっていて、それが吉阪さんに流れていったんだと思う。吉阪さんはコルビュジエのもとで学びながら、途中から変なところへいってしまう。建築や芸術の崖から飛んでしまう。

磯崎　前川さん、坂倉さんなんかは、建築家が設計をやるということは一つの社会をつくっていく、社会的に建築をつくっていくことがミッションだと思っている。ところが、吉阪さんの受け取り方というのは、ミッションなんてもはやない。ミッションが崩壊して意味がなくなったところから、デブリ、つまり、残骸、破片こそが美だということを逆転して感知しているんだな。考えてみたら、僕らの戦争の焼跡を見た世代から言えば、その通りですよっていう印象です。

たとえば、東松照明[*67]のいちばん有名な写真の一つに、長崎でガラス瓶が溶けて変形したものをほとんどシュルレアリスムの絵として撮ったものがあります。焼け跡の、とりわけ原爆の跡というのは地上にあったものの残骸自体も溶けているんですね。都市自体が消滅しているのだけれども、それは単純にまっさらになるんじゃなくて、そういう溶解状態ですよ。こういうものが、さっきのバラックの破片にしても、何にしても、別の

＊66 柳田國男　やなぎた・くにお（一八七五〜一九六二）日本民俗学の樹立者。東京帝国大学法科大学政治科卒業後、農商務省入省。法制局参事官、貴族院書記官長を歴任後、朝日新聞論説委員等を務めるが、一九三二年辞職。その後民俗学に専念する。代表的な著書に『遠野物語』『蝸牛考』『桃太郎の誕生』等。

＊67 東松照明　とうまつ・しょうめい（一九三〇〜二〇一二）写真家。一九五四年、「岩波写真文庫」のスタッフとなる。五六年に退社後、フリーランスで活動。路上のアスファルトに埋まる金属片を撮影した「アスファルト」、原爆投下後の長崎を追った「〈11時02分〉NAGASAKI」、沖縄を中心とした「太陽の鉛筆」等で知られる。

かたちで似たようなシチュエーションがあったんだと思います。今さんはそれにのめり込んだというところが、他の建築家と違うところだな。

藤森　のめり込んで、帰ってこなかった。

磯崎　もうこれは帰れないんですよ。さっき言った九州派のアスファルト建築家も帰ってこられないんです。結局、大半がヒッピーに流れる。そして、菊畑茂久馬[*68]だけがちょっと正気で、いまではユネスコの世界記憶遺産になっている。炭鉱の記録を見つけてきたんです。ネオダダの風倉匠[*69]にいたってはマゾヒスティックに自分の身体まで痛めつけているんだから。自分の体にアイロンあててそれがまた、じゅーっといって、煙が出ているところを僕らは見せられているんです。

藤森　その時代に磯崎さんは、心の底で廃墟を抱えながらも、生産の論理でずっといくわけですよね。

磯崎　生産の論理こそを、わが師から学んだんですよ。師の置かれた宿命というのは、東京大学の宿命であり、日本の近代化という宿命というものだったと思います。それに三十代まではついていったけれど、そこでどうやってこれから生きるかというのは、やっぱり常に深刻な問題でした。

藤森　そういうときに、吉阪さんのコルビュジエの底を踏み破ったような建築はどう見えていましたか。

磯崎　興味ありましたね。

*68 菊畑茂久馬　きくはた・もくま（一九三五〜）美術家。福岡県立中央高校卒業。一九五七年、九州派設立に参加。六二年、代表作「奴隷系図」で脚光を浴びる。筑豊の元炭坑労働者、山本作兵衛の記録画を世に広めることにも尽力。二〇一一年、毎日芸術賞受賞。

*69 風倉匠　かざくら・しょう（一九三六〜二〇〇七）美術家。武蔵野美術大学中退。六〇年、吉村益信、赤瀬川原平、篠原有司男らと「ネオ・ダダイズム・オルガナイザーズ」を結成し、第一回ネオ・ダダ展（銀座画廊）に作品を出品。八六年、パリのポンピドゥ・センターで開催された「前衛芸術の日本1910〜1970」に参加。ピアノや風船を用いたパフォーマンス等でも知られる。

創造力の極限を生み出す

藤森　磯崎さんも参加した、コンゴのレオポルドビル文化センター国際オープンコンペ（一九五九年）について聞かせてください。

磯崎　あのコンペは当時全世界で評判になったと思います。それでみんな応募すると言っていたのですが、丹下研は、その前にトロントの市役所のコンペに応募したけれど落ちて、WHOのコンペも落ちるというような具合だったんです。それで、もう丹下さんはレオポルドビル文化センターのようなコンペはやらないというふうに言っているらしいと、神谷宏治[*70]さんと僕とがたまたま話して、じゃあ我々でやるかと言って応募したんですね。

それで、その後に僕が初めて設計した「大分県医師会館」をがーっと二百メートルくらい延ばして翼みたいにしたものが全体の大スパンになっていて、敷地の真ん中にある道路をまたぐように、両方で持ち上げて全体を繋ぐという案を出したんです。この案は都庁のコンペのときと同じで、条件違反だったんですね。吉阪さんの案を見ると、片方に寄せるか、二つに割るかどちらかだったと思いますが、僕は繋いじゃったんですよ。

吉阪さんの場合は、テントみたいにしていました。つまり暑いところだから、どうやって日陰をつくるのかということが重要で、僕らは「広島平和記念資料館」のように、

＊70　神谷宏治
第一章・注釈43（三二頁）参照。

上にかごがあるピロティー形式にして、そのかごを網状の翼みたいにしたんです。かごの下は、空間が三階分くらい空いているピロティーで、その間が全部日陰になってという案をつくりました。こういう日陰の空間をつくるということは、この時代まではあまり誰も考えていなかったと思います。吉阪さんの案は、佳作くらいには入ったかもしれませんが、こういったおかしなものはまったく評価される見込みがない時代でしたから。このあたりから、吉阪さんの仕事の動きというのは、僕が考えていたものとは違うフェーズですよね。「箱根国際観光センター競技設計」(一九七〇年)の吉阪案はもちろん落選ですが、谷間に全部埋めています。これも先駆的なアイデアでした。

実はこのコンペは前川さんが審査委員長だったんですよ。そして、白井さんも審査員に入っていた。前川さんは日本のフリーアーキテクトあるいはプロフェッサーアーキテクトを選びたいと思いながら、選んでみたら竹中工務店の設計だった。

藤森 吉阪案が本当にできていたら、すごいですね。このタイプの作品では山小屋を見に行ったことがある。ヘリコプターに乗せてもらって行ったのだけれど、雪の中でもうダメかと思った。その他にはディテールまでちゃんとつくられていない作品があるんですね。一応完成してはいる「江津市庁舎」(一九六二年竣工)は、Aの字型の構造体になっているけれど、設計時はもっと造形的な支持体だった。実施設計の段階で簡便なAの字になってしまった。

磯崎 あれは最初の案のほうがいいと思いましたね。

藤森　そういうことがときどき吉阪作品にはある。

磯崎　吉阪さんのピロティやなんかのディテールを変えざるを得なかったというのは、スケールは違うけれど、ザハ・ハディドが新国立競技場のコンペの際に、オリジナル案から設計チームが二番目の修正案に改善したためにコンセプトが崩れたのと同じシチュエーションだったと思いますよ。最初のアイデアは、どうしても形だけでは崩れていくんですね。

藤森　僕はU研究室がどこまで施工を自力でやっているか知らなかったんですが、施主が、アテネフランセ創立者の娘さん夫妻という「三沢邸」[*71]（一九七四年〜）のときには、U研究室のスタッフが泊まり込んで、十年近くかけてつくったと聞いてびっくりした。娘さんが十年間U研究室の人達のご飯をつくり続けたそうです。台所ができていなかったから、庭にカマドをつくって煮炊きした。あんなに充実した日々はなかったって。そういう施主がいるときは、吉阪さんの建築はすばらしいものになる。だけど、そうでないときは難しい。「三沢邸」はすばらしかった。書斎は、入口がなくて屋上の筒状の穴から梯子で降りていくんです。鉄梯子を下って入るというのが面白い。ときどきやり過ぎのときもあるから、あれは難しい。

象設計集団[*72]がU研から独立しますが、象設計集団の建築についてはいつもあれこれ考える。「名護市庁舎」[*73]は名作だと思った。パーゴラがちゃんと使われているし、壁面にたくさんのシーサーが据えてあるのなんて、象設計集団以外にはあり得ないデザインだ

*71 三沢邸（一九七四年）

(photo: Eiji Kitada)

三沢邸一階平面図

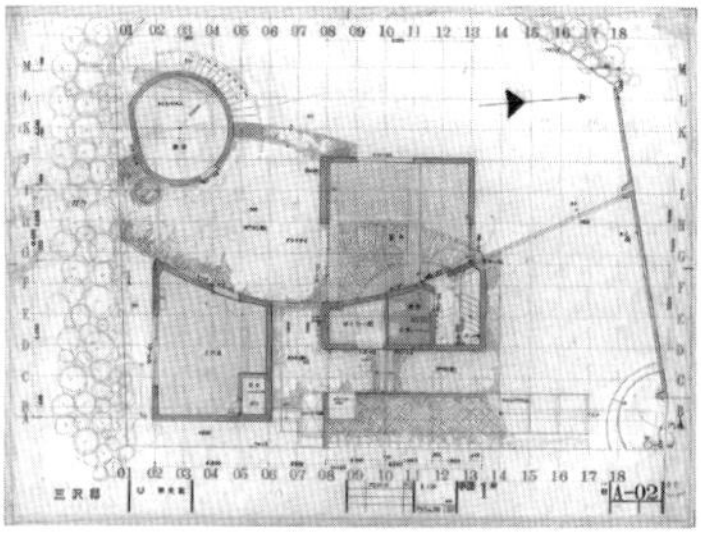

（文化庁国立近現代建築資料館蔵）

けれど、まったく変じゃない。ダルマを置くようなもので、やると、たいていは失敗する。

磯崎　あれは、一九八一年の建築ですけれど、象設計集団とは言ってもU研究室ですよね。

藤森　吉阪先生の方向がうまく結実した建築です。そう重村さんに言ったら、我々はもっといろいろやりたかったけど、予算が足りなくてできなくて、みんな不満だったって。あのくらいで止めるのがいいって思うけれど、過剰な人達なんですよね。

磯崎　止めどころがわからないんだね。

藤森　設計には自由にしていい部分がある。日本建築でいうと、たとえば壁に開ける猪目のように、構造などの条件に関わりなく自由にやっていい部分があるが、象設計集団の自由には変な癖が僕には感じられる。

磯崎　藤森さんが言うんだから相当だよ。

藤森　止めてほしいと思う造形が時々ある。象設計集団は重要で、彼らがいないと困る。そうでないと、建築の基本的な自由が失われますから。でも、吉阪さんがそういう自由な造形力をちゃんと実現できたのは、「大学セミナーハウス」[*74]かなと思います。

磯崎　そうですね。「大学セミナーハウス」だって、あれは考えてみたらあの興味を受け入れると、ピラミッドと逆ピラミッドはいいとして、僕はそのくらいしか見ていないから、それ以上のことは言えないんですが、周囲に計画されたさまざまな建築群は、今

＊72 象設計集団《ぞうせっけいしゅうだん》 建築家集団。吉阪隆正のU研究室にいた大竹康市、樋口裕康、富田玲子、重村力、有村桂子により設立され、現在に続く。主な作品に「今帰仁村中央公民館」「名護市庁舎」等。

＊73 名護市庁舎（一九八一年竣工）

（松隈洋氏撮影）

のザハなんかにも繋がるようなもので、ウィアード・アーキテクチュアと言えると思います。ウィアード（weirdo）とは、要するに普通じゃない異様なかたちが生まれてくるということですね。こういうものを生み出したいという欲望みたいなのが、やっぱり片方にあったと思う。透明で直角でというピュアな建築に対して、反対の極限みたいなやつをつくりたいという欲望がやはりあるんですよ。

原爆の後とか、震災の後というのは、そういうような状態がマイナス側に大量に一挙に出現する。僕は原爆の落ちたところは知らないわけだけれど、落ちた後は知っている。後の状態というのは記録を含めて、すべてが変形しているわけですね。これがやっぱり何とも言いがたい魅力なんですよ。

藤森　創造力の自由。

磯崎　そうです、その極限ですね。この自由な欲望を禁止しようとしているのが、今のゆるキャラとか「みんなの家」とかなんですよ。欲望を拒絶して抑圧して禁止しているんですね。それで成立しているものだから、まったく歯ごたえがない。

そういうかたちがむしろ今は流行っているんですよね。神戸や東北の災害は人知を超えた力が被さってきたわけで、それは昔でいうと、山のもののけの祟りでまわりが壊滅するという、ジブリ映画の『もののけ姫』で描かれていた部分がもっとリアルに現れてきたようなものですよね。これがそういう力だとすると、この力に襲われた今の社会が見た、その見たということのトラウマが今の日本にはある。そして、この二つの災害の

＊74 大学セミナーハウス
東京都八王子市の多摩丘陵に建つ宿泊研究施設。一九六五年に第一期の本館が開館し、八九年までに、講堂、セミナー室、宿泊棟等さまざまな施設がU研究室によって設計された。

第一期の本館（photo: Eiji Kitada）

それぞれの後に、隈研吾さんが「負ける建築」、伊東豊雄さんが「みんなの家」を世に出しているんです。隈さんの「負ける建築」も一九九五年の阪神淡路大震災の後ですから。同じ年にオウム真理教の地下鉄サリン事件もあって、こういう何かを超えちゃったものを見たその挙句が、この世代の哲学、思想になっちゃったんですね。

藤森　なるほど。

磯崎　その二人が、NHKのドキュメンタリー番組「プロフェッショナル仕事の流儀」で、今話題の建築家なんて言って特集される建築家なんですから。その二人が世の中で話題になっているんだとするならば、僕は二人がこういう人為を超える巨大自然災害を見ちゃったせいだと思うんです。とすると、僕の場合は原爆の焼け野原を見ちゃったせい、今和次郎は関東大震災を見たせいだと言える。他にも戦争を見た人間がいるし、それが子どものときでも、物心ついていよいよ考え始めたときに見たものはやっぱり頭から離れない、憑かれているわけですよ。吉阪さんはそういう野蛮になっていくきっかけをもっていた人なんだろうね。吉阪さんのきっかけは何だったんだろう。黄土地帯での経験なのかな。

藤森　没後発見された未発表原稿には、黄土地帯が自分の故郷だと書き、黄土地帯は「かんそうなめくじ」[*75]がまだ新鮮だった場所だと書いている。今思い出したけれど、一九二〇年代後半に、今さんが分離派や文化人に対して、あなた方は立派な日の当たる大道を歩いて下さい、私はカタツムリになって地べたをはいますとタンカを切ったこと

＊75 かんそうなめくじ　『新建築』に、一九六六年三月から七六年まで四回にわたって登場した。

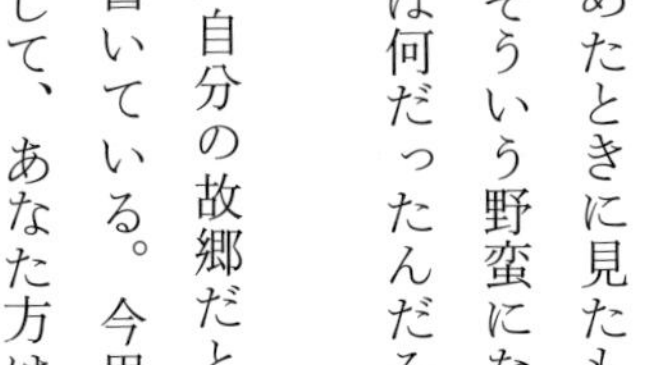

（アルキテクト提供）

を知っていたはずはないが、カタツムリといいナメクジといい師弟は似ている。

磯崎　ラフィカディオ・ハーン[*76]が日本に最初に来たときに、西欧との違いをいちばん感じたのは、看板に書いてある字なんですね。江戸時代のスタイルの漢字やひらがなで書かれた看板が山とあるけれど、外国人は読めない。それをナナフシ、七つの節の虫だと表現していますね。これが見渡す限り日本の街にはうごめいている。それが横浜で船から降り立った第一印象として書いているんです。吉阪さんのナメクジの絵は、そのナナフシに見えますね。このイメージが黄土地帯と重なれば、絵には節が五つしかないけど、七つあればまさにナナフシですよね。

藤森　いや数えてみると七つありますよ。

磯崎　ああ本当だ、七つある。じゃあ、これに手足と頭が付けばいいんだ。そういうイメージというのはもともとあったんじゃないかな。

藤森　だけど、この絵がナメクジが乾いた状態だとも思えない。

吉阪隆正の思想と黄土地帯

磯崎　モダニズムの中で早稲田派、東大派という派閥があるということは、一九六〇年代までは言われていました。吉阪さんの作品はそういうロジックで説明できるけれど、一九六〇年代半ば以降では、またもう一つ違うことをやっているんじゃないかという気

＊76 ラフカディオ・ハーン（一八五〇～一九〇四）ギリシャ生まれの作家、英文学者。一八九〇年、アメリカの出版社通信員として来日。日本文化に惹かれ、英語教師、英文学者として、松江中、熊本の五高、東京帝国大学で教鞭をとりつつ、日本の文化を精力的に欧米に紹介した。一八九六年日本に帰化し「小泉八雲」と名乗る。代表作に『骨董』『怪談』等。

がするんです。例の伊豆大島の水取山《みずとりやま》のプロジェクトは、人工のオブジェをつくって水を集めようというプロジェクトでしょ。そんなのは、都市や建築の復興プログラムでは予算化できるインフラの範囲しかできないから、普通はあり得ないですよ。ところが、その部分のディテールをいちばん細かく描いて提案しているんだから、これはやっぱりユニークですよ。

藤森　一九六五年の計画ですね。

磯崎　島はこのときに大規模な火災で町中が崩壊してしまったので、国がかなりの復興費用を投じて再建するというプロジェクトをやっていたと思うんです。けれど、出来上がったのはこの案じゃないと思う。

藤森　吉阪さん設計の消防署とか何棟かはできたそうです。

磯崎　だけど、他のたくさんの吉阪さんの案は実現せずに、普通のものになってしまったみたいですね。それをやったのは高山研系統の連中だったというのは覚えています。そして、この水取山という発想がいつ、どこからきたのかと、その始まりを考えると、黄土地帯じゃないかと思うんです。黄土地帯は水がないところですから。

泥の家《ドビイハウス》というのは中近東全域にありますけれど、黄土地帯は横穴式住居や窰洞《ヤオトン》が一般的で、エレベーションがない。上から竪穴を掘ったのが中庭になって、四方にトンネルを掘って部屋をつくるという方法が平地では普通で、毛沢東が延安で住んだ家なんかは、崖に横穴を掘ったものです。そして窓だけはついているというような。この窰洞のあるところまで、日本軍は行っていない。

藤森　「かんそうなめくじ」の故郷は黄土地帯で、私の初の設計を可能にしてくれた〝泥の家〟を見たのもその黄土地帯です。

磯崎　吉阪さんが晩年に黄土に行っておかなければと思ったのは、やはり学生のときの体験がかなり決定的なものだったからなんでしょうね。

藤森　そのときは自分はまだ乾燥しておらず、若くて新鮮だったと。黄土地帯には先生方と合わせて四人で行っていて、吉阪さんは卒業論文を書くために行っているのですが、他の先生方は、当時の政府があのあたりに政策的な関心があったことから、その調査で行っている。

磯崎　この地域の調査には京都大学も行っているからね。南極探検隊の西堀榮三郎さんが隊長で、梅棹忠夫[*77]さんなんかも一緒に行っている。

藤森　京都大学の梅棹さん達は、白頭山の初登頂に成功しています。政府としては軍事的な目的があったのかもしれない。

磯崎　だから、当時はみんなモンゴル語を勉強していたんだな。司馬遼太郎さんもモンゴル語を勉強していたんですよ。

一九三八年前後ですね。ノモンハン事件という日本が完全に負けた戦闘がこの時期にあったのですが、負けたがゆえに記録がまったく残っていない。これはロシアとの戦争で、藤田嗣治[*78]さんが、そのときの負けた戦争画を書いているんですよ。それは、ロシア

＊77 梅棹忠夫　うめさお・ただお（一九二〇〜二〇一〇）民族学者、人類学者。一九四三年、京都帝国大学理学部卒業。六九年京都大学教授。国立民族学博物館初代館長。生態系に基づく多系的な文明発展パターンを主張。主な著書に『モゴール族探検記』『文明の生態史観』『知的生産の技術』等。

＊78 藤田嗣治　第三章・注釈50（二〇一頁）参照。

の戦車に素手で日本兵が登ってロシア兵を殺していて、まわりでは戦車が燃えているという絵なんです。このときの司令官などの責任者はほとんど自殺させられて、関係者はほとんど要職から解かれて引退させられた。そのうちの一人から藤田さんが絵の注文を受けて描いた絵は、ほとんど同じ図柄なんだけれど、戦車で轢かれた日本兵の死体が累々とある絵だったというふうに言われているんです。これは戦争で焼けたか、誰かが隠しているかわからないけれど、今だに出てこない。噂があるだけで実物は出てこないんですよ。そういうような戦争があったけれど、その内モンゴルは日本が完全に押さえていた領域だから、そこにみんな行こうとするのは、一つのロマンですかね。

あるいは、江上波夫さんの騎馬民族征服王朝説[*79]あたりからこの状態だったと思いますね。

藤森　中国と言っても中華文明を生んだ中原ではなく、その周辺の忘れられていた黄土地帯に惹かれるんですね。

磯崎　梅棹さんの黄土地帯に行ったときの日記というか、フィールドノートを読んだことがあります。この中でいちばん印象的だったのは、梅棹さんが後に『文明の生態史観』という本を書きますけれども、これはこれまでの歴史観とまったく違って、海と陸と、陸の中の東西の位置関係だけで、文明を組み立てているんですよ。彼はそれを調査している中で、羊が群れを成して走っているときに、百頭の羊に一頭くらいの割合で犬がいて群れをコントロールしているのを見て、人間社会のコントロール・システムも同

＊79 騎馬民族征服王朝説　大陸から渡来した北東アジア系の騎馬民族が、四～五世紀頃朝鮮半島を経由し、日本の北部九州、畿内を征服することで大和政権に至ったという説。一九四八年に考古学者江上波夫が発表。

じだと考えた。つまり、羊を群集とするならば、群れを束ねる技術をもったごく少数の人間がいればコントロールできるということです。今の人間社会の文明をつくっているベーシックがここにあると思ったということになっています。

僕はこれは意外に当たっていると思うんです。これがモンゴルだということがさらに面白いところですね。だから、戦後の一つの文明、文化論を組み立てた人の発想の原点が、こういう日本の遠野物語とか、琉球、調査というレベルを超えたところにあったというのが、戦後の文明観をやっていた人々の面白いところなんです。それで吉阪さんはその中にいたんだなと思ったんです。

藤森　吉阪さんをそういう人として見るってことですね。

磯崎　僕がいちばん面白いと思う吉阪さんの発想は、「日本列島改造論」なんです。これは西山[*80]さんや丹下さんを含め各大学がそれぞれに研究費をもらって出したもので、丹下さん著書の『日本列島の将来像―21世紀への建設』もそのときの研究費でできているんです。この吉阪さんの案が、僕はいちばん面白いと思っています。日本列島を上下ひっくり返してシベリアから日本海を介した視点で日本列島を見る「逆さ地図[*81]」という、単純にそれだけなんですね。だけどこれは、日本列島の歴史的な視点を完全に相対化しちゃっているんです。日本列島がまったく違って見えるんです。

藤森　意味は違いますが、大陸から日本海越しに日本列島を見てもこう見えるんです。

磯崎　歴史家の中では、一九八〇年代の網野善彦[*82]さんの歴史観というのが、それまでの

＊80 西山夘三　第二章・注釈89（一三三頁）参照。

＊82 網野善彦　あみの・よしひこ（一九二八〜二〇〇四）日本史学者。一九五〇年、東京大学文学部卒業。日本常民文化研究所所員、名古屋大学文学部助教授等を経て、神奈川大学経済学部特任教授。日本中世史に大きな影響を与えた。主な著書に『中世荘園の様相』『無縁・公界・楽』『日本社会の歴史』等。

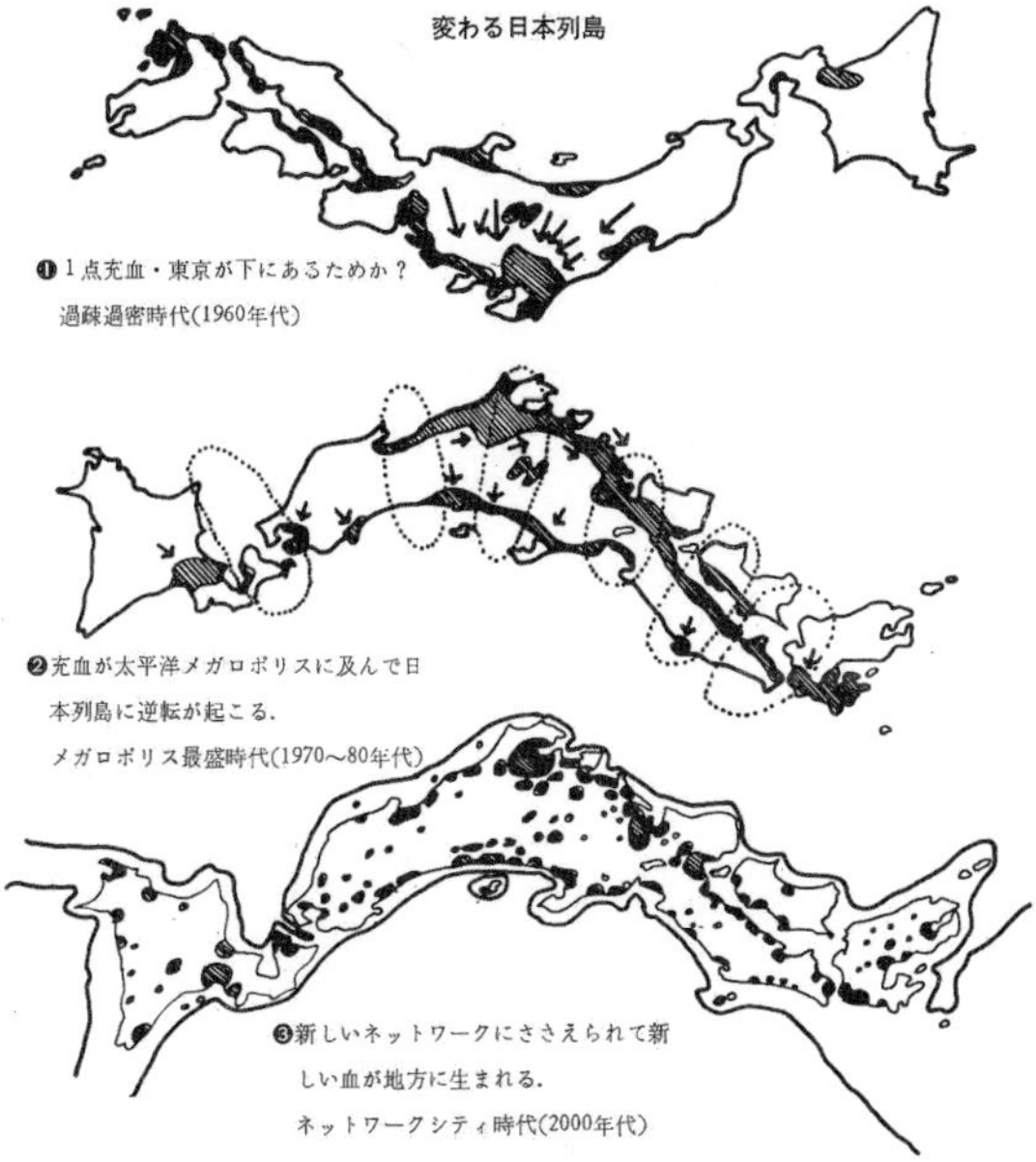

＊81 逆さ地図
常識を疑ってかかれるように、太平洋を上にした地図。早稲田大学〈21世紀の日本〉研究会、一九七〇年初出（アルキテクト提供）

海洋世界地図

＊83 海洋世界地図
南極を中心に海洋をひとつつながりに表現した地図。「国連移転論」『開発研究』（一九六六年）初出（アルキテクト提供）

日本の歴史観をひっくり返したということになっているじゃないですか。彼の日本論というのが、この吉阪さんの絵ですよ。彼は海とか周辺の人間が、日本の中央の政府の文化ではなくて、中世期を完全にひっくり返して組み立てたのが今の日本の歴史だという見方をしている。この視点が吉阪さんのこのときのアイデアと繋がっているというように僕は思うんです。ここまでひっくり返して、これまで発想しているというのは歴史家の中にもいなかった。

藤森 南極を中心にした「海洋世界地図」[*83]にもびっくりしました。南極を中心に見ると、地球とは陸ではなく海の世界。

磯崎 「かんそうなめくじ」から始まって、「海洋世界地図」と日本列島改造論の「逆さ地図」を今あらためて見ると、建築を超えた文明論をやってきていますよね。並みの建築家よりもよっぽどこれは面白い。

それから、西堀さんが隊長だった南極探検隊の一員に、吉阪さんはなりたかったという話があるわけ。

藤森 先ほど言われた吉阪邸のストーブというのがそれのためのものなんですね。

磯崎 そうです。日本が零下四十度の中で暮らす南極探検隊のために、素人の隊員が組み立てて、ひと冬越すことができるストーブを開発しようとしていたんです。そして実際にこの吉阪邸のストーブは何十年ももったんですね。この越冬のための小屋をつくっていた指揮者は浅田孝[*84]さんで、彼がいろいろ技術的な指導をして開発をした中にストー

＊84 浅田孝
序・注釈3（一〇頁）参照。

ブがあったんですよ。この話を僕は直接聞いていました。そのストーブの第一号を吉阪さんは自邸に持ち込んで実験していた。耐寒訓練ですよ。これだけやっているんだから隊員にさせてくれと言うわけですよ。ところが何で落ちたかというのはわからないですが、結局入れなかったので、仕様がないから早大アラスカ・マッキンリー遠征の隊長としてマッキンリーに行ったんです。このときに登頂したということになっているんですが、実際は登頂していないんじゃないかという噂が流れて、いまだに誰も証明できていない。マッキンリーはエベレストの次に厳しい山ですからね。エベレストの最初の登頂に成功したエドモンド・ヒラリーをやりたかったんだな。

藤森　浅田さんに南極越冬隊の話を聞くと、あんなところでどうやって家をつくるかについて、早い時期から吉阪さんに相談していた。吉阪さんは、材料を押し出していくと、寒いからどんどん固まっていって家になるという、押し出し式の家のアイデアを提案してくれたって。でも具体的に考えてみると、だめだったそうです。

磯崎　それはあり得るな。「泥の家」と同じ理屈じゃないですか。

藤森　何らかのかたちで越冬隊に関係していたんですね。建築学会で本格的な探検ができるのは吉阪さんだけですからね。

磯崎　浅田さんが取り込まれて相談にのりながら一所懸命にやることになって、隊長を西堀榮三郎にするということを決めたのは、矢田喜美雄という朝日新聞の記者です。

この人は下山事件を追いかけて、これは米国の陰謀だということを証明できたのだけれど、圧力がかかって発表できなかった。それで挫折した。仕様がないから南極探検隊をやろうかというようにしてこのプロジェクトを起こして、朝日新聞は訳がわからないこの話に乗ったわけです。それで、有楽町の泰明《たいめい》小学校の並びに木造の小料理屋があったんですが、そこの二階を借りて、矢田さんといずれ浅田さんがそこに泊り込むようになった。この二人がそこで妄想をふくらませていたのが南極探検隊の始まりなんです。浅田さんが、隊長が決まっていないんだ、西堀さんにするかどうかまだわかっていないんだとか言っていたのは覚えています。

丹下研と今・吉阪の流れが共存

藤森　もう一つ、吉阪さんは、今和次郎に影響を受けて、次に建築家になるにあたってはコルビュジエに影響を受けた。コンとコルの人なんです。

磯崎　二人が同じ早稲田大学だということはわかっていたけれど、今さんのほうにいく人は落伍者というか、時代がずれていて付き合いたくないと思うような人がみんな今さんのもとにいくという認識があった。だから吉阪さんは曲がりなりにも建築をつくっている人だから、今和次郎側じゃなくてもうちょっと別な側ではないかというのが僕の印象でしたね。

藤森　確かに戦後の今和次郎の建築界での評価はそうだったが、吉阪さんのもとにあるのは今さんですよ。今、吉阪筋は、二十世紀の重要な問題と対応しているんです。たとえば、エコロジーと誰でも言うような時代になったけど、吉阪さんは早い時期からそういうことを考えていた人ですし、象のグループはずっと受け継いでいる。

一方にレーモンド、前川から始まる丹下研の流れがあって、もう一方に今、吉阪と続く不思議な流れがある。かといって、その二つが喧嘩をしているわけではない。戦後日本の建築界の面白さです。

磯崎 お国がテクノクラート派を支持して、何事も体制と反体制というふうに位置づけられがちだけれど、そういう分類にきちんと当てはまらないところがデザインの面白いところだと僕は思うんです。だけど、気性はお互いに違うところがありますね。両方の立場で言うと、建築やデザイナーというのは、自分のことはあんまりよくわからないんですよ。こんな職業を選んだのだからやっているんです。

藤森 来た球を打つような状態ですよね。

磯崎 そうやって球を打ってみると、お前はテクノクラートで、お前は反体制派、要するに落伍者のナメクジ派だというふうに勝手に分類されてしまうのだけれど、本人達は素直に建築をやってきていると思いますね。

藤森 日本の建築界は、普通だと相容れないようなものがあっても、生存は認めるという独特なところがあると思うんです。戦後の日本を考えたときに、丹下、前川、坂倉がいる一方で、まったく同じように村野藤吾、白井晟一、そして吉阪隆正がいる。前川さんは白井さんを嫌うわけじゃないし、村野さんが抑圧されるわけではない。それぞれ立脚点は違うんだけど、ちゃんと尊敬されているというのは世界的に少ないですよ。前川さんや丹下さんだって、村野さんの手摺りの美しさを見れば、本人の前でそうでかい顔はできないですよ。

吉田五十八[*85]や堀口捨己は和風で知られる建築家だけれど、建築界で活躍をしていた。これがヨーロッパだったら、建築雑誌に載るのはモダンと決まっていて、チューダー様式の住宅をやっている人が載るなんてことはない。それが今はモダニズム系一色になり、昔に比べると多彩ではないです。

それで面白いのは、村野さんも白井さんも吉田五十八さんも、青年時代にドイツ表現派に憧れている。モダニズム直前を学んだ人達なんです。ゴシックとかの歴史様式はちゃんとは学んでないけど、材料の使い方とか線のうまさ、面の取り方、光の入れ方、テクスチャーなんかは表現派から学んでいる。彼らはそれがあるから、モダニズムは魅力的だと思っても、結局モダニズムへいかない。世界の表現派世代で生き残ったのは、ハンス・シャロウン[*86]だけです。表現派の表現は面白い問題をもっていて、あの仕上げの質感はモダニズムといえど、なかなか否定できない。だから、味わい深いテクスチャーや、美しい線、包んでくるような快適さなどを戦後の村野さんはやりまくる。

日本の戦後を豊かにしてくれた一つは、表現派が潰されなかったことだと思います。ドイツの場合は不幸で、みんな米国に逃げてしまったり、シャロウンだけが生き残るけ

*85 吉田五十八　よしだ・いそや（一八九四〜一九七四）建築家。一九二三年、東京美術学校図案科第二部（建築科）卒業後、欧米をめぐる。日本の伝統建築の近代化に専念し、近代数寄屋建築を確立した。一九四一年より、東京美術学校で教鞭を執る。代表作に「日本芸術院会館」「大和文華館」等。

*86 ハンス・シャロウン　第一章・注釈31（二八頁）参照。

れど、シャロウンも独自性を出せたのはプランだけです。表現派を足がかりに長谷川堯さんが出てきて、丹下さんや磯崎さんを批判した時期があった。

磯崎　長谷川さんは、僕が白井さんを評価していて、丹下さん批判もやっているということをすべて知ったうえで、お前は丹下と同類だと、そういうことを言ったわけです。これはこれで考えてみたら、そう見られても仕様がないというようなことではありますけれどね。むしろその見方がちょっとおかしいんじゃないかと思いながら、あんまり本人と直に衝突する暇もなかったから、そのままになっているんです。

コルビュジエに可愛がられた「Taka」

磯崎　ところで、「国際文化会館」（一九五五年竣工）の設計は、前川國男、坂倉準三、吉村順三の三人でやったことになっている。それから「国立西洋美術館」（一九五九年竣工）の実施設計は前川、坂倉、吉阪で、吉村さんの代わりに今度は吉阪さんが入っているんですね。あのとき、吉阪さんは何を担当していたんでしょうか。

藤森「国立西洋美術館」は主に坂倉事務所がやった。坂倉さんの事務所が経済的にいちばん安定していて、他の二人に実務遂行の余裕は乏しかったでしょう。

磯崎　そうかもしれないね。だけど、「西洋美術館」のディテールは前川さんふうじゃないですか。坂倉さんの作風は、もうちょっとスカッとしていると思うんですけれどね。

じゃあ、吉阪さんは何をしていたのかな。要するにコルビュジエ事務所との連絡係だな。いちばんフランス語ができたから。吉阪さんの図面を見る限り、この図面の描き方は西洋美術館の図面とはまったく違います。

藤森　確かに、吉阪さんについて「西洋美術館」の話は聞きません。ただ、吉阪さんはフランス時代、コルビュジエに可愛がられたみたいですね。ああいう腹に一物のない人は少ないから。コルビュジエが吉阪さんを可愛がった証拠はいろいろ残っているらしいです。重村力さんが言っていたのだけれど、コルビュジエの図面をチェックすると、圧倒的に吉阪さんが描いたものが多い。前川さんや坂倉さんはそんなに描いていない。

磯崎　確かに前川さんや坂倉さんが描いたものはあまり残っていないですね。吉阪さんはなぜか「Taka（タカ）」というサインを図面に入れていて、それがコルビュジエ作品集に載っているくらいだからね。

藤森　コルビュジエは簡単に言うとスイスの山の町出身の田舎者だからパリではいろいろと辛いこともあっただろうし、だから吉阪さんみたいな人柄をいちばん好ましく思ったんでしょう。

磯崎　一九〇〇年代の年に十三足すとコルビュジエの年齢になるから、一九五五年ということは、当時六十八歳ですね。吉阪さんは一九四一年に早稲田大学を卒業しているから、当時三十八歳だ。

藤森　ちょうど親子くらいの年齢関係だったんだ。

海外と日本の戦後の状況から見ると、実は吉阪さんはコルビュジエのところに行く必要はなかったでしょう。本人は行きたくなかったそうです。フランス政府から留学政策のために、誰か出せという割り当てが早稲田にあったけれど、あの時期の学生でフランス語ができる奴なんていないわけですよ。それで、吉阪さんに留学試験を受けさせることになり、仕様がなしに吉阪さんが試験場に行ったら、それはもう試験じゃなくて手続きの打ち合わせだったという話です。

吉阪さんにとってヨーロッパは珍しくも何ともないんです。ヨーロッパで日本人がわあわあやっていた時代にジュネーブで過ごした帰国子女だから。でも、パリのコルビュジエの事務所は性には合っていたんだと思います。アメリカのグロピウスのところへ行っていたら、飛び出したんじゃないでしょうか。

戦後に欧米へ行って、何か特別なことを学んできたという日本の建築家はいないですよね。たとえば槇文彦さんも、アメリカへ行ってみたら、昔ながらに全部ボスが一人で決めるやり方が行われていてびっくりしたそうです。丹下研では、みんなでわあわあ議論しながら設計してたが、アメリカにはそういうやり方がなかった。

磯崎　確かにそう言われると、建築家では誰もいないですね。逆に長居した人は帰ってこないし、帰ってきても主流派からははずれてしまうしね。

藤森　吉阪さんも本当は日本にいて十分学べる世代なんですよ。大江さんもそうです。丹下世代は日本の中でやっても世界に通ずる世代ですよ。

磯崎　それが一九五〇年代の半ばくらいまでの大まかな対外的な関係ですね。そうやって考えてみると、僕らの世代は、その世代から十五年か二十年下で、一九五〇年代末くらいから一つのメンタリティとして出てきたものとして、小田実[*87]の『何でも見てやろう』と米国作家のアーサー・フロンマーの『ヨーロッパ（一日五ドル）の旅』という二冊の本が超ベストセラーだったんです。

藤森　日本の建築界はその段階だったと思います。武者修行というか、ちゃんと武芸を身につけた後に行ってうろうろ力試しをすればいい、欠けているものを学ぶ時代じゃない。昭和一〇年代の日本は、モダニズムが中央官庁を制覇していたんです。郵政省がモダニズム以外許さない。東京都の教育庁はモダニズムの学校しかつくらない。そんな国は他にないです。

昭和十年（一九三五年）を境に、日本ではモダニズムが歴史主義を抜いてしまうわけです。だけど、他の国では歴史主義が戦前いっぱい、体制を握っていますから。

磯崎　公共建築というのは、もうモダニズムでしかないんだという理解になってしまった。これはやっぱり佐野利器さんのせいなんじゃないかな。

藤森　結果的に佐野さんはモダニズム確立をバックアップした人ですね。震災復興期に、東京大学の教授と東京都の建築局長を兼ねていた。たとえば東京都の教育庁が小学校に裁縫室をつくると、清水組の職人を差し向けて裁縫室を壊して理科室にしてしまう。これからは裁縫の時代じゃない、理科の時代だって言って。

＊87 小田実　おだ・まこと（一九三二〜二〇〇七）小説家、文芸評論家。東京大学卒業。留学生として渡米し、世界旅行をした後、その旅を描いた『何でも見てやろう』がベストセラーとなる。一九六五年、「ベトナムに平和を！　市民連合（ベ平連）」を、開高健、鶴見俊輔らと展開。主な著書に『現代史』『HIROSHIMA』等。

この時期にモダニズムは日本に根を下ろし、そのうえで伝統をどうするかに取り組み出したのが丹下さん世代なわけです。

磯崎　モダニズムがテクノクラシーの主流として出てきたときに、まずパージされたのが分離派じゃないですか。分離派というのは構造がわかっていなくて、デザインばっかりやっている連中だから軟弱極まりないという理由でパージされた。だから先ほど話した、権力と権力が追い出す一派との関係を超えて、これ全部を相対化して、自分自身が廃墟の中に埋没するという方向に今和次郎は出てきた。やっぱり彼のこの吹っ切れ方というのは面白いと思いますよ。

藤森　今さんは、普通の人ではないですね。

磯崎　分離派はその点では中途半端です。中途半端さが丹下さんに受け継がれたという感じで、一度外に追い出されたはずのデザイン派が回帰して、その主流に戻ったわけですね。それが戦後そういうかたちで回ってきた。今さんの出方は、そこからまたずっとずれたわけでしょ。だから吉阪さんも反対にいっちゃうわけですよ。そうすると最後に逆転でいくとしたら、裏返しで日本列島を相対化するという、こういう視点に出てきたんですね。

藤森　日本列島だけじゃなくて、地球の相対化を試みているんですからね。吉阪さんは、最後は結局、大事なのは人がいない海だと言って地球の陸と海をひっくり返して見せた。人間の想像力や構想力がすごいと思うのは、ずっと後世まで残って人々を刺激し続ける。

今さんや吉阪さんみたいな存在が、人の想像力を自由にしてくれるんです。

磯崎　これを復活させているのが藤森さんだと思います。吉阪系列が行き詰まったというのは、どういうことが起こったせいなんでしょう。

藤森　わからない。

磯崎　海外に渡るということに対して、丹下さんは単純に、会議で行くっていう感じじゃないですか。浜口さんもそうだし。ところが、大江さんと吉阪さんは、戦後に海外を旅行したことが自身に大きな影響を与え、自分の方法を驚異的に組み替えたという結果になったと思うんですね。もちろん両方とも生まれつきというか、日本で身につけていた考えなんだけれども、それが外からの関係において出来上がった世代と言えると思います。この二人と浅田孝さんは、一九四〇年前後に大学を卒業していて年が近いんです。

それから浅田さんは海軍に行ったりしてるから、完全に外国とは関係なく、土着のモダニズムできている。それに対して大江さんや吉阪さんは、ある程度日本の中で自分の考えを組み立てたうえで、海外での経験を触媒にして経験をまた組み立て変えている。戦前に海外に行った人達は、白紙状態で行って向こうで初めて建築を勉強したので、そこがちょっと違うと思う。大江さんは正統日本建築みたいなものにいくし、吉阪さんは、ある意味、完全な裏返しの部分、何と称していいかわからないけれど、非正統というか、文明史観を覆すような発想をやるかたちになっていったという感じですね。これはやっぱり、それぞれがそれなりの一つの型をもっていたんじゃないかという気もしますね。

（磯崎邸にて）

対談を終えて

藤森　ミュンヘンでの仕事の際に、向こうの歴史に関心のある建築家と話して知ったのは、第二次世界大戦でドイツの建築界の流れが切れてしまったことです。建築家は誰であろうと力がある人か組織と組まないと仕事がないから、亡命しなかった建築家はどこかでナチスと繋がっていて、戦後、だめなんですよ。

日本が幸いだったのは、軍国主義が従軍させる芸術的分野として建築家をはずしたことです。鬼畜米英と言いながら、満州の銀行なんて全部ギリシャ建築なんですよ。だから、日本の場合は流れが途切れずに戦前から戦後へと連続した。

磯崎　そういうかたちで言うと、今回対談で取り上げた人達の中にはドイツやロシア、フランス、アメリカに行った人がいる。そういうところの全体の建築の状況を一九三〇年代で区切って見ると、建築表現と政治イデオロギーの関係の中で、それぞれがかなり大転換しているんですね。その例として、ドイツではヒットラーがシュペーアを使ったり、ロシアではスターリンがアバンギャルドを抑えて一種の全体指導というかたちで社会主義リアリズムまでもっていく。アメリカはポスト・アールデコのようなかたちで、すべてインスティトゥーショナルなものになった。いわゆるアメリカの田舎の学校建築は煉瓦風で様式的な建物じゃないですか。それは福祉政策の中では異質で、やはり一種の全体主義なんですね。イギリスも同じ。イタリアはラショナリズムというかたちに変わっていく。

どちらにせよモダニズムが一度国家的イデオロギーに引っ張り込まれて、そこで組み替えられたわけですね。日本の場合はそれほどデザインが重視されていないから、どうでもいい。

藤森 今度の「新国立競技場」の一件もそうですね。

磯崎 ドイツに行った人が帰国したらドイツ風、バウハウス風が出てくるし、フランス帰りの人からはコルビュジエ風、アメリカだったらバーンのような木造建築が出てくる。何に対してもいいじゃないかと受け入れてしまうような雰囲気が日本にはあった。それに取り残されたのが、海外に行けなかった丹下さんや、大江さんの世代です。吉阪さんは一九四一年卒業なので戦前は行けなかったけれど、戦後になって、一九五〇〜五二年にパリに行っています。

日本は、他の国が一九三〇年前後にやった国家イデオロギーとの関係を、一九四〇年から一九四五年の五年くらいで大急ぎで組み立てたんじゃないだろうかと思います。その中心が丹下さん、浜口さん、大江さん達なんですね。吉阪さんも年代から言ったらそれに近い。どちらにせよ、国際的にも国内的にも立ち遅れのジェネレーションなんです。だから、もう一度海外と接触した挙句に吉阪風の思想が出てきたのは、一九七〇年頃から後ですよね。先ほどの今さんの問題など、吉阪さんの形成過程やトラウマに関わるような部分の問題だろうという気がするんですね。

そういう意味で、ジェネレーションによって、モダニズムとイデオロギーと海外のものの受け取り方がちょっとずつ違う。それをたどって流れていくと、一九三〇年代から四半世紀くらいの間の日本の歴史が見えてくる。そして、それをつくってきた作家達がわかってくるというような感じがするんですね。だから、彼らを単独で見ているよりも、今回の対談でやったように外部との関係や、横との繋がりの中で話を進められたので、そのあたりが面白く見えてきたんじゃないかな。

藤森　同じ現象は、幕末から明治になるときなどの大転換期にはあったはずなんですよ。平安時代末期に重源が出てきたときもあった。しかし、一切そのあたりの事情を記した記録がない。

磯崎　重源、栄西が東大寺再建の大勧進職をやったあたりの記録はありますね。そういう和様化のきっかけは、戦国末期のお茶が成立していったことと類似しているように思います。大ざっぱですが、僕はイセ（百済）、中世東大寺再建（宋）、わび茶室（南蛮）、そして近代建築（西欧）と四回の切断期があるとみています。

藤森　建築では茶室が成立したときだけですね。ヨーロッパでは、建築は個人がつくって、それをみんなが語ったり記録したりするようになるのはルネサンスからでしょう。それと同じ時期に出てきたのが利休ですからね。利休のお茶の理論は、和歌に託してというかたちではあるけれども、いろいろなかたちで記録もあるし論じられ続けてきた。

磯崎　明治の初めもあまりはっきりしない。

藤森　意外とない。だって辰野金吾[*1]など日本最初の建築家は皆、武士の子ですから口が重い。しゃべるのは軽い男だけだと思ってる。たとえば琳派が自分達の芸術の原理を言語化したり、桂離宮の表現を理論化していたら、「モダニズムの理論は三百年前にすでにこの世にあった」とグロピウスが言いかねない。

磯崎　おそらくそういう動きの何世紀かおきの反復が起こっているというようには考えられますね。そういう意味で一九三〇年代は、一つのモデル・スタディを時代の変化としてやったという、近代建築ではいちばん面白い時代ですね。

藤森　一九三〇年代は、建築家がみんなが文章を書いたり、雑誌を出したりしていて、言葉がちゃんと残っている。前のめりになって進んだ時期だから、足許を言葉で固めておきたいという理由もあった。

磯崎　確かに、一九三〇年代の人が建築について話したことはわりと残っているね。ところが、一九五〇年代以降というのは、しゃべっている人が限られている。

藤森　一九三〇年代の人達は難しい問題が外から押し寄せるし、内から湧くから、言葉で取り組む必要があった。

＊1　辰野金吾
第三章・注釈69（二〇九頁）参照。

磯崎　ちょうどその頃に、日本の文芸批評家の小林秀雄[*2]が出てきた。最初に彼が書いた評論は「様々なる意匠」というタイトルなんです。これは一九二〇年代の彼の論文ですけれど、その時代にマルクス主義をはじめとしてさまざまなかたちのデザインが出てきた。意匠と言っているけど、これは文学のことです。建築も似たようなもので同じく意匠と呼んでいて、まったく違うものが並存していたんだと思います。時代で少しずつずれながら並存していたものが、一九三五年から四〇年頃にだんだん一本に絞り込まれていった。文学の中では一九四二年の「近代の超克」のときの問題を今いろいろ蒸し返していますけれど、これと建築の問題はほとんどパラレルになっていて、僕は文学の連中はここら辺の時期にいろいろ言っているけれども、建築はもう超克をやっちゃっていたんで、先を行っていたんじゃないだろうかという説を、僕は言い続けているんです。

藤森　丹下さんがそこをやったという理解ですね。一九四二年の「近代の超克」は最も大事な思想テーマで、京都大学のグループが中心になっていた。鈴木成高とか高山岩男[*3]とか。

磯崎　今で言うと西田学派の論客が中心になったグループです。基本的に全員がヨーロッパ哲学を勉強した人達ですよ。それぞれがヨーロッパから帰ってきて論を立てていって、これが日本の国体がこうあってというような、さまざまな意味での一種の日本主義の侵略と言われている、そういうことまで含めてすべてイデオロギー的に西田学派が理論化していった。世界の中で日本の発想のユニークさというものを、ここで実際に

＊2 小林秀雄　こばやし・ひでお（一九〇二〜八三）評論家。一九二八年東京帝国大学仏文科卒業。二九年「様々なる意匠」で『改造』の懸賞評論二席に入選。以後、文学、美術、音楽、哲学等幅広い評論活動を展開。主な著作に『私小説論』『ドストエフスキイの生活』『無常といふ事』『モオツアルト』『本居宣長』等。文化勲章受章。

＊3 高山岩男　第二章・注釈9（八五頁）参照。

組み立てたいんだということだった。結論的には、戦後の理解としてはそのときには失敗していると思っているんですけど、僕は建築の側から言うと、同じことが建築はできちゃったんですよ。

藤森　丹下さんの富士山の麓の「大東亜建設記念営造計画案」は、磯崎さんの丹下理解が正しいとすれば、背後に「近代の超克」論を置いている。そして戦後の広島計画に繋がっていく。だから、「近代の超克」というのは、ヨーロッパがつくり出した近代を超えようという言い方をしているけど、バウハウス流の抽象的な近代主義デザインを超えようとした。そこで丹下さんは、伝統をふまえ、かつ世界で通用する質を求めて、富士山の麓にコルビュジエと伊勢と法隆寺を一体化したような案をつくった。

丹下さんは日本の伝統を取り入れることで超克することに成功した。普通の人には伝統的として見えないけど、建築家にはモダニズムの一部を超克したことがわかる。だから、審査した前川さんが金玉を蹴られたような衝撃を受けたんだ。その質が、戦後のアメリカに大きな影響を与えていくわけですね。それがあったから、磯崎さんが〝間〟とか〝伝統〟とか言うけれど、建築界では古いことを言っているなくらいの感じで……。

磯崎　反応しないね。反応してもらおうとも思わなかったけれど。

藤森　批判もなかった。

磯崎　近頃になって思想をやっている連中が、このことについてもう一度電話してきて、外国からも含めていろいろ聞きに来ることがあります。なんせ国内は過ぎちゃった話だというように僕は思っていたから、もう日本にもって帰るまいと考えただけのことなんですけれどね。でも、二〇〇〇年にたまたま『間』―二十年後の帰還展」をやったのが、イセの式年造替《しきねんぞうたい》の年数と重なっていたことを思い出して、二〇二〇年に「間」*4展を反復としてやってもらいたいなと考えています。

藤森 思想や芸術と建築の間には、落差があるんですね。近代の表現は、絶望、虚無、ニヒリズムといったマイナス面を不可欠のテーマとし、思想も芸術も取り組むが、建築だけはそれを扱うことができない。そこが落差です。そのできないことをやろうとしたのが磯崎さんで、落差を建築の代わりに埋めてきたのが磯崎さんの実現するはずもない幾つかのプロジェクトとたくさんの文章に違いない、と思います。

磯崎 丹下さんがすべてを説得できるような文章を書いたかというとそうでもない。だけど、書いたものを解釈、理解すれば、これは完全に他を抑えていると読めると思うんですね。

藤森 戦中、戦後の日本のモダニズムの流れは、丹下さんをもってピークとするんだから、その通りでしょう。

*4「間」展《まてん》
一九七八年のパリ装飾芸術美術館を皮切りに、ニューヨークのクーパー・ヒューイット美術館、その後ヒューストン、シカゴ、ストックホルム、ヘルシンキと巡回した展覧会「MA:Space- Time in Japan」のこと。磯崎新と武満徹がプロデュースした。

おわりに

『日本文化私観』を読み返す

磯崎 新

坂口安吾は戦勝気分でわきたっている一九四二年春、思想界では「近代の超克」座談会が行われていましたが、「タウトが日本を発見し、その伝統の美を発見したことと、我々が日本の伝統を見失いながら、しかも現に日本人であることとの間には、タウトが全然思いにもよらぬ距《へだた》りがあった。即ち、タウトは日本を発見しなければならなかったが、我々は日本を発見するまでもなく、現に日本人なのだ。」(『日本文化私観』)と書いています。日本の建築界では、その十年程昔に「負ければ賊軍」(前川國男)の名科白が生まれ、堀口捨己がこれを「日本的なもの」に問題構制し、「日本工作文化連盟」が立ち上げられ、モダニズムをオリンピック・万博・紀元二千六百年式典の野心的国家イヴェントに向けて売り込みをはかったが、戦争の深刻化のためすべては流れて挫折する。そのあげくの開戦でした。

藤森さんとのトークでとりあげられた日本人建築家達の多くは、タウト来日の前に外遊し、モダニズム建築を学び帰国してからそれぞれ「日本的なるもの」とは何かを自己流に開発してきたわけだから、思想界でいまさら「近代の超克」などを討議しても、建築界ではもうやっちゃっているし、一九四〇年の祭典が流れちまったんだから、もうやることないよ、という時期だったと思われるのですが、そのとき坂口安吾の「タウトは日本を発見しなければならなかったが、我々は日本を発見するまでもなく、現に日本人なのだ。」という捨て科白は、先進的と考えられていた科学技術やデザインや思想を受容することが近代化とされていた通念に対する痛烈な批判でもありました。そもそも「日本」という国号は、七世紀の東アジアの国際関係の中で自称したものだし、「日本的なるもの」という一九三〇年代になっての文化論的問題構制も、列島文化の固有性を外部からの視線に応答するべく取り出そうとしたものでした。安吾は即物的に「必要性」をこそ見習え、と言います。

丹下健三、白井晟一は縄文的なものについて語りますが、根本は弥生的です。これに対して、藤森さんが今和次郎、吉阪隆正のラインを取り出します。本人達は何も語ったりしないけど、焼跡バラックに住み込むことから思考を開始している。彼らの思考こそが縄文的と呼ばれるべきでしょう。私は前者に学んだのだから、やはり国家的・社会制度的・技術主義的な近代主義者の末裔です。対して、藤森さんは日本の近代化の総過程を相対化したあげくに、みずからゴミ拾いを演じて歴史の深層へと分け入ります。この対談で私が感動したのは、吉阪隆正の「ナメクジハウス」から本人のデザインが始まったと語られたくだりです。藤森デザインの秘密がフッともらされたと思いました。

「近代の超克」が語られながら、まだ大東亜記念営造物が姿を見せていない一瞬の空白（一九四二年前期）について、私は『退行《やつし》』と『擬態《もどき》』という文章を書いたことがあります。『日本文化私観』（坂口安吾）と『無常という事』（小林秀雄）を比較したのですが、十五年後に読み返すと何のことはない、われわれ二人がそれぞれの代理をやっていたのです。

コルビュジエ派はバウハウス派をいかにして抜いたか

藤森照信

丹下さんは、旧制高校時代コルビュジエの「ソヴィエト・パレス」案にショックを受けて建築家を目指し、そのピークとして「代々木のオリンピックプール」をつくっている。「ソヴィエト・パレス」案は、アーチと吊りを駆使した構造表現主義の幻の傑作であり、かつ、コルビュジエがついに実現できなかったのが、近代技術を駆使しての構造表現主義によるダイナミックな造形でした。二十世紀後半のコルビュジエ以後の重要テーマは構造表現であり、それに参戦したのがサーリネン、ニーマイヤー、丹下の三人です。そして、代々木のプールが、ライヴァルのサーリネンとニーマイヤーを押さえて頂点に立った。

なぜ丹下が頂点に立つことができたかの秘密は、日本におけるモダニズムの成立過程の中にある、とかねがねにらんでいた。

日本のモダニズム成立史の特徴は、バウハウス派とコルビュジエ派が両立し、かつ先行したバウハウス派をコルビュジエ派が追い抜き、戦後の復興期をコルビュジエ派がリードしたことです。ここまではわかっていたが、いつどんな理由でコルビュジエ派がバウハウス派を抜くのかは謎だった。

この謎を宙ぶらりんにしたまま磯崎さんと話し始め、それぞれの見解をぶつける中で次第に謎が解けてきた。答えは、戦時下です。戦時下にコルビュジエ派はバウハウス派を抜いたと、まるで事態を目撃するように感じることができた。

戦時下は建築家にとっては何もかも不足した乏しい時代です。そうした乏しい時期の重要性について、丹下は『ミケランジェロ頌』の中でハイデッガーの次の言葉を引く。

「それは過ぎ去る神々と来るべき神との間の時間である。それはまことに乏しい時間である。何故ならそれは過ぎ去れる神々のもはや無いということと来るべきものの未だ無いということの二重の無と欠乏とのうちに立っているから」（マルティン・ハイデッガー著、齋藤信治訳『ヘルダーリンと詩の本質』理想社、一九三八年）

一九三九年十二月にこの論文を発表し、そのちょうど二年後、日本軍は真珠湾を攻撃し、日本は「乏しい時間」に突入した。ハイデッガーは、過去も未来もない無と欠乏の時期こそ芸術的創造力は発火すると述べ、それを丹下は引用していた。そして、その乏しい時間の中で丹下が生んだのが富士山の麓の計画だった。この計画に収束するような思考力と活力が、戦時下のコルビュジエ派のデザインには可能であり、それを噴射してバウハウス派を抜き、そのままの勢いで戦後へとスリ抜けていった。創造力のうえでもし丹下の計画がなければ、また軍国主義と深く結ばれてしまっていたら、このスリ抜けはあり得なかった。

磯崎さんとの話によって、バウハウス派とコルビュジエ派の勢力交代の謎が解けたのがうれしかった。この勢力交代のおかげで、日本のモダニズムは世界の先端に並び、今にいたるのだと思います。

対談は、二〇一五年八月から
二〇一六年一月にかけて行なわれた。

年表

本表は、本書で取り上げられた事象、建築物、人物で構成。
原則として建築物の年代は竣工年とした。

	白井晟一	大江 宏	吉阪隆正	丹下健三	社会情勢や建築関連事項
1900					
	1905 誕生				1907 ドイツ工作連盟
1910					
		1913 誕生		1913 誕生	1914 第一次大戦勃発（〜1918）
			1917 誕生		1919 バウハウス設立
1920					
					1920 分離派建築会（〜1928）
					1923 関東大震災 創宇社建築会（〜1930）
					1925 岸田日出刀欧米視察（〜1926）
	1928 京都高等工芸学校図案科卒業 渡欧				1928 CIAM発足（〜1959）
					1929 世界大恐慌
1930					
					1930 新興建築家連盟
					1931 帝室博物館コンペ
					1932 満州国建国
	1933 帰国				1933 バウハウス閉校 ブルーノ・タウト来日 青年建築家クラブ結成
					1936 日本工作文化連盟 日独防共協定
					1937 盧溝橋事件（日中戦争始まる）
	1938 歓帰荘	1938 東京帝国大学建築学科卒業 文部省勤務		1938 東京帝国大学建築学科卒業後 前川國男建築設計事務所入所	1938 大連市公会堂コンペ
		1939 「国史館」コンペのための案		1939 「ミケランジェロ頌」発表	1939 第二次世界大戦（〜1945）

	アントニン・レーモンド	ル・コルビュジエ	前川國男	坂倉準三	吉村順三	山口文象
	1888 誕生	1887 誕生				
1900			1905 誕生	1901 誕生	1908 誕生	1902 誕生
1910	1910 チェコ工科大学卒業 1916 フランク・ロイド・ライトの下で働く 1919 初来日	1914 ドミノ・システム考案				1915 職工徒弟学校 木工科入学 1918 清水組定夫となる
1920	1924 星製薬商業学校 記念講堂 （現星薬科大学本館） 1926 霊南坂の自邸 1929 ライジングサン石油会社社宅	1925 ラ・ロッシュ＝ジャンヌレ邸 エスプリ・ヌーボー館 （アール・デコ博覧会）	1928 東京帝国大学建築学科卒業 渡仏 ル・コルビュジエ事務所 （〜1930）	1927 東京帝国大学 美術史学科卒業 1929 渡仏	1928 在学中に レーモンド事務所に入所	1920 通信省経理局 営繕課 1923 創宇社建築会 結成 1926 竹中工務店 設計技師
1930	1931 霊南坂の自邸の 作品集出版 1933 夏の家 1934 川崎守之助邸 赤星鉄馬邸 1935 作品集刊行 軽井沢聖パウロカトリック教会 1937 離日 1938 レーモンド 建築詳細図集出版	1930 エラズリス邸の案 スイス学生会館 （〜1932） 1931 サヴォア邸	1930 帰国 レーモンド事務所 （〜1935） 1932 木村産業研究所 1935 事務所開設 1939 笠間邸	1931 ル・コルビュジエ事務所 （〜1939） 1937 パリ万博日本館 1939 帰国	1931 東京美術学校卒業 レーモンド事務所勤務	1930 渡欧 1932 帰国 1934 日本歯科医専附属医院 事務所設立 1938 黒部川 第2発電所・ダム

白井晟一	大江 宏	吉阪隆正	丹下健三	社会情勢や建築関連事項	
					1940
	1940 大和中宮寺厨子				
	1941 三菱地所建築部技師		1941 岸記念体育会館	1941 真珠湾攻撃	
		1941 早稲田大学 建築学科卒業			
				1942 大東亜建設記念営造計画コンペ	
				1943 在盤谷日本文化会館計画コンペ	
				1944 日本国民建築様式の諸問題(浜口隆一)	
	1946 大江新太郎建築事務所 継承			1945 ポツダム宣言	
				1947 NAU結成	
					1950
1951 秋ノ宮村役場	1950 法政大学工学部 教授	1950 フランス政府 給費留学で渡仏 ル・コルビュジエ事務所入所			
1952 稲住温泉「浮雲」		1952 帰国			
	1954 北南米、ヨーロッパ 14カ国旅行	1954 研究室創設	1954 津田塾大学図書館	1954 グロピウス来日	
				1955 伝統論争	
1955 原爆堂計画	1955 法政大学55年館	1955 自邸	1955 広島平和記念資料館		
1956 雄勝町役場 「縄文的なるもの」発表			1957 倉吉市庁舎(岸田日出刀)		
1958 善照寺本堂			1958 香川県庁舎 旧草月会館		
		1959 早稲田大学 理工学部教授			
					1960
				1960 世界デザイン会議「メタボリズム」	
	1962 乃木神社社殿	1962 江津市庁舎			
1963 親和銀行大波止支店					
		1964 U研究室設立	1964 国立屋内 総合競技場	1964 東京オリンピック	
1965 呉羽の舎	1965 香川県文化会館	1965 大学セミナーハウス1期 大島元町復興計画水鳥山計画			
1967 親和銀行本店 第1期・第2期 (〜1969)	1968 普連土学園				
					1970 〜
				1970 大阪万国博覧会	
1975 親和銀行懐霄館		1974 三沢邸			
		1980 没			
1983 没	1983 国立能楽堂				
	1989 没				
			2005 没		

年	アントニン・レーモンド	ル・コルビュジエ	前川國男	坂倉準三	吉村順三	山口文象
1940				坂倉建築事務所設立	ニューホープに滞在	自邸
1941				飯箸邸	最後の帰国船で帰国 吉村設計事務所設立	
1942			自邸	レオナルド・ダ・ヴィンチ展 展示会場		
1943	ユタ州で焼夷弾実験用のプレハブ日本建築建設に携わる（〜1944）					
1946			プレモス試作第1号			
1947			新宿紀伊國屋書店			
1948	戦後初めて来日					
1951	リーダーズダイジェスト 東京支社	チャンディガール 都市計画に着手		神奈川県立近代美術館 東京日仏学院		
1952	井上房一郎邸	マルセイユ ユニテ・ダビタシオン				
1953						RIA建築 綜合研究所設立
1954			神奈川県立 図書館・音楽堂	岡本太郎邸		
1955		ロンシャンの礼拝堂 来日	国際文化会館	国際文化会館	国際文化会館	
1959		国立西洋美術館				朝鮮大学校
1961	群馬音楽センター		東京文化会館			
1962		チャンディガール会議場				
1963					軽井沢の山荘	
1964			弘前市民会館			新制作座 文化センター
1965		没				
1966				新宿西口広場・地下駐車場		
1969				没		
1973	離日					
1976	没					
1978						没
1986			没			
1997					没	

磯崎 新　いそざき・あらた

一九三一年大分県生まれ。東京大学工学部建築学科卒業後、丹下健三研究室を経て、一九六三年磯崎新アトリエを設立。六〇年代に大分市を中心とした建築群を設計、九〇年代にはバルセロナ、オーランド、クラコフ、京都など、今世紀に入り中東、中国、中央アジアまで広く建築活動を行う傍ら、建築評論をはじめさまざまな領域に対して執筆や発言をしている。またカリフォルニア大学、ハーバード大学などの客員教授を歴任、多くの国際コンペでの審査員も務める。著書に『磯崎新と藤森照信の茶席建築談義』（六耀社、二〇一五）、『磯崎新の建築談義 全十二巻』（六耀社、二〇〇一―二〇〇四）、『磯崎新建築論集 全八巻』（岩波書店、二〇一三―二〇一五）、『挽歌集』（白水社、二〇一四）ほか多数。

藤森照信　ふじもり・てるのぶ

一九四六年、長野県生まれ。東京大学大学院博士課程修了。専攻は近代建築、都市計画史。東京大学名誉教授。一九八六年、赤瀬川原平、南伸坊らと路上観察学会を結成し、『建築探偵の冒険・東京篇』を刊行（サントリー学芸賞受賞）。一九九一年〈神長官守矢史料館〉で建築家としてデビュー。一九九八年、日本近代の都市・建築史の研究（『明治の東京計画』および『日本の近代建築』）で日本建築学会賞（論文）、二〇〇一年〈熊本県立農業大学校学生寮〉で日本建築学会賞（作品賞）を受賞。著書に『磯崎新と藤森照信の茶席建築談義』（六耀社、二〇一五）、『藤森照信の茶室学』（六耀社、二〇一二）、『日本建築集中講義』（淡交社、二〇一三）、『日本の近代建築』上・下巻（岩波新書、一九九三）ほか多数。

写真提供（50音順）
アール・アイ・エー / アルキテクト / 飯田彩 / 江戸東京たてもの園 / 大江新 / 大江建築アトリエ / 北田英治 / 木村文丸 / 高知県、石元泰博フォトセンター / 小松崎常夫 / 白井晟一研究所 / 新建築社 / 鈴木久雄 / 多比良敏雄 / 東京大学大学院工学系研究科建築学専攻 / 奈良国立博物館 / 平山忠治 / 藤森照信 / 文化庁国立近現代建築資料館 / 間瀬潜 / 松隈洋 / 丸山雅子 / Rosenberg, C.G.

図版・写真出典

1章
＊7『新建築』1935年7月号
＊14『レイモンドの家』（洪洋社、1931）
＊15上、＊61『アントニン・レーモンド作品集1920－1935』（城南書院、1935）
＊15下 Œuvre complète de 1929－1934 publiée par Willy Boesiger; introduction et textes par Le Corbusier. 第4版（1947）
＊34『新興芸術』1930年5・6合併号
＊42 丹下健三『現実と創造』（美術出版社、1966）
＊47『建築の東京』（都市美協会、1935）
＊55『自伝 アントニン・レーモンド』（鹿島出版会、2007）
＊58『新建築』1941年5月号
＊70『建築文化』1951年9月号

2章
＊3『建築雑誌』1942年12月号
＊4『新建築』1944年1月号
＊21『国際建築』1931年6月号
＊24『建築雑誌』1938年12月号
＊34『現代建築』1939年7月号
＊42『前川国男建築事務所作品集 第1輯（商店建築）』（工学図書出版社、1948）
＊47 丹下健三『現実と創造』（美術出版社、1966）
＊60『現代建築』1939年7月号
＊84『建築文化』1954年7月号

3章
＊35『建築雑誌』1934年8月号
＊72『建築家山口文象 人と作品』（相模書房、1982）
＊82『国際建築』8巻12号（1932年12月）
＊84『アサヒカメラ』1939年3月号

4章
＊37 大熊喜邦監修『国宝書院図聚第1』（洪洋社、1940）

取材協力　江戸東京たてもの園 / 岡本太郎記念館 / 軽井沢タリアセン / 齊藤 祐子 / 文化庁国立近現代建築資料館 / 善照寺 / 吉村隆子
構成・編集協力　飯田彩
編集協力　Misa Shin & Co. / 小渡尚恵
校閲・編集協力　丸山雅子
編集　只井信子

磯崎新と藤森照信のモダニズム建築談義

二〇一六年八月二十五日　初版　第一刷

著者　磯崎新《いそざきあらた》・藤森照信《ふじもりてるのぶ》

発行人　圖師尚幸
発行所　株式会社　六耀社
〒一三六－〇〇八二
東京都江東区新木場二－二－一
電話　〇三－五五六九－五四九一（代）
www.rikuyosha.co.jp/

印刷・製本　株式会社サンニチ印刷
装幀　葛西薫・増田豊（SUN-AD）
本文組版　m.b.llc

ISBN978-4-89737-829-9　Printed in Japan
NDC521 336p 21.0cm